JN418686

살며
생각하며

국립중앙도서관 출판시도서목록(CIP)

살며, 생각하며 : 윤영섭이 보고 느낀 삶의 부스러기들 / 윤영섭 지음. --
서울 : 한누리미디어, 2011
p. ; cm

ISBN 978-89-7969-386-7 03810 : ₩13000

한국 현대 수필[韓國現代隨筆]

814.7-KDC5
895.745-DDC21 CIP2011001401

살며 생각하며

윤영섭이 보고 느낀

삶의 부스러기들

한누리미디어

머리말

세월이 너무 빠르다. 지난 70년이 어떻게 지나갔는지 모르겠다. 모든 게 엊그제 같은데… 벌써 그렇게 많은 세월이 흘러갔다. 어리석게도 난 평생 늙지 않을 거라는 생각을 하며 살았다. 요즘 그게 아주 잘못된 것이라는 걸 알고 있다.

세상에 변하지 않는 게 어디 있던가. 나 너 우리, 우주 만물이 모두 그렇다. 세월의 흐름에 가끔 인생의 무게를 느낄 때가 있다. 그러면서 종종 갖게 되는 생각이다. 도대체 난 뭐지? 이렇게 살아도 되는 건가? 그럼 내 인생이 너무 가엾지 않은가?

내가 퇴임 때 친지들에게 보낸 글이다. 이제 퇴직 후에는 자유인의 삶을 마음껏 누려 보려 합니다. 글을 쓰는 일, 그리운 사람들을 찾아 보는 일, 바쁘다는 핑계로 그간 미루었던 일들을 찾아 하는 일, 그리고 무작정 어디론가 떠나 보는 일….

그로부터 여러 해가 지난 지금이다. 돌이켜 보니 한 일이 하나도 없는 것 같다. 글을 쓰는 일, 어디로 떠나 보는 일, 그리고… 참으로 부질없는 세월만 보냈다. 이래도 되는 건가…, 가끔 회한이 밀려온다.

용기를 내서 이것 저것을 쓰고 모아 보았다. 비로소 평소의 생각들이 모아지게 되었다. 탈고를 하고 나니 마음이 참으로 편하다. 살면서 보고 느낀 삶의 부스러기들이다. 뜻을 같이 하는 사람들이 있으면 좋겠다.

수필집을 내면서 감사해야 할 곳이 많다. 누구보다 사랑하는 가족들이다. 지난 40여 년간 늘 옆에서 함께 해 준 그 사람, 시집가 아들 딸 잘 낳고 행복하게 사는 두 딸, 치밀하고 명확한 우리 집 버팀목 아들과 선생님 며느리, 내가 가장 사랑하고 귀여워하는 우리 손녀딸 혜리와 혜준이…. 이런 가족 모두의 도움으로 이 수필집이 나오게 되었다. 가족 모두에게 고마움과 사랑하는 마음을 전하고 싶다.

여기에 실린 글들 중 단 한 편이라도 누군가의 공감을 얻을 수 있다면 참으로 좋겠다. 필자의 사고와 논리를 함께 하는 사람이 있으면 더욱 좋을 것이다. 졸고에 아름다운 색을 덧칠해서 멋진 책으로 만들어 준 한누리미디어 편집자들에게도 더 없는 고마움을 드리고 싶다.

2011년 4월 5일

판교서재에서 **윤 영 섭**

목차

1 옛 여인들의 연심

2 생일날의 추억

3
건강

나들이

목차

5
혜리 이야기

6
교직을 떠나면서

1 옛 여인들의 연심

버들가지를 꺾어 님의 손에 보내니
잠자는 창 밖에 심어두고 보시란다
밤비에 새 잎 돋아나거든 나인가 여기시오

멀리 있는 애인을 그리는 애틋한 마음이
행간마다에 숨어 있다
사랑하는 사람을 사모하는 한 여인의 마음이
간단한 필치로 그려지고 있다

으뜸글 한글

TV에서 '한글날' 기념식이 열리고 있다. 훈민정음 반포 561돌(2007년)을 맞아서다. 기념식에는 정·관계 인사와 학계 인사들이 많이 보인다. 기념식을 보면서 우리 민족의 글, 한글이 이렇게 계승·보존·발전되고 있구나 하는 생각에 가슴이 설레고 심장이 콩닥거렸다.

매년 이맘때면 머리를 스쳐 엄습해 오는 것이 있다. 세종 임금의 '훈민정음 서언' 과 정인지(鄭麟趾) 선생의 '훈민정음 해례본 서언' 이다. 이 글을 보노라면 언제나 가슴이 설레고, 전율이 등을 타고 흘러내린다. 대한민국 국민 됨이 참으로 자랑스럽고, 우리 민족이 세계 제일의 문화민족이라는 자부심을 가지게 된다. 사는 문제가 다소 어렵다고 하더라도 우리가 이렇게 독창적이고 빼어난 글자를 가지고 있다니…, 언제나 긍지와 자부심을 가지게 된다.

세종 임금의 '훈민정음 서언' 에는 백성 사랑하는 마음이 넘쳐 흐르고 있다. 글에는 과장됨이 없고, 현학적이지 않으며, 꾸밈이 없다는 데 또 한 번 놀라게 된다. 군더더기 같은 말은 어디서도 찾을 수 없고, 간결하고 정연한 논리가 감동과 감탄을 자아내게 한다.

세종 임금의 '훈민정음 서언' 이다.

나랏 말ᄊᆞ미 듕귁에 달아 문ᄍᆞ와로 서르 ᄉᆞᄆᆞᆺ디 아니ᄒᆞᆯᄊᆡ
이런 젼ᄎᆞ로 어린 ᄇᆡᆨ셩이 니르고져 홇 배 이셔도
ᄆᆞᄎᆞᆷ내 제 ᄠᅳ들 시러펴디 몯 홇 노미 하니라.
내 이ᄅᆞᆯ 위ᄒᆞ야 어엿비 너겨 새로 스믈 여듧ᄍᆞ를 ᄆᆡᇰᄀᆞ노니
사ᄅᆞᆷ마다 ᄒᆡ여수비 니겨 날로 ᄡᅮ 메 뼌한킈 ᄒᆞ고져 홇 ᄯᆞᄅᆞ미니라.

해석해 보자.

우리나라 말이 중국과 달라서 문자가 서로 통하지 아니 하므로, 가엾은 백성이 쓰고자 할 바 있어도, 자신의 뜻을 쉽게 표현하지 못하는 사람이 많으니라. 내 이를 가엾게 여겨 새로 스물 여덟 자를 만드니, 누구나 쉽게 익혀 매일 같이 씀에 편안하게 하고자 할 따름이니라.

세종 임금께서는 거두절미하고 글을 만든 이유를 설명하고 있다. 백성들이 자신의 생각을 쓰고자 해도 글을 몰라서 쓰지 못하니, 이 얼마나 애가 타겠는가. 이를 안타깝게 여겨 누구나 쉽게 익혀 쓸 수 있는 새로운 글자를 만들었다는 것이다. 서언 속에는 미사여구, 학자연적, 현학적, 불필요한 말들을 찾을 수 없다. 많은 사람들이 자신의 조그만 업적을 크게 부풀리려 우주만물을 들먹이고 과대포장하려는 것과 비교해 보면, 이 얼마나 순수하고 겸손하고 꾸밈이 없는 마음인가!

561년 전 정인지 선생의 해례본(解例本) 서문에는 감동스러운 말들이 참

으로 많다. 당시의 일들이 마치 간밤의 일처럼 아주 소상하게 나타나 있다. 우리의 글 한글이 있어야 할 필요성, 글이 없어 겪는 어려움, 세종의 찬란한 업적, 한글의 독창성 · 우수성 · 용이성, 집현전 학사들의 연구 모습이 손금을 보듯 상세히 드러나 있다. 기록의 중요성을 여실히 보여주고 있는 것이다.

정인지 선생의 '훈민정음 해례본 서문' 을 잠시 살펴보자.

천지자연의 소리가 있으면 반드시 천지자연의 글이 있다. 대저 다른 나라의 말, 음, 소리는 있어도 글자는 없어서, 중국 글자를 빌어서 씀에 통하였다. 이는 마치 도끼자루가 구멍에 맞지 않아 흔들리는 것과 같으니 어찌 통달하여 거리낌이 없겠는가?…

옛날 신라 때에 설총(薛總)이 이두(吏讀)를 시작하여 관청과 백성들 사이에서 지금까지 사용하고 있다. 그러나 글자(漢字)를 빌어서 쓰므로 원활하지 못하기도 하고, 막히기도 하여 마음을 씀에서 비루할 뿐만 아니라, 근거가 없어서 말함에서 만에 하나 그것을 통달할 수가 없다. 계해년 세종 25년(1443) 겨울에 우리 임금께서 정음(正音) 28자를 새로 만드시고, 보기와 뜻을 대략 들어 보이시고 '훈민정음' 이라 하셨다.…

28자로써 들어 바꿈이 그지없고, 간단하고 요약되었으며, 자세하고 두루 통하므로, 지혜로운 이는 아침나절이 다하기 전에 이해하고, 어리석은 이라도 열흘이면 능히 배울 수 있는데, 이것으로써 글을 풀이하면 그 뜻을 알 수 있고 이것으로써 소송에서 그 사유를 들으면 그 사정을 알 수 있다.

글자 소리는 청음과 탁음을 분별할 수 있고, 노래는 율과 여를 조화시킨다. 씀에 가주지 않은 바가 없고, 가서 도달치 않는 바가 없다. 비록 바람소리, 학의 울음 소리, 닭 우는 소리, 개 짖는 소리라도 다 적을 수 있다.

상께서는 드디어 상세히 풀어 새겨서 사람들에게 알려 주라고 명하셨다. 이에 저 정인지와 집현전 응교 최항, 부교리 박팽년 · 신숙주, 수찬 성삼문, 돈녕부 주부 강희완, 행집현전 부수찬 이개 · 이선로들이 삼가 몇 개의 해(解)와 보기(例)를 지어서 그 줄거리를 서술하여, 보는 이로 하여금 스승 없이도 스스로 깨치도록 하였다.…

우리나라에 나라 있음이 오래지 아님이 아니나 문물을 열고 이루어내는 것은 너무 모자라 오늘을 기다려 있게 되었도다. 정통(명나라의 연호) 11년 세종 28년 9월 10일에 자헌대부 예조판서, 집현전 대제학, 지춘추관사, 세자우빈객, 정인지가 손을 모아 절하옵고 머리를 조아려 삼가 씁니다.

선생의 이 글에는 몇 가지 특기할 만한 것이 있다. 우리가 글이 없어서 중국 글자를 빌려 썼는데, 서로의 생각과 관습이 맞지 않아 도끼 자루가 구멍에 맞지 않아 흔들리는 것과 같다 하였고…, 28자를 서로 연결해 씀에 두루 통하고, 글이 간단하여 지혜로운 자는 아침나절이 다하기 전에 이해가 가능하고, 어리석은 자라도 열흘이면 능히 배울 수 있다고 한 것이다.

"글자 소리는 청음과 탁음을 분별할 수 있고…, 씀에 갖추지 않은 바가 없고, 가서 도달치 않은 바가 없다. 바람 소리, 학 울음 소리, 닭 우는 소리, 개 짖는 소리도 모두 적을 수 있다"는 것이다.

아침나절이 다하기 전에 모두 이해할 수 있다니…!

학의 울음 소리, 바람 소리까지 모두 적을 수 있다니…!

우리의 글 한글이 이렇게 익히기 쉽고, 표현이 자유롭다는 말이다.

우리의 글 한글이 이렇게 빼어난 글임이 여실히 증명되고 있는 것이다.

한때 중국의 문화가 발전하지 못하는 이유를 문자에서 찾는 사람들이 많았다. 한자는 배우기 어려울 뿐만 아니라, 시간이 너무 걸린다는 것이다.

그런데 우리의 글 한글은 어떠한가?

아이들이 유치원에 들어가기도 전에 만화책을 보면서 낄낄거리고 있다. 글을 읽어 그 안에 담긴 내용을 모두 파악하고 있다는 말이다. 코흘리개 어린 아이들이 글을 읽고 그 내용을 모두 파악할 수 있다니…, 이 얼마나 가슴 벅차고 흐뭇한 일인가?

인류의 문화 · 문명은 어떤 것이든 쉽고 간편하고 편리함을 추구하고 있다. 세계의 많은 문자 중 한글만큼 익히기 쉽고 쓰기 편한 게 또 있을까. 우리의 글 한글에 대한 자부심, 긍지를 새겨야 함을 말해 주고 있다.

주지하는 바 세계의 수많은 민족이 자기들의 글을 가지려 노력해 왔다. 그러나 한글과 같이 일정한 시기에 만들어지거나, 특정인에 의해 만들어진 것은 세계 어디에도 없다. 이미 존재하는 문자에 영향을 받지 않고 독창적으로 만들어진 것이나, 더욱이 새 문자에 대한 해설을 책으로 출간한 것 또한 그 유례가 없는 세계적인 일이다. 훈민정음 해례본에 나타난 문자를 만든 원리와 사용에 대한 정연한 이론은 세계의 많은 언어학자들이 매우 높이 평가하고 있는 일이다.

한글창제 561돌, '한글날' 을 맞아 조선일보 '만물상' 에 실린 글이다.

1990년대 중반 영국 옥스퍼드 대학이 세계 30여 개 주요문자의 합리성 · 과학성 · 독창성을 평가해 순위를 매겼더니 한글이 1위였다. 미국 시카고대학 매콜리 교수는 기본 글자에 획을 더해 음성학적으로 같은 계열의 글자를 파생해내는 한글이 지구상에서 가장 진화한 문자라며, 자질문자(資質文字 : Feature system)라는 새 분류를 붙였다.

한글은 정보화시대에 더 빛을 발한다. 타자기와 컴퓨터 자판에서 중국어나 일본어와는 비교할 수 없는 속도를 낸다. 휴대전화 문자 보내기에서 영어보다도 훨씬 빠른 괴력을 발휘한다. 쉴 새 없이 문자를 찍어대는 '엄지족' 이 생겨난 토양이 바로 한글이다. 일자일음(一字一音), 일음일자(一音一字) 원칙인 한글은 로봇이나 컴퓨터가 음성을 인식하는 데 다른 언어보다 훨씬 정확해 '명령언어' 로도 각광을 받을 전망이다.

정인지 선생이 당신의 주군(主君)을 얼마나 존경했는지가 해례본 말미에 나타나 있다.

'공손히 생각하건대 우리 임금께서는 하늘이 내리신 성인으로, 제도를 베풀어 행함이 온 임금을 뛰어 넘으시고, 정음(正音)을 지음에는 앞서 베푼 바가 없는 것으로 자연에서 이루어졌는데, 그 지극한 이치가 모든 곳에 바가 없으니 어찌 사람의 일함에서 된 사사로움이겠습니까?'

임금께서는 하늘이 내리셨고, 역대 모든 임금의 으뜸이시며, 누구의 도움이나 본받은 바 없이 자연과도 견줄 독창적인 것이며, 글의 이치가 닿지 않는 곳이 없고, 만백성을 위함이라는 말이다.

선생의 그 말이 정말 너무 자연스럽고 감동스럽게 들려오기만 한다.

〈2007. 10. 9. (화)〉

삼전도비

삼전도비(三田渡碑)…. 2007년 12월 어느 날, 난 TV를 보다가 깜짝 놀랐다. 지금껏 늘 궁금하게 여겨오던 삼전도비에 대한 내용이 KBS-TV에 방영되고 있었기 때문이다. 매주 토요일 방영되는 정통 역사 다큐 '한국사전' 이었다. 이 프로를 보면서 나는 잠시도 눈을 뗄 수 없었다. 그간 궁금하게 여겨오던 '삼전도비' 에 대한 여러 내용이 방송을 통해 방영되고 있어서였다.

삼전도비에 대한 궁금증은 그간 내겐 해결하고 싶은 하나의 과제였다. 누가, 언제, 어떻게, 왜 이걸 세우고 썼을까. 비문의 내용은 무엇인가? 비를 세우는 과정은 어떠했을까…?

이 프로를 보면서 내게 섬광처럼 머리를 스쳐 지나는 것이 있었다. 그렇다…, '실록' 에 들어가 보면 그 내용을 알 수 있을 것이다. 생각이 여기에 미쳤을 때, 난 지체없이 컴퓨터의 '조선조실록' 에 들어가 보았다. 거기서 '삼전도비' 를 클릭했을 때다. 6건의 관련 기사가 뜨는데, 모두가 '삼전도비' 기사들이었다. 가슴이 두근거렸다. 이걸 클릭해 보면 지금까지의 모든 회의가 단박에 풀릴 것이 아닌가.

'실록사이트' 에 뜬 4개의 *기사를 차례로 열어 보았다.

떨리는 가슴으로 열어본 첫 번째 기사는 인조(仁祖)가 4명의 신하를 불러 삼전도비문을 짓도록 요청하는 당부의 글이다.

"상(上)이 장유(張維), 이경전(李慶全), 조희일(趙希逸), 이경석(李景奭)에게 명하여 삼전도비의 글을 짓게 하였는데, 장유 등이 다 상소하여 사양하였으나, 상이 따르지 않았다. 세 신하가 마지못해 다 지어 바쳤는데, 조희일은 고의로 글을 거칠게 만들어 채용되지 않기를 바랐고, 이경전은 병 때문에 짓지 못하겠다고 사양하였으므로, 마침내 이경석이 글을 썼다."

두 번째 기사를 열어 보니, 삼전도비문의 전문이 들어 있다.

"장유와 이경석이 지은 삼전도 비문을 청나라에 들여보내 그들로 하여금 스스로 택하게 하였다. 범문정(范文程) 등이 그 글을 보고, 장유가 지은 것은 인용한 것이 온당함을 잃었고, 이경석이 지은 글은 쓸 만하나 다만 중간에 첨가해 넣을 말이 있으니 조선에서 고쳐 지어 쓰라고 하였다. 이에 상이 경석에게 명하여 고치게 하였다."

다음이 이경석이 지은 삼전도비문의 내용이다.

대청(大淸) 숭덕(崇德) 원년 겨울 12월에, 황제가 우리나라에서 화친을

---

1. 인조 35권, 15년(1637 정축/ 명 숭정(崇禎 10년) 11월 25일(기축) 1번째 기사. 장유 등에게 명하여 삼전도비의 글을 짓게 하고 이경석의 글을 택하다.
2. 인조 36권, 16년(1638 무인/ 명 숭정(崇禎) 11년) 2월 8일(임인) 2번째 기사. 장유와 이경석이 지어 청나라에 보낸 삼전도 비문.
3. 인조 38권, 17년(1639 기묘/ 명 숭정(崇禎) 12년) 6월 25일(신해) 3번째 기사. 삼전도 비문의 인쇄에 대해 하교하다.
4. 인조 38권, 17년(1639 기묘/ 명 숭정(崇禎) 12년) 6월 26일(임자) 4번째 기사.

무너뜨렸다고 하여 혁연히 노해서 *위무(威武)로 임해 곧바로 정벌에 나서 동쪽으로 향하니, 감히 저항하는 자가 없었다. 그때 우리 임금은 남한산성에 피신하여 있으면서 봄날 얼음을 밟듯이, 밤에 밝은 대낮을 기다리듯이 두려워한 지 50일이나 되었다. 동남 여러 도의 군사들이 잇따라 무너지고 서북의 군사들은 산골짜기에서 머뭇거리면서 한 발자국도 나올 수 없었으며, 성안에는 식량이 다 떨어지려 하였다.

이때를 당하여 대병이 성에 이르니, 서릿바람이 가을 낙엽을 몰아치는 듯, 화롯불이 기러기 털을 사르는 듯하였다. 그러나 황제가 죽이지 않은 것으로 위무를 삼아 덕을 펴는 일을 먼저 하였다. 이에 칙서를 내려 *효유하기를 '항복하면 짐이 너를 살려주겠지만, 항복하지 않으면 죽이겠다' 하였다. 영아아대(英俄兒代)와 마부태(馬夫太) 같은 대장들이 황제의 명을 받들고 연달아 길에 이어졌다.

이에 우리 임금께서는 문무 여러 신하들을 모아 놓고 이르기를 '내가 대국에 우호를 보인 지가 벌써 10년이나 되었다. 내가 혼미하여 스스로 *천토(天討)를 불러 백성들이 어육이 되었으니, 그 죄는 나 한 사람에게 있는 것이다. 황제가 차마 도륙하지 못하고 이와 같이 효유하니, 내 어찌 감히 공경히 받들어 위로는 종사를 보전하고, 아래로는 우리 백성들을 보전하지 않겠는가' 하니, 대신들이 그 뜻을 도와 드디어 수십 기(騎)만 거느리고 군문에 나아가 죄를 청하였다. 황제가 이에 예로써 우대하고 은혜로써 어루만졌다. 한 번 보고 마음이 통해 물품을 하사하는 은혜가 따라갔던 신하들

---

*위무 : 위세와 무력
*효유 : 깨달아 알도록 타이르는 것
*천토 : 하늘의 침략

에게까지 두루 미쳤다. 예가 끝나자 곧바로 우리 임금을 도성으로 돌아가게 했고, 즉시 남쪽으로 내려간 군사들을 소환하여 군사를 정돈해서 서쪽으로 돌아갔다. 백성들을 어루만지고 농사를 권면하니, 새처럼 흩어졌던 원근의 백성들이 모두 자기 살던 곳으로 돌아왔다. 이 어찌 큰 다행이 아니겠는가.

우리나라가 상국에 죄를 얻은 지 이미 오래 되었다. 기미년 싸움에 도원수 강홍립(姜弘立)이 명나라를 구원하러 갔다가 패하여 사로잡혔다. 그러나 태조 무황제(太祖 武皇帝)께서는 홍립 등 몇 명만 억류하고 나머지는 모두 돌려보냈으니, 은혜가 그보다 큰 것이 없었다. 그런데도 우리나라가 미혹하여 깨달을 줄 몰랐다. 정묘년에 황제가 장수에게 명하여 동쪽으로 정벌하게 하였는데, 우리나라의 임금과 신하가 강화도로 피해 들어갔다. 사신을 보내 화친을 청하자, 황제가 윤허를 하고 형제의 나라가 되어 강토가 다시 완전해졌고, 홍립도 돌아왔다.

그 뒤로 예로써 대우하기를 변치 않아 사신의 왕래가 끊이질 않았다. 그런데 불행히도 *부박(浮薄)한 의논이 선동하여 난의 빌미를 만들었다. 우리나라에서 변방의 신하에게 *신칙(申飭)하는 말에 불손한 내용이 있었는데, 그 글이 사신의 손에 들어갔다. 그런데도 황제는 너그러이 용서하여 즉시 군사를 보내지 않았다. 그러고는 먼저 *조지(詔旨)를 내려 언제 군사를 출동시키겠다고 *정녕(耵 聹)하게 번복하였는데, 귓속말로 말해 주고 면대하여 말해 주는 것보다도 더 정녕스럽게 하였다. 그런데도 끝내 화를 면치

---

*부박 : 천박하고 경솔함
*신칙 : 단단히 타일러 경계함
*조지 : 왕의 뜻, 조서
*정녕 : 정말 틀림없이

못하였으니, 우리나라 임금과 신하들의 죄는 더욱 피할 길이 없다.

황제가 대병으로 남한산성을 포위하고, 또 한쪽 군사에게 명하여 강도(江都)를 먼저 함락하였다. 궁빈 · 왕자 및 경사(卿士)의 처자식들이 모두 포로로 잡혔다. 황제가 여러 장수들에게 명하여 소란을 피우거나 피해를 입히는 일이 없도록 하고, *종관(從官) 및 내시로 하여금 보살피게 하였다. 이윽고 크게 은전을 내려 우리나라 임금과 신하 및 포로가 되었던 권속들이 제 자리로 돌아가게 되었다.

눈 · 서리가 내리던 겨울이 변하여 따뜻한 봄이 되고, 만물이 시들던 가뭄이 바뀌어 때맞추어 비가 내리게 되었으며, 온 국토가 다 망했다가 다시 보존되었고, 종사가 끊어졌다가 다시 이어지게 되었다. 우리 동토 수 천리가 모두 다시 살려주는 은택을 받게 되었으니, 이는 옛날 서책에서도 드물게 보이는 바이니, 아 성대하도다!

한강 상류 삼전도 남쪽은 황제가 잠시 머무시던 곳으로, 단장(壇場)이 있다. 우리 임금이 공조에 명하여 단을 증축하여 높고 크게 하고, 또 돌을 깎아 비를 세워 영구히 남김으로써 황제의 공덕이 참으로 조화와 더불어 함께 흐름을 나타내었다. 이 어찌 우리나라만이 대대로 길이 힘입을 것이겠는가. 또한 대국의 어진 명성과 *무의(武誼)에 제 아무리 먼 곳에 있는 자도 모두 복종하는 것이 여기에서 시작될 것이다.

돌이켜보건대, 천지처럼 큰 것을 그려내고 일월처럼 밝은 것을 그려내는 이때에 그 만분의 일도 비슷하게 하지 못할 것이기에 삼가 그 대략만을 기록할 뿐이다. 명(銘)은 다음과 같다.

---

*종관 : 수행하는 관리
*무의 : 정의로운 무력

하늘이 서리와 이슬을 내려
죽이기도 하고 살리기도 한다
오직 황제가 그것을 법 받아
위엄과 은택을 아울러 편다
황제가 동쪽으로 정벌함에
그 군사가 십만이었다
기세는 뇌성처럼 진동하고
용감하기는 호랑이나 곰과 같았다
서쪽 변방의 군사들과
북쪽 변방의 군사들이
창을 잡고 달려 나오니
그 위령 빛나고 빛났다
황제께선 지극히 인자하시어
은혜로운 말을 내리시니
열 줄의 조서가 밝게 드리움에
엄숙하고도 온화하였다.
처음에는 미욱하여 알지 못하고
스스로 재앙을 불러 왔는데
황제의 밝은 명령 있음에
자다가 깬 것 같았다
우리 임금이 공손히 복종하여
서로 이끌고 귀순하니
위엄을 두려워한 것이 아니라

오직 덕에 귀의한 것이다
황제께서 가상히 여겨
은택이 흡족하고 예우가 융숭하였다
황제께서 온화한 낯으로 웃으면서
창과 방패를 거두시었다
무엇을 내려 주시었나
준마와 가벼운 갑옷이다
도성 안의 모든 사람들이
이에 노래하고 칭송하였다
우리 임금이 돌아오게 된 것은
황제께서 은혜를 내려준 덕분이며
황제께서 군사를 돌리신 것은
우리 백성을 살리려 해서이다
우리의 탕잔함을 불쌍히 여겨
우리에게 농사짓기를 권하였다
국토는 예전처럼 다시 보전되고
푸른 단은 우뚝하게 새로 섰다
앙상한 뼈에 새로 살이 오르고
시들었던 뿌리에 봄의 생기가 넘쳤다
우뚝한 돌비석을
큰 강가에 세우니
만년토록 우리나라에
황제의 덕이 빛나리라.

백헌(白軒) 이경석의 이 비문을 보고 있노라면 호란 당시의 여러 가지 상황이 마치 손금 보듯이 소상하게 드러나 있다. 인조가 신하들을 불러 비문을 짓도록 당부하는 일, 호란의 동기, 호란의 상황, 호란에 대한 인조의 대책 숙의, 항복을 결행하는 모습, 광해군 때부터의 양국관계, 호란의 직접적인 동기, 청태종의 호란 참여 상황, 삼전도비의 위치까지….

호란의 동기는 우리나라 조선이 화친을 무너뜨린 것에서 비롯된 것으로 밝히고 있다. '영아아태' 와 '마부태' 가 10만 군사를 이끌고 호란에 참전하였으며, 행궁에서 견디다 못한 인조가 드디어 신하들과 항복을 논의하기에 이르고, 마침내 삼전도에 나아가 항복의 예를 갖추고, 삼전도의 남쪽 구릉의 단장(壇場)을 고쳐 그 자리에 비를 세운다는 것이다. 양국의 관계는 전조 광해군 때부터 이어져 왔으나, 그 관계가 원만하지 못해, 청태종이 친히 군사를 일으켜 병자호란이 일어나게 되었다고 하였다. 모두가 승자의 논리인 것이다.

삼전도비에 관한 세 번째 기사는 삼전도 비문의 인쇄에 관한 것이다.

상이 명하였다.

"삼전도비문을 속히 인쇄하여 보내야 폐단 끼침을 면할 수 있다. *서사관(書寫官)은 서로 미루고 핑계해서는 안 되니 오준(吳竣)으로 하여금 쓰게 해서 말을 주어 발송하고, *전문(箋文)은 신익성(申翊聖)으로 하여금 쓰게 하라."

---

*서사관 : 서류를 베껴 쓰는 관리, 사람

*전문 : 길흉이 있을 때에 신하가 임금에게 써 올리던 사륙체의 글. 사륙체는 중국 당나라시대에 유행하던 문체의 하나

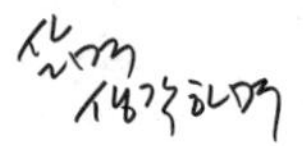

인조의 이러한 당부에서도, 당시 비문과 관련된 조정 신하들의 생각을 읽을 수 있다. 신하들의 한결같은 생각은 이경석이 지은 글을 베껴 쓰는 일조차 하지 못하겠다는 것이다. 필시 후대에 있을 자신들에 대한 평가가 잘못되지 않을까 두려운 마음에서인 것이다.

이러한 선비들의 생각은 비문에 관한 마지막 기사에도 잘 나타나 있다. 인조가 신익성으로 하여금 전문을 쓰게 하였으나, 그가 상께 *차자(箚子)하기를…, "신을 삼전도 비문 서사관으로 삼으셨으나, 신은 이미 임금이 욕을 당하시던 날 죽지 못하여 항상 깊은 한을 품었으므로 결단코 병든 몸으로 이 일을 담당할 수 없습니다" 하고 마침내 쓰지 않았다.

이렇게 해서 세워진 삼전도비의 위치가 어디냐에 대해서도 오늘날 논란의 여지가 많다. 1980년대 들어 그 위치가 개발에 밀려 모두 아파트 숲으로 바뀌어 버렸기 때문이다.

대충 미루어 짐작해 보면 오늘날 서울 석촌호수 남쪽 200여 미터 지점이 될 것이나, 이것 역시 정확한 위치라고는 할 수 없다. 현재 삼전도비가 위치한 곳은 서울 송파구 석촌동 289-3번지이다. 8호선 지하철을 타고 석촌역 6번 출구로 나와 좌회전하여 남쪽 200여 미터 지점에 위치해 있다. 송파구청 관계자들에 의하면, 1981년 전두환 전 대통령이 남한산성 일원을 순시하던 중 이곳 소식을 듣고 "현재의 위치에 비를 세워 산교육의 장이 되도록 하라"는 지시에 따른 것이라고 한다.

송파구청 담당자의 말에 의하면 현재 삼전도비의 위치에 대한 고증 작업이 계속 이루어지고 있다. 그러나 필자의 생각으로는 이 비의 정확한 위

---

*차자 : 간단한 서식으로 하는 상소문

치는 겸재(謙齋) 정선(鄭敾)의 '한양진경 산수화' 에서 찾아야 할 것이라는 생각이 든다. 1741년(영조 17년) 겸재 정선이 사생해 놓은 '송파진'(松坡津 : 최완수 저, 《겸재의 한양진경》 218쪽)에 의하면 삼전도비의 위치가 정확히 드러나 있다. 이미 언급한 바 이곳은 1980년대의 도시개발에 밀려 인근이 모두 아파트 숲으로 변했지만, 그림 속의 위치는 삼전도비 원래의 위치를 가늠하는 데 결정적 단서가 될 것으로 보인다. 겸재의 송파진을 살펴 미루어 추측해 보면 삼전도비가 서 있던 위치는 오늘날 서울 동석촌호수 남쪽 400~500m 지점이 거의 확실해 보인다.

최완수(崔完秀)의 《겸재의 한양진경》(221쪽) '송파진' 에 대한 설명을 잠시 살펴보자.

'… 그 멀리로는 붉은 기둥에 청기와를 올린 기와집 한 채가 우뚝 솟아 객관과 대조를 보여준다. 이것이 바로 축대를 높이 쌓고 거대한 비각을 세워 보호했다는 '청태종공덕비' 의 비각일 것이다….'

저자의 이 지적에 의하면 '삼전도비' 원래의 위치는 겸재의 그림을 통해 그 위치를 확인하는 것이 무엇보다 시급한 일이 아닐까 한다.

인조의 간곡한 당부로, 누구도 쓰기를 거부했던 '삼전도비문' 을 시은 백헌 이경석은, 그러나 훗날 척화 명분론자들에 의해 한낱 지조 없는 인물로 낙인찍히고 만다. 송시열 등 명분론자들은 이경석을 결코 자랑스러운 인물로 따지지 않았다.

그들은 이경석의 만년의 삶을 수이강(壽而康)에 비유해 폄하하였다. '수이강' 이란 오랑캐에게 항복을 해서 그 덕에 잘 먹고 잘 산다는 것을 빗대어 비아냥거리는 말이다. 그러니까 이경석을 비문을 짓고 그 덕에 잘 먹고 잘 산다는 말로 빗대어 꼬집고 있는 것이다. 이들에 의하면 이경석은 단지 청에 아부한 소인배에 지나지 않는다.

송시열이 쓴 〈송자대전〉에는 그가 남긴 음식은 개도 먹지 않는다고 일언으로 비하하였다. 사실의 이율배반, 승자의 역사관에 의한 사실 왜곡으로 백헌 이경석을 몰아세우고 있는 것이다.

참으로 아쉬운 일이다. 오늘의 시각으로 다시 평가해야 할 것이 아닌가! 시급한 일이 아닐 수 없다.

〈2008. 3. 30. (일)〉

혼이 존재하는가?

가끔 스스로에게 묻는 말이다. 과연 혼(魂)이 존재하는가? 그런 것 같기도 하고, 아닌 것 같기도 하고…. 실체를 알 수 없으니 그저 생각이 왔다 갔다 한다. 누군가의 말을 빌리면…, 혹시 하다가도 글쎄 이 밝은 대명 천지에…, 이렇게 생각하면 또 그렇지 않은 것 같기도 하다.

얼마 전의 일이다. 자다가 꿈을 꾸었는데, 돌아가신 어머니가 현관에서 나를 부르셨다. 어쩐 일인가…, 궁금해서 달려가 보니 어머니가 문 앞에 서 계셨는데, 나를 보자 넘어지듯 내게 쓰러지셨다. 깨어 보니 꿈이었다.

난 이후 밤새 한잠도 잘 수 없었다. 한달 전, 미국에 산 집사람도 가기 전 내게 이와 비슷한 말을 하였다. 어느 깊은 산 속 오두막집…, 어머니가 마루로 오르시기에 반가워 인사를 드렸다는 것이다.

"어머니! 어디 다녀오세요? 많이 기다렸잖아요!"

그러자 어머니가 돌아서시더니 갑자기 집사람에게 쓰러지더라는 것이다. 내 꿈과 너무 비슷하지 않은가? 그래서 갖게 된 생각이다. 혹시, 혼이 존재하나? 어머니의 혼이 그래서 보인 것인가? 뭐 하실 말씀이라도 있으신 건가? 아니면 무슨 언짢은 일이라도…? 왜 자꾸 현몽을 하지?

오비이락(烏飛梨落)이라고 했던가? 공교롭게도 어머니는 지난 당신의 기일에 제사를 얻어 드시지 못했다. 제사를 준비해야 하는 조카며느리가 갑자기 몸이 아파 준비를 하지 못한 것이다. 추석 때도 마찬가지였다. 별안간 조카며느리가 아파 차례를 올리지 못했다. 이래저래 어머니, 아버지, 할머니, 할아버지, 형님께 죄송한 마음을 가지고 있던 터다. 그런데 꿈에서 갑자기 어머니를 뵙게 되니, 더욱 죄 지은 것 같고 마음이 편치 않았다.

꿈에서 어머니를 뵙고 난 뒤, 집에는 이상한 일이 자꾸 일어났다. 외손녀 혜리(慧梨)가 제 동생 혜준(慧準)이와 거실에서 놀다가 코뼈를 다치는 일이 벌어지고, 미국에서는 둘째 딸애가 교통사고를 당했다는 소식이 들려왔다. 차에는 집사람과 딸아이, 외손주가 타고 있었고, 신호대기를 기다리는데, 갑자기 오른쪽에서 차가 들이닥치더라는 것이다. 다행스러운 일은 그럼에도 누구도 중상을 당하지 않았다는 것이다. 가벼운 찰과상…, 정신적 충격 말고는 다친 데가 없었다. 집사람은 "부처님이 도와주셨다"고 하였다. 이 사고로 그 사람의 귀국이 한 달간 늦추어졌다. 그곳에서 치료를 받아야 하기 때문이었다.

이런 일이 있고 나서, 난 미국의 집사람과 상의를 했다. 그리고 천도제(薦度祭)를 올리기로 하였다. 어머니, 아버지, 할머니, 할아버지, 형님의 명복과 극락왕생을 빌기 위해서였다. 누구보다도 어머니에게 그렇게 하고 싶었다. 오죽하면 나에게, 또 집사람에게 오셔서 넘어지듯 쓰러지셨을까…?

집사람이 미국에서 돌아오고 얼마 지나지 않아 우리는 천도제 일정을 잡았다. 11월 13일부터 19일까지 일주일 동안, 충북 단양 방곡사에서 올리기로 하였다. 그곳 묘허 큰스님이 천도제를 매우 잘 올린다는 소문이 있어서다. 천도제는 오전 10시부터 12시까지 매일 2시간씩 일주일간 올렸는데, 집사람과 난 첫날 입향제(入饗祭)와, 끝날 회향제(回饗祭)에 참석하기로 하였다. 집에서 단양까지의 거리가 너무 멀고, 우리가 참석하지 못하는 기간은 큰스님이 정성을 다해 올려 주신다고 해서다. 또 대부분 사람들이 그렇게들 한다고 한다.

천도제를 올리면서 난 어머니, 아버지, 형님, 할머니, 할아버지께 정말로 죄송한 말씀과 극락왕생을 빌었다. 내가 어른들의 영가(靈駕) 앞에 몇 번이고 꿇어 엎드려 기원을 드린 것은, 나의 절실한 바람에서였다.

"어머니, 아버지…, 생전에 잘 모시지 못해서 정말로 죄송합니다. 부디 극락왕생하시고, 그곳에서 영겁토록 평안한 영의 삶을 누리시기 간절히, 간절히 빕니다."

나는 절을 올리며 몇 번이고 이런 주문을 하였다. 제발…! 어머니, 아버지가 내 이런 기도를 들어 주셨으면 좋겠다. 회향제를 올리고 돌아오는 길은 발걸음이 무척이나 가벼웠다. 집사람과 아들 필로(苾老)도 마찬가지 생각이었다.

제(祭)를 마치고 점심공양을 하면서 내가 묘허 큰스님에게 물었다.

"스님! 사실은 제가 이만저만해서 천도제를 올리게 되었습니다. 돌아가신 분들의 영혼을 조금이나마 위로하고 싶어서요…."

내 이 말은 혼의 유 · 무에 대한 간접 질문이기도 하였다. 잠시 뒤 큰스님의 대답이 돌아왔다.

"어머니, 아버지, 할머니, 할아버지의 혼은 벌써 어디론가 환생을 하셨습니다. 그러니까 천도제와는 아무런 관계가 없습니다. 이번 천도제는 그

분들의 환생 전 업을 더욱 좋게 하는 것이고…, 그래서 자손들의 축원은 환생된 곳으로 전해질 것입니다."

생전의 혼은 사후 49일이 지나면 자연 소멸된다는 것이다. 묘허 스님의 이런 설명이 다소 실망스럽기는 하였지만 우리의 소원이 환생된 곳으로 전해진다니…. 극락이건, 저승이건, 이승이건 돌아가신 분들의 혼이 환생된 곳에서 평안하고 행복한 삶을 누렸으면 하는 마음 간절하였다. 묘허 스님의 말 속에서 혼의 유·무를 찾으려 했던 것이 어리석은 일이었는지 모른다.

혼이 있고 없고를 누가 감히 말을 할 수 있겠는가. 없지 않을까 싶다. 태초에서 오늘에 이르기까지…. 원시인들이 그랬고, 중세인들이 그랬고, 오늘을 사는 우리도 마찬가지이다. 원시시대를 살던 사람들의 생각이다. 인간을 포함하는 우주만물이 초월적인 놀라운 힘과 영혼을 지니고 있다고 믿었다. 그래서 이것들을 숭배하는 의식을 행함으로써 복을 빌고 불안과 두려움에서 벗어나려고 하였다. 이러한 생각은 중세를 살던 서양인들에게도 마찬가지였다. 9세기부터 15세기까지 서양에서 발흥했던 교부철학…, 그리고 이를 추구하던 스콜라철학자들…, 이들은 신학과 철학, 신앙과 이성, 자연과 인간을 조화시킴으로써 종교의 교리를 철학적으로 논증하고, 합리적으로 설명하려고 하였다. 신의 존재를 확인하려 했던 것이다.

그런데 이들 두 사상을 분석해 보면, 모두가 어떤 실체에 대한 확신을 할 수 없다는 데에서 출발하고 있다. 원시신앙은 자연계의 모든 사물에 혼이 있다고 믿었고, 교부철학은 신과 인간의 관계를 철학적이며 합리적으로 논증, 설명하려고 하였다. 이들 두 사상 모두는 인간과 영혼의 관계를 밝히려고 하였다는 공통점을 지니고 있다. 그러나 원시신앙과 교부철학 모두는 혼이 있고 없고를 밝히는 어떠한 합리적 안도 제시하지 못하고 있다.

언젠가 신문에서 읽은 이야기이다. 노벨평화상을 수상한 유고의 테레사 수녀, 그녀가 절망 속에서 헐벗고, 굶주리고, 질병으로 죽어가는 어린 생명들을 부둥켜안고 외쳤다.

"주님이시여! 주님이 계시다고 들었습니다. 그런데 보려고 해도 보이지 않고, 들으려 해도 들리지 않습니다."

그가 하늘을 우러러 절규하였다. 그의 외침은 헐벗고 굶주리고 불쌍한 어린 생명들을 구해달라는 것이었다. 그러나 그의 외침에 대한 대답이 있었는지는 아는 사람이 없다.

오늘날 대부분의 종교에서 혼과 영혼을 논하고 있다. 신과 믿음과 내세를 연관지어 종교를 말하고 있는 것이다. 이들 행위의 모두는 혼과 영혼이 존재하고 있음을 기초로 하고 있다. 철학적, 합리적 논증과 설명이 되지 않을 뿐이다. 혼과 영혼의 실체…, 누군가 밝혀 줄 수는 없는 것인가?

〈2008. 11. 21. (금)〉

옛 여인들의 연심

심심파적(心心破寂)으로 옛 여인들의 속마음을 들여다보았다. 시인 문정희(동국대 교수) 씨의 '기생시집(妓生詩集)' 을 통해서다. 이 글을 읽게 된 동기는 옛 여인들(고려, 조선시대)의 연심(戀心)이 과연 어떠했을까…, 당시를 살던 사대부들은 여인들의 사랑을 어떻게 받아들이고 처신했을까…, 궁금해서였다. 그 옛날 상류사회 남녀간의 생활문화도 더불어 알 수 있을 거라는 생각에서였다.

시집을 읽으면서 느낀 것이다. '아…! 남녀간의 사랑은 그때나 지금이나 조금도 다를 바가 없구나…, 옛 여인들이 오늘의 여인들보다 더 깊고 애틋한 사랑을 나누었구나 하는 생각을 하게 되었다.

조선 선조조(宣祖朝) 경성 기생 홍랑(洪浪)의 시조이다.

묏버들 갈해 꺾어 보내노라 님의 손에
자시는 창 밖에 심거 두고 보소서
밤비에 새잎 곧 나거든 날인가도 여기소서

버들가지를 꺾어 님의 손에 보내니, 잠자는 창 밖에 심어두고 보시란다. 밤비에 새잎 돋거든 나인가 여기시오. 멀리 있는 애인을 그리는 애틋한 심정이 행간마다에 숨어 있다. 사랑하는 사람을 사모하는 한 여인의 솔직한 심정이 간단한 필치로 그려지고 있다.

선조조(宣祖朝) 부안 기생 매창(梅窓)은 그의 시조에서 사랑하는 사람에 대한 아쉬움, 질투, 사모, 그리움을 몸부림으로 보여주고 있다.

이화우(梨花雨) 흩날릴 제 울며 잡고 이별한 님
추풍낙엽(秋風落葉)에 저도 나를 생각하는가
천 리에 외로운 꿈만 오락가락하여라

봄비 내릴 때 울고불고 헤어진 님, 가을 바람에 낙엽질 때 저도 나를 생각하는가…. 멀리 떨어진 님 생각에 마음이 갈팡질팡하여라. 헤어진 님을 그리는 한 여인의 애타는 마음이 묻어날 듯 드러나 있다. 매창은 또 사랑하는 사람의 배신을 절규하듯 이렇게 질투의 속마음을 드러내고 있다.

내 정령(精靈) 술에 섞여 님의 속에 흘러들어
구곡간장(九曲肝腸)을 마디마디 찾아가며
날 잊고 님 향한 마음을 다스리려 하노라

얼마나 애절하고, 한이 맺힌 마음인가.

자신의 정의 영을 술에 타 님의 몸에 흘러들어, 구곡간장 구석구석을 돌아다니며, 자신에 대한 배신을 철저히 다스리겠다는 것이다. 여인네의 한은 오뉴월에도 서리를 내리게 한다고 하지 않았던가? 이리도 사랑하는 여인의 마음을 두고 어느 남자가 감히 흩어진 마음을 추스리려 하지 않겠는가! 죽도록 사랑한다는 그 말이 너무도 고맙지 않은가?

매창의 사랑하는 님 그리워하는 마음을 한 구절 더 짚어보자.

기러기 산 채로 잡아 정들이고 길들여서
님의 집 가는 길을 역력(歷歷)히 가르쳐주고
한밤중 님 생각 날 제면 소식 전케 하리라

참으로 직설적이고, 대담하고, 주관적이다.

기러기를 잡아 길들여, 님의 집 가는 길을 교육시켜서, 밤이 깊어 님이 그리워질 때면 서둘러 오도록 기별하겠다는 것이다. 이 시조를 읽고 누가 그 옛날 여인들을 규방규수라고만 했던가! 이런 애인을 감춰두고 사랑을 나누고 싶지 않은 남정네가 과연 얼마나 있겠는가! 가슴이 쿵쾅거리고, 온몸이 꿈틀대는 정령(精靈)이 아닐지 모르겠다.

조선 중종조(中宗朝) 송도 기생 황진이(黃眞伊)…. 그의 시조를 읽고 있노라면 애절하고 안타까운 마음이 가슴을 저민다.

동짓달 기나긴 밤 한 허리를 베어내어
춘풍 이불 아래 서리서리 넣었다가
어른 님 오신 날 밤이어든 굽이굽이 펴리라

여기서 어른은 화담(花潭) 서경덕의 이름인 듯한데, 일년 중 가장 긴 동짓달 한밤 허리를 잘라내어, 춘심이 돋는 춘풍 이불 아래 이리저리 깔았다가, 어른이 오신 날 밤이면 펴고 또 펴겠다는 것이다. 동짓달의 그 긴 밤, 그것도 극도로 야심한, 한밤 허리를 잘라내어, 사모하는 사람이 오면, 그 고요하고 긴 밤을 늘리고 또 늘리겠다는 것이다. 이 얼마나 간절하고 애절한 마음인가!

황진이는 서경덕을 사모하는 마음을 또 이렇게 토하듯 쏟아내고 있다.

청산리 벽계수(碧溪水)야 수이 감을 자랑 마라
일도창해(一途滄海)하면 다시 오기 어려우니
명월이 만공산(滿空山)하니 쉬어간들 어떠하리

청산리 벽계수야! 잘 나감을 자랑 마시오. 인생 한 번 가면 다시 오기 어려운데, 명월이 공산(空山)에 휘영청 밝으니 쉬어가는 것이 어떠하시겠소.

벽계수는 서경덕, 명월은 황진이를 가리키고 있다. 명월이 서경덕에게 가지 말라고 푸념을 하고 있는 것이다.

'화담 선생! 뭐 그리 잘났다고 도도하게 구시오. 인생 한 번 가면 다시 오지 못하는 것을…! 명월이 애타게 잡고 있으니 쉬다 가는 것이 어떠하시겠소…!'

서경덕은 끝내 마음을 열지 않았다고 한다. 성리학에 찌든 도도한 선비, 전통가문의 선비이어서였을 것이다. 명월의 마음이 어떠했을까!! 가슴이 답답해 오기만 한다.

기녀들에 대한 남정네들의 마음은 어떠했을까?

조선조 명종(明宗), 선조(宣祖) 때의 문신 임제(林悌)가 어느 기녀에게 보낸 연심을 들여다보자. 임제는 그 기녀에 대한 애타는 가슴을 이렇게 적고 있다.

한겨울에 부채 준 것 괴이하게 생각 마라
너는 지금 젊음을 알고 있는가
깊은 밤 생각하면 가슴에 불이 타
홀로 유월의 뜨거움을 이길 것이다

풀이해 보자.
그대는 젊음을 알고 있는가?
그대와의 깊은 밤을 생각하면 가슴에 훨훨 불이 나…
홀로 그 밤의 열기를 달래려 하네.

글쎄…, 부채를 받아든 그 기녀, 임제의 마음을 달래주었을까. 그들 둘만이 알 일이다. 부채에 일필휘지, 뜻을 전한 선비의 마음을 그녀가 감히 거역할 수 있었을까? 그랬다면, 그녀는 평생을 두고 후회하지 않았을지 모르겠다. 애타는 마음을 돌려 완곡하게 보인 임제의 재치가 참으로 돋보인다. 아마도 그 기녀 밤이 넘쳐 새도록 선비 임제의 마음을 달래주었을지 모르겠다.

서경덕의 황진이에 대한 사모하는 정은 차라리 애처롭기까지 하다.

마음이 어린 후니 하는 일이 다 어리다
만중설산에 어느 님 오리마는
지는 잎 부는 바람에 행여 긴가 하노라

그에게 글을 배우러 오는 황진이를 그리워하며 이 시조를 지었다고 한다. 떨어지는 낙엽소리, 스쳐 지나는 바람소리가 그가 아닌지…, 노심초사 궁금했다는 것이다. 당시를 살던 선비의 양심과 인간의 본성 사이에서 얼마나 괴로워하고 갈등을 했을까…, 가히 짐작이 갈 듯하다.

그런가 하면 고려 의종, 고종 때의 문신 백운거사(白雲居士) 이규보(李奎報)는 나이 들어 몸이 쇠약해짐을 이런 글로 안타까워하고 있다.

소년시절에는 꿈속에서도
기생을 데리고 놀았는데
벌써 쓸쓸한 백발의 늙은이 되었네…
미인들은 모두 어디로 흩어졌나
꽃이거니 바람 따라 갔을 테지…

한 때는 기생들과 어울려 지냈는데, 늙고 보니 모두 주위에 없어라….

여인네가 꽃이거니 바람 따라 모두 사라졌다는 것이다. 몸이 늙어 마음 같지 않은 연심을 못내 아쉬워하고 있다. 그 마음이 쓸쓸함을 지나 허전하기까지 하다.

율곡(栗谷) 이이(李珥)도 나이 들어 춘심을 거두어들이는 마음을 시(가사)로 남기고 있다.

연약한 체질에 머리를 살짝 숙이고도
눈짓을 보이지 않누나
허공에 들리는 건 파도 소리요

운우(雲雨)는 꿈이 아닌 것을
오로지 들리는 것은 너의 긴 이름(柳枝)으로
침방은 열었으나 내가 쇠약한 것을
국향은 정해진 주인 없으나
시들어 가는 것이 가련키만 하도다

율곡 이이가 해주 관찰사로 황주를 순시하다가 천침(薦枕)을 든 유지(柳枝)에게 지어준 시이다.

가냘픈 체질의 어여쁜 소녀, 고개를 숙이고 눈을 주지 않는구나, 파도 소리와 운우(雲雨)는 꿈이 아닌데…, 이름만이 기억될 뿐…, 침방은 꾸몄으나 몸이 쇠약한 것을…, 관기는 누구나 취할 수 있으나, 몸이 늙어 가련키만 하구나.

이때 이이의 나이 겨우 40대 초반이다. 오늘날과 견주어 정녕 안타깝기만 하다.

그 뒤 이이가 원접사(遠接使)로 황주에 갔을 때, 유지가 다시 천침들어 모시고자 하였으나 이이가 시로 이를 다시 물리고 있다.

아름답고 가냘픈 한 소녀
십 년을 서로 알면서 의태(意態)도 많았던 것을
내 간장이 목석이 아닐세
나이 많아 분화(芬華)를 사양하는 것일세

어여쁘고 가냘픈 소녀야! 십 년을 알고 지내며 생각도 많았으나, 마음이 없는 게 아닐세…, 나이가 많아 향기로운 꽃을 피하는 것일 뿐…. 몸이 마음을 따라 주지 않으니 그를 안타까워하고 있네….

율곡 이이의 유지를 향한 담담한 심경이다. 사랑은 육체만이 아니라 마음으로도 할 수 있는 것인데…, 그저 안타깝기만 하다.

〈2008. 11. 28. (목)〉

산책길의 데카르트

아침나절 산책길…, 숲속에서 우연히 데카르트를 만났다. '나는 생각한다. 고로 존재한다.'

그의 이 말이 '사인 보드' 에 적혀 길 옆 숲속에 보일 듯 말 듯 서 있다. 대학 캠퍼스에서나 볼 수 있는 이 말이 왜 이런 곳에 이렇게 혼자 쓸쓸하게 서 있을까? 누군가 멋을 부리고 싶어서였을까? 아니면 누구라도 잠시 사색에 잠겨 보라는 의미에서였을까?

산책길을 재촉하며 데카르트의 말을 계속 되뇌어보았다.

'생각하기 때문에 존재한다.'

분명 맞는 말이다. 그런데 이게 인간 존재 이유의 전부일까? 달리 생각할 수는 없을까? 철학이라는 게 꼭 한 가지 정의만을 가지고 있는 것일까?

곰곰 생각해 보니 그런 것같지만은 않았다. 생각하기에 따라서는 얼마든지 달리 정의할 수 있을 것이다. 의식(意識)을 하고 있어서…, 말을 하고 있어서…, 행동을 하고 있어서…, 나는 존재한다. 이런 생각을 하며 혼자서 중얼거려 보았다.

"그래 그렇게 정의할 수도 있겠지…, 그리고 이걸 누군가가 완전히 부정할 수는 없겠지…!"

난 가끔 형이상학, 철학을 두고 깊은 생각에 잠겨볼 때가 있다. 그러면서 이런 생각을 해 본다.

'인생이 뭐지? 어디에서 왔지? 사랑이란? 죽으면 어떻게 되는 거지? 어디로 가나…?'

이렇게 한참을 생각하다가 내리는 결론이다.

'글쎄 잘 모르겠다. 이걸 어떻게 한 마디로 정의할 수 있단 말인가? 정의 자체는 가능한 것인가?'

언젠가 친구들과 심심파적으로 '사랑' 에 대한 정의를 내려본 적이 있다. 저마다 그럴싸한 생각을 들려주었다.

"같이 있으면 기분 좋은 거, 안 보면 보고 싶은 거, 함께 여행을 하고 싶은 거, 서로 안고 싶은 거…."

저마다 이렇게 자신들의 생각을 들려주었다. 모두는 깔깔대며 서로의 말에 박수를 보냈다. 어떤 친구는 "쌕쌕이 함께 나누어 마시고 싶은 거…" 라고 해서 주위의 폭소를 자아내기도 했다.

그렇다! 이런 게 사랑이다. 친구들이 정의한 모든 이야기 말이다. 사랑을 한 마디로 어떻게 정의한단 말인가! 철학이, 형이상학이 그래서 재미가 있는 게 아닌가! 이럴 수도 저럴 수도…, 한 마디로 정의할 수 없는 거….

언젠가 서울대학교 모 철학교수의 넋두리를 신문칼럼에서 읽은 적이 있다. 이 교수가 서울대학교에 학생으로 재학하고 있을 때의 일이다. 담당 교수의 철학 강의를 듣다가 의문이 생겨 질문을 하면, 그 교수가 늘 "글쎄…, 그럴 수도 있겠지" 하더라는 것이다.

이런 대답이 어디에 있는가? 궁금해서 질문을 했는데, 질문한 학생의 말을 그대로 인용하면서 그래 그럴 수도 있겠지라니….

이 학생은 이 같은 대답을 들은 적이 한두 번이 아니라고 하였다. 그래서 담당 교수의 실력을 의심하게 되고, '자신이 이 다음에 교수가 되면 이런 강의는 절대로 하지 않겠다' 고 다짐을 하였다는 것이다.

그런데 문제가 생겼다. 후에 자신이 교수가 되어 강의를 해 보니 과거 은사가 하던 행동을 그대로 답습할 수밖에 없더라는 것이다.

예컨대 어떤 학생이 "교수님! 그것은 이런 이유로 해서 이렇게 생각할 수 있지 않을까요?" 그러면, "글쎄 그럴 수도 있겠지…"라고 할 수밖에 없더라는 것이다. 철학이라는 게 자연과학에서처럼 어떤 틀에 박힌 답이 있는 게 아니기 때문이라는 것이다. 생각하는 사람에 따라, 환경과 위치, 처한 배경에 따라 얼마든지 달라질 수 있기 때문이다. 그래서 이 교수는 은사의 심정을 이해하게 되고, 그 후로는 자신은 왜 그렇게 생각하게 되었는지…, 그 이유를 학생들에게 설명하게 되었다는 것이다.

이 교수의 칼럼을 읽으면서 내가 갖게 된 생각이다.

'맞다! 맞는 말이다. 철학에, 형이상학에 정답이 있을 수 있겠는가. 있다면 그것은 이미 인문과학이 아니지 않은가!'

이런 생각을 하면서 산책길을 재촉하자니 어느새 정해진 코스를 다 돌고 말았다. 이게 운동을 한 건가 싶었다. 데카르트의 사유가 오늘 아침 내 산책길을 헷갈리게 하였다.

〈2008. 12. 2. (화)〉

사기

동창 모임에 나갔다가 들은 소리이다. 친구 김 군이 사기를 당했다는 것이다. 공직생활 30여 년을 하다가 얼마 전 퇴직한 순수하기 이를 데 없는 녀석이다. 흔히 말하는 법이 없이도 살 사람이다. 퇴직 때 받은 연금이며, 그간 근근이 모아 온 얼마의 부동산마저 사기를 당했다고 한다. 그래서 요즘 동창모임에 잘 나오지를 못한다는 것이다. 생활이 말이 아니라는 소리도 들린다.

그러던 그 친구가 이번 모임에 얼굴을 보였다. 한쪽 구석에 앉아 있는 모습이 말이 아니다.

얼굴이 까칠한 것이 핏기가 없고, 눈이 움푹 패이고, 머리마저 성글성글 빠져 초라한 모습이다. 삶에 지친 모습이 역력해 보였다. 매사 귀찮다는 그런 표정이다. 말에 힘이 없고, 패기마저 없다. 그렇게 매사 자신만만하던 친구였는데….

그 친구가 주위를 둘러보며 천천히 들려주는 말이다.

그간의 삶이 정신적 육체적으로 말이 아니었다는 것이다. 무엇보다 잠을 잘 수 없었다고 한다. 숙면을 취할 수 없고, 오래 잠들지 못하고, 꿈속에서도 악몽에 헤매이고, 어쩌다 일어나 보면 전신이 온통 땀에 흠뻑 젖어 끈적거리고, 이내 가슴이 답답하고, 두근거리고, 잠을 청해도 다시 오지 않고…, 정신이 온통 희미해지더라는 것이다.

정신이 이러한데 행동인들 자유로울 수 있었겠는가. 아침에는 일어나기 싫고, 세수를 하기도, 밥을 먹기도 싫더라는 것이다. 정신이 혼미하고 육체가 무겁고 나른해 아무것도 할 수 없었다고 한다. 누구와의 만남도 대화도 행동도 싫더라고 하였다. 끝내는 우울증에 빠져서 알 수 없는 미궁으로 휘말리게 되더라는 것이다. 그래서 여러 차례 죽음까지 생각해 보게 되었다고 한다.

따지고 보면 이 모든 것들이 무지에서 비롯된 것이 아닌지 모르겠다. 그렇지 않고서야 누군가에게 사기를 당할 리가 없지 않은가. 모름지기 잘 알아야 하고, 모르면 누군가에게 물어보아야 하고, 그러고 나서 일을 처리해야 한다는 말이다.

오늘날의 사회를 '다양성의 사회' 라고 한다. 다양성 사회의 특징은 사회의 구조와 정보가 복잡다기하다는 데 있다. 사회가 돌아가고 있는 양상을 살펴보자.

모르는 일이 어디 한두 가지던가. 부지기수이다. 자신의 전문분야가 아니고서는 알지 못하는 일이 너무도 수두룩하다.

우리나라와 같은 개발도상국의 경우 직종이 2만 가지가 넘는다고 한다. 자신이 하는 일 이외에 모르는 일이 많을 수밖에 없다. 이러한 현상은 선진문명국으로 갈수록 더욱 심하다. 전통사회, 농경사회에서는 직종이라고 해 봐야 손가락으로 꼽을 정도이다.

그런데 오늘날의 사회는 어떠한가. 그야말로 복잡다단하다. 아는 일보다 모르는 일이 훨씬 더 많다. 이런 사회를 살아가자면 어떻게 해야 하는가. 누군가에게 물어서 처리해야 한다. 모든 분야의 전문가를 찾아서 꼬치꼬치 상의를 해야 한다는 것이다. 그러면 속을 일이 없지 않은가.

'돌다리도 두드려보고 건너라' 는 말이 있다. '도둑을 맞으려면 개도 짖지 않는다' 는 말도 있긴 하지만…. 교직에 종사하는 사람이 법을, 법조계에 종사하는 사람이 의학을, 의학에 종사하는 사람이 경제나 정보 쪽을 잘 알 수 없지 않은가.

이렇게 세상은 알 수 없는 구조로 되어 있다. 앞으로의 사회는 이런 상황이 더욱 심화될 전망이다. 아는 것보다 모르는 일이 훨씬 많은 불확실한 구조 속에서 살 수밖에 없게 된다는 것이다. 어찌 알아보지 않고 혼자의 판단으로 일을 처리할 수 있겠는가.

언젠가 동료들의 모임에 나갔다가 또 들은 얘기이다. 글쎄 누군가가 못된 사람의 꾐에 빠져 가지고 있던 거의 모든 재산을 날리게 되었다는 것이다. 그 친구 40여 년 간 오로지 교직에만 종사하던 사람이다. 그야말로 사회물정을 잘 알지 못하는 순수한 사람이다. 그러니 이를 어쩌겠는가. 돌려받을 가망도 없다고 한다. 그로서는 평생에 다시 모을 수 없는 재산이다. 여생을 그것으로 생활해야 하는데…. 사회 일반에 떠도는 소리이다. 퇴직 공무원들의 돈은 보는 사람이 임자라고…. 정말로 그런 모양이다. 우울한 소식이 아닐 수 없다.

선생님들은 귀가 얇다. 남을 너무 잘 믿는다. 자신의 마음만 믿고서 하는 일이다. 세상이 모두 자기 같은 줄만 알고…. 세상은 만인에 의한 만인의 투쟁이라고 한다. 영국의 철학자 토마스 홉스(Thomas Hobbes, 1588~

1679)의 말이다.

그래서 인간의 생명은 외롭고, 가엾고, 구차하고, 짐승 같고, 그리고 단명할 것이라는 가정이 나온다. 세상을 살아가면서 대하게 되는 모든 것들을 경계하고 조심하라는 말이 된다. 조금만 남의 마음을 읽었더라면, 조금만 더 상대의 생각을 경계했더라면 그런 불상사는 일어나지 않았을 것이다. 인간의 세계를 약육강식, 정글의 세계에 비유하는 사람들이 많다. 마음에 새겨둘 일이다.

무엇보다 중요한 것은 다양성 사회를 살아가야 하는 사람들의 생활방식이다. 물어서 처리해야 할 것이다. 설령 잘 아는 일이라고 하더라도 마찬가지이다. 그래야 험한 이 세상을 잘 살아갈 수 있지 않겠는가.

〈2010. 4. 26. (월)〉

판사들의 막말

판사들의 막말이 사회적 문제가 되고 있다. 재판과정에서 원고나 피고들에게 인격을 모독하는 말을 마구 하고 있다는 것이다.

며칠 전(2010년 7월 28일) '기자수첩' (「조선일보」)에 실린 글이다.

자녀들이 낸 소송에 법원에 나온 박 모(57)씨, 판사에게 손을 들어 무언가 말을 하려고 하다가 40대인 판사에게 들은 말이다.

"너 이혼했는데, 무슨 말을 해? 이혼한 사람은 말하지 마…!"

박씨는 자녀들과 함께 법정에 나왔다가 심한 모욕을 느꼈다고 한다.

이 판사의 '막말' 을 매스컴이 보도하자 대법원이 즉각 움직였다. 조사에 나선 법원행정처 윤리감사관실은 해당 판사의 언행이 부적절했다는 점을 일부 확인하였다. 하지만 징계를 내리지 않고, '주의' 나 '구두경고' 를 할 사안이라고 해당 판사가 일하는 법원의 법원장에게 통보를 하였다.

법원장이 해당 판사에게 "앞으로 조심하라" 고 주의를 주고 그냥 넘어가라는 것이다.

'막말' 판사를 말로만 혼내고 넘어가는 일은 이번이 처음이 아니다. 올

초에도 서울중앙지방법원에서 69세 소송 당사자에게 "어디서 툭 튀어나오느냐"고 말한 39세의 판사에게 법원장이 '주의'만 주고 지나갔다.

수년 전 자신보다 19살 많은 증인에게 "아이큐가 얼마냐. 거의 ×수준이구먼…"이라고 말했던 한 부장판사는 징계를 받지 않았을 뿐 아니라 현재 요직에 올라 근무중이라고 한다.

법원에서는 무슨 사건이 생기면 '판사는 구두경고로도 치명상을 입는다'며 감싸 안으려는 분위기다. 그렇다 보니 판사 징계는 몇 년에 한 번 나올까 말까 할 정도로 보기가 드물다. 하지만 정말 법원이 막말 사건을 없애려면 막말 판사는 엄하게 문책해야 한다고 법조계 인사들은 말하고 있다. '소송 당사자에게 친절하고 정중하게 대해야 한다'는 법관윤리강령을 어긴 것인 만큼 얼마든지 징계가 가능하다는 것이다.

막말 판사는 국민이 위임한 재판권을 자신의 권한으로 착각한 사람들이다. 이들을 엄중 문책하지 않는다면 법정에서 모욕을 당하는 국민이 앞으로도 계속 나올 수밖에 없다. 그러면 법원에 대한 신뢰도 그만큼 추락할 것이다.

판사들의 '막말'은 인터넷에도 여러 건 올라와 있다. 2007년 여름, 고등학교 2학년 안 군이 학교에서 친구들과 주먹다짐을 하다가 법원 소년부 법정에 섰다. 이때 담당판사가 안 군에게 한 말이다.

"차렷, 열중쉬어, 앉아, 일어서, 눈감아…."

이걸 옆에서 보고 있던 안 군의 아버지가 판사에게 항의를 하였다. 그러자 판사가 하는 소리이다.

"아버지는 밖에 나가 있으세요!"

사업자금이 없어 부도를 낸 피고에게 어떤 판사는 "부도를 낸 사람이 때

깔(얼굴색)은 좋다"고 한 사례도 있다. 국가인권위원회가 발간한 2008년 인권상담사례집에도 비슷한 사례들이 있다. 2007년 8월 한 피고인은 판사가 "90도로 인사 못해요!"라며 서너 차례 정중히 인사할 것을 강요했다는 진정을 인권위원회에 냈다. 법정에 방청객으로 갔다가 판사가 "법정에서는 판사가 하라는 대로 해야 한다"며 소란을 피웠다는 이유로 호통을 치고 이름, 주소, 직업을 물었다는 것이다.

이런 내용들이 사실인지…, 혹시 과장된 것은 아닌지 모르겠다. 사실이라면 이건 큰 일이다. 지금 30~40대 판사들이라면 대개 60~70년대에 태어난 사람들이다. 세칭 '386'과 그 이후 세대들이다.

대학에 다닐 때에는 학생운동과 민주화 투쟁으로 목소리를 높였고, 초·중·고를 다닐 때에는 가정과 학교로부터 좋은 성적만을 강요받으며 성장해 왔다.

가정, 이웃, 사회구성원들 간의 예의범절은 아랑곳하지 않았다. 부모와 기성세대들도 간섭을 하지 않았다. 오로지 성적만을 강요받았다. 전통, 사회정의, 예절 같은 것은 성적에 묻혀 버리고 말았다.

일류대학에 입학하고, 졸업 후 좋은 직장에 다니는 것으로 모든 것은 그만이었다. 교육으로 신분의 수직상승만을 꿈꾸며 살았던 것이다. 사회에는 어른이 없었다. 어른 행세를 하려다 자칫 망신당하기 일쑤여서다.

사시·행시를 준비하는 사람들도 이 범주를 벗어나지 못했다. 판·검사가 되기 위해 골방에 들어앉아 책과 씨름을 해야 해서다. 합격만 하면 갑작스런 신분상승에 명예와 부, 권력이 동시에 따라온다. 일거에 스타덤에 오르는 것이다. 예의, 규범보다는 경쟁과 다툼 속에서만 살아온 것이다.

이런 세태 속에서 자란 사람들이 뒤에 요직에 올랐다고 가정해 보자. 우리가 바라는 상식적, 규범적 사고와 행동을 할 수 있겠는가. 기대하기 어렵지 않을까 싶다. 오늘날 '막말 판사'의 문제가 여기서 비롯된 것이 아닌지 모르겠다.

이와는 달리 재판과 관련, 남의 마음을 따뜻하게 해 준 소식도 있다. 2010년 4월 6일자 「조선일보」 '만물상'에 실린 '야간재판'의 내용이다.

대공황이 한창이던 1930년대 어느 겨울 밤, 뉴욕 즉결법정에 한 할머니가 섰다. 사위는 실직해 집을 나갔고, 딸은 병들어 누웠고, 할머니는 굶주리는 손녀들을 보다 못해 빵집에서 빵을 들고 나오다 붙잡혔다. 판사는 할머니에게 벌금 10달러를 선고하며 말했다.

"할머니가 빵을 훔쳐야 하는 이 비정한 도시의 사람들에게도 책임이 있다. 좋은 음식을 많이 먹어온 내게 벌금 10달러, 법정의 뉴욕 시민들에게 벌금 50센트씩을 선고한다."

판사는 10달러를 모자에 넣고 방청석에 돌렸다. 금세 57달러가 모였다. 판사는 10달러를 벌금으로 내고, 나머지를 할머니에게 건넸다.

이 판사가 뒤에 뉴욕시장을 세 차례나 지내고 뉴욕의 공항 이름으로 남은 '피오렐로 라과디아'이다. 뉴욕 형사 간이법원은 그렇듯 1년 365일 밤낮으로 재판과 보석 심사를 한다.

"잠들지 않은 도시 뉴욕에서 정의의 수레바퀴는 계속 돌아간다."

이 법원이 내건 모토다.

이 기사를 읽으면서 난 가슴이 뛰었다. 눈시울이 붉어지고, 등에는 전율이 흘렀다. 눈물이 나올 듯 가슴이 울렁거렸다. 이런 판사도 있다니…. 인정 넘치고, 사람 냄새가 절절히 흐르고 있지 않는가. 이런 사람이니까 뒤에 뉴욕시장을 세 번씩이나 하고, 공항으로 이름을 남기지 않았는가…. 그가 시장 재임시, 뉴욕 시민들이 얼마나 행복했을까. 뉴욕의 행정이 얼마나 잘 돌아갔을까. 함께 근무했던 사람들은 얼마나 행복했을까.

사법도 대 국민 서비스이다. 우리 재판제도 중에 가장 국민과 친한 제도로 흔히 소액사건 심판제가 있다. 1973년 시행된 이래 민사소송의 90%를 차지하는 소송액 2000만원 이하 사건을 간단한 절차로 처리하는 제도이다. 소송 당사자들은 다툼을 오래 끌지 않아 좋고, 법원은 일손을 크게 덜어 좋다. 2000년 일본이 배워 가 민사소송법에 소액사건 심판특례를 도입했을 정도다.

수원지방법원 안산지원이 저녁 7시부터 재판을 시작하는 야간 개정제도를 처음 도입했다. 일단 소송 액 2000만원 이하 소액사건부터 적용하겠다고 한다. 안산시청이 2008년 24시간 민원서류 발급서비스를 시작해 호응을 얻은 것과 무관하지 않다.

안산은 낮에 시간을 내기 힘든 근로자들이 많이 사는 공단지역이다. 관공서도 법원도 시민과 소송 당사자 입장에서 생각해 보면 답이 나오게 돼 있다. 일과에서 벗어나 저녁에 홀가분하게 법정에 나가면 조정이나 화해도 더 쉽게 될 것이다. 같은 일을 두고 일의 극과 극을 보는 것 같다. 많이 알고 지도자적 위치에 있는 사람들이 좀 더 신경을 써야 할 일이다.

〈2010. 7. 30. (금)〉

남한산성 등산길

'사우회' 교우들과 남한산성 등산길에 올랐다. 지난 40년 가까이, 거의 한평생을 함께 교직에 몸담아오던 사람들이다. 어느덧 정년을 맞아 이제는 하루 쉬고 하루 노는 천상에 실업자로 구차한 처지들이 되었다. 현직에 있을 때에는 두어 달에 한 번씩 만나 오다가, 정년을 하고서는 매월 한 차례씩 함께 산행을 하거나 여행 같은 걸 하고 있다.

산성으로 오르는 길은 평일 오전인데도 벌써부터 등산객들로 붐비고 있다. 옛날 사람의 시선으로, 할 일 없이 산을 오르는 사람들을 보며, 이거 지나치게 비생산적이 아닌가…, 생활 일선에서 몸이 부서져라 일하는 이들의 입장에서, 이건 정말 죄송한 일이 아닌가 하는 생각이 들었다. 우리도 그런 사람들로 비춰지면 어쩌나…, 조바심도 들었다.

내가 초등학교를 다니던 열두어 살 때의 일이다. 어느 일요일, 할아버지와 함께 냇가 밭에서 일을 하고 있는데, 서울의 삼촌이 아이들과 함께 냇가로 천렵(川獵)을 오셨다. 삼촌은 우리의 일과는 상관없이 하루 종일 놀다가 저녁나절 서울로 돌아가셨다.

그때 내가 가졌던 생각이다. 그 바쁜 여름날에 그렇게 자유로이 하루를 쉴 수 있다니…, 참으로 부럽다는 생각이 들었다. 한편으로는 은근히 속이 상했다. 할아버지는 그 삼촌의 친아버지이다. 친아버지가 그렇게 종일 땀을 뻘뻘 흘리며…, 등 허물이 벗겨지도록 열심히 일을 하고 있는데, 아들이 종일 냇가에서 그렇게 한가하게 놀 수 있다니….

산성을 오르다가 할 일이 없는 듯 산을 오르내리는 사람들을 보며 문득 가졌던 어린 날의 추억이다.

산을 오르며 가졌던 또 한 가지 생각이다. 일장산(日長山) 어디에도 그 흔하던 다람쥐며 산새들이 보이지 않는다는 것이다. 자연이 참으로 많이 변한 것인가. 성남이 고향인 나는 초등학교를 다니던 어린 날의 6년 내내 남한산성으로 봄가을 소풍을 갔다. 딱히 어디로 가야 할 곳이 없어서였던 듯한데…, 그 때는 산을 오르는 도처에 산새며 다람쥐가 수도 없이 널려 있었다. 꾀꼬리며 파랑새, 때까치며 박새, 콩새들도 지천이었다. 줄지어 소풍길을 가다가 다람쥐를 쫓아 굴을 틀어막고 노는 시간에 다시 와 굴을 파 새끼들을 꺼내던 일도 머릿속에 아련히 가물거린다.

등산을 하면서 가졌던 또 한 가지 생각이다. 사람들이 산성을 오르내리며 그 안에 산재해 있는 사적지, 유적지, 문화재들에 너무 관심이 없는 듯하다는 것이다. 등산으로 족한 듯 별다른 생각이 없는 모습이다. 안타깝다는 생각이 들었다.

조선일보 '이규태 코너' 를 집필해 오던 시대의 글쟁이 이규태 씨가 어느 날 이 코너에 쓴 글이다. "남한산성은 성 자체가 사적지요 유적지이다. 그 안에 산재해 있는 돌부리, 풀뿌리, 나뭇가지 하나 사적지, 유적지, 문화재 아닌 것이 없다" 고 하였다. 사실이 그렇다. 남한산성은 병자호란 때 인조가 일만오천 군 · 민과 더불어 45일간 청군에 항쟁했던 사실 외에도 우리가 알고 계승 보존 발전시켜야 할 역사적 사실들이 너무 많다. 무심코 지나치지 말아야 할 사적, 유적, 문화재들이 성내 여기저기에 산재해 있다는 것이다. 산을 오르내리는 많은 사람들이 이러한 사실들에 얼마나 마음을 두고 있는지…, 괜한 걱정이 들었다.

성내에 있는 대충의 사적, 유적지들이다. 행궁, 침괘정, 수어장대, 숭열전, 연무관, 현절사, 청량당, 지수당, 장경사, 무망루, 매바위 등…. 성곽은 또 어떠한가. 남대문인 지화문을 비롯, 동 · 서 · 북의 4대문과 8개의 암문(暗門), 5개의 옹성(甕城), 그리고 4.5킬로미터에 달하는 성곽이 요새처럼 단단히 설치되어 있다.

남한산성과 관련된 인물들도 많다. 병자호란 당시 군주였던 인조를 비롯, 주화파 최명길, 척화파 윤집, 오달제, 홍익한 등 삼학사와, 척화파의 거두 김상현, 정온, 축성을 지휘했던 벽암대사와 이회, 삼전도 비문을 쓴 백헌 이경석 등 헤아릴 수 없이 많다.

행궁은 왕이 거동하여 임시로 머물며 정사를 돌보던 곳(현재 복원중), 침괘정은 당시 무기를 제작 보관하던 곳, 수어장대는 오늘날의 전방 GOP로 장수들이 군사들을 지휘하던 곳이며, 연무관은 병사들이 무술을 연마하던 곳, 현절사(顯節祠)는 척화를 주장하다 청나라의 수도 심양(瀋陽)으로 끌려가 절개를 지키다 참형을 당한 기개 높은 삼학사(三學士)의 혼백을 모신 사당, 청량당은 동남쪽 축성의 책임자였던 이회와 그 부인, 그리고 서북성을 쌓은 벽암대사 김각성의 혼백을 모신 혼령의 집이다.

지수당(池水堂)은 지체 높은 선비들이 낚시를 즐기던 곳, 장경사(長慶寺)는 남한산성 축성 당시 전국에서 동원된 승려들이 머물던 곳, 무망루

(無望樓)는 병자호란 당시 인조가 겪은 시련과 8년 간 청나라의 수도 심양에 볼모로 잡혔다가 귀국 후 북벌을 계획하다 승하한 효종의 뜻을 잊지 말자는 뜻에서 영조가 쓴 현판 사액으로 현재 수어장대 옆 조그마한 누각에 보존되어 있다. 매바위는 성을 쌓다가 무고하게 목을 베인 이인고의 목에서 나온 매가 수어장대 앞 바위에 앉았다가 날아간 매의 발자국이 남아 있는 곳…. 산성 안에는 이렇듯 많은 사적지, 유적지, 문화재들이 여기저기에 널려 있다.

성의 규모는, 둘레가 약 6,297보, 성 위에 나지막하게 쌓은 담 성가퀴는 1,700첩, 이것의 길이는 1,897보, 여기에 남문 등 4대문과, 8개의 암문, 그리고 5개의 옹성이 있다. 그러니까 산성의 둘레는 대략 시오리, 성가퀴는 1,300m, 여기에 은밀하게 식량과 무기를 운반하거나 원군, 척후병들이 드나들던 8개의 비밀문 암문, 그리고 성벽으로 접근하는 적을 3면에서 입체적으로 공격하기 위해 쌓은 5개의 옹성이 있다.

산을 오르내리는 사람들이 한 번쯤 살펴보았으면 하는 마음 간절하다. 아는 것만큼 보인다는 말이 있다. 한 번쯤 살펴보고 혜안을 가졌으면 싶다.

일행은 산을 오르내리며 한동안 이런 저런 이야기들을 나누었다. 모두의 공통 관심사에 관해서다. 그러면서 자조 섞인 말들이다.

"글쎄…, 뭔가 좀 알아야 하는데…, 요샌 뭐 읽기도 싫어…."

우리의 등산코스는 언제나 같은 길이다. 남문을 지나, 성을 따라 수어장대, 국청사, 서문, 북문, 종로, 다시 남문…, 이런 식이다. 남한산성 입구에서 십리 길, 1시간 반 거리이다. 우리의 산행이 언제까지 계속 될지…, 글쎄 모를 일이다.

〈2010. 8. 17. (화)〉

연과 고집멸도

내가 좋아하는 불교용어가 있다. 연(緣)과 고집멸도(苦集滅道)다. 먼저 연에 대한 생각이다.

연은 우주만물이 모두 연을 맺고 있다는 것을 의미한다. 옳은 말이다. 세상에 서로 연을 맺지 않는 것이 어디 있다던가. 우리 주위의 모든 것들…. 물, 공기, 흙, 나, 너, 우주만물이 모두 그렇다.

곰곰 생각해 보자. 물이 없으면 내가 살 수 있겠는가. 공기가 없으면, 흙이 없으면, 네가 없으면…, 나는 살지 못한다. 혹자는 말한다. 공기가 없으면 살지 못하지만, 네가 없는데 내가 왜 못 사느냐. 정말 그럴까. 아니다. 네가 없으면 나는 결코 살지 못한다. 나 이외에 너에 해당하는 모든 것들이 없다고 가정해 보자. 내가 감히 살 수 있겠는가. 누구는 말한다.

"무인도에 가서 혼자 살면 될 게 아니냐?"

글쎄, 그런데 그것도 실은 옳은 말이 아니다. 무인도에 가서 산다고 하더라도 그것은 이미 인간이 만들어 놓은 문명의 이기를 가지고 가서 사는 것이지, 혼자서 사는 것이 아니기 때문이다. 문명의 이기 없이 전라(全裸)의 몸으로 혼자 가서 산다고 생각해 보자. 정말 살 수 있겠는가. 설사 산다고 하더라도 그것은 이미 인간의 삶이라고는 할 수 없을 것이다. 그런 삶은 동물의 삶에 지나지 않을 것이기 때문이다.

불가에서 말하는 연에 대한 설명이다. '인간을 포함하는 우주 만물은 변화하는 자연적인 조건에 의해 생성멸(生成滅)한다'는 것이다. 맞는 말이다. 논리적, 과학적으로 그렇다. 좀 더 풀이해 보자. 우주만물은 변화하는 자연적인 조건 속에서 나기도, 성장하기도, 멸하기도 한다. 어찌 이를 부정할 수 있겠는가. 세상의 모든 것이 변화하는 자연 속에서 나고, 자라고, 멸하지 않는가. 그리고 서로 연을 맺고 있지 않은가.

그런데 내가 감히 너를 어찌 무시하겠는가. 보잘것 없는 미물(微物)이라고 하더라도 어찌 마구 취급할 수 있겠는가. 개미 한 마리, 모기 새끼 한 마리라도…. 그래서다. 불가에서는 살생을 금하고 있다. 그것이 하찮은 미물이라고 하더라도, 살아 있는 것이라면…. 참으로 성불한 자들의 휴머니즘적 사고가 아닐 수 없다. 세상 사람 모두가 이런 사상을 가지고 있다고 가정해 보자. 이 세상에 다툼이, 전쟁이 있을 수 있겠는가.

내가 좋아하는 불교용어 또 한 가지가 있다. 고집멸도다.

석가(釋迦)가 깨달은 네 가지 성스러운 진리를 말한다. 이른바 4성제(四聖諦)…. 고성제, 집성제, 멸성제, 도성제를 이름이다. 석가는 이 네 가지 진리에서 인간 삶의 방향을 제시하려 하고 있다.

그에 의하면 첫 번째 진리는, 인생은 그 자체가 고(苦)라는 것이다. 이른바 고성제(苦聖諦)이다. 생로병사가 그 대표적인 예다. 생각해 보면, 인생은 그 자체가 고통일 수밖에 없다. 공부를 잘 해야 하는데 못한다든지, 수능점수가 좋아야 하는데 낮다든지, 좋은 대학엘 들어가야 하는데 못 들어

간다든지…, 출세를 해야 하는데 못한다든지, 돈을 벌어야 하는데 벌지 못한다든지, 백마를 탄 왕자가 나타나야 하는데 나타나지 않는다든지, 잘 먹고 잘 살아야 하는데 그렇지 못하다든지…. 이런 것들이 모두 고에 해당된다. 그러니 삶 자체를 어찌 고통이라고 아니할 수 있겠는가?

불가에서는 이런 고통의 원인이 인간의 욕심, 번뇌와 갈등, 애욕과 무명에서 비롯된다고 밝히고 있다. 이른바 집성제(集聖諦)이다. 그래서 욕심과 번뇌 갈등에서 벗어나 열반이나 해탈의 경지에 이르는 것을 궁극의 목표로 삼고 있다. 이것이 멸성제(滅聖諦)이다. 그리고 열반과 해탈의 경지에 이르기 위해서는 도를 닦아야 하는데 이것이 도성제(道聖諦)이다.

스님들은 이를 위해 평생 절집에서 도를 닦으며 살아가고 있다. 이른바 팔정도(八正道)를 행하면서 열반, 해탈의 경지에 이르려 정진하고 있는 것이다. 팔정도는 인간이 해탈의 경지에 이르기 위해 추구해야 할 여덟 가지 바른 도리를 말한다. 바른 견해, 바른 생각, 바른 말, 바른 행동, 바른 생활, 바른 노력, 바른 기억, 바른 집중 등이 그것이다. 이런 생활을 통해서 마음을 비우고 해탈의 경지에 이르러야 진정한 열반의 세계에 이른다는 것이다.

이런 생각을 하면서 느끼는 것들이다. '불교는 참으로 인간적이다. 논리적이다. 합리적이다. 과학적이다. 손에 잡힐 듯하다.' 그런 생각을 하게 된다. 한 마디로 뜬구름 잡기 식이 아니라는 것이다. 모든 것이 인간의 사고와 상상 범위 안에서 왔다 갔다 한다. 어찌 보면 종교라기보다 우리가 늘 접하는 자경문(自警文)일 수 있고, 논리적이고 합리적인 윤리 도덕일 수 있다. 조선조 사대부 선비들의 꼿꼿한 정신세계일 수도 있다.

사성제를 우리의 생각으로 좀 더 반추해 보자. 인간의 욕심 말이다. 한 마디로 끝이 없다. 가지면 더 가지고 싶어 하고, 수명은 좀 더 연장하려 하고, 출세는 끝도 없이 추구하고, 죽음은 그 자체를 거부하고, 죽을 수밖에 없다면 혼이라도 살았으면 하고, 끝내는 천당 극락을 좇아 온갖 욕심을 다 부리고 있다. 그래서 인간은 살아가며 온갖 신의 세계를 좇아다닌다.

그런데 인간이 욕심을 그리 쉽게 버릴 수 있겠는가. 없지 싶다. 많은 사람들이 마음을 비워야 한다고 한다. 그리고 누구나 한 번쯤 그런 생각을 하게 된다. 그런데, 마음이 어디 그렇게 쉽게 비워지던가. 사람들이, 스님들이 끝없이 정진을 해도 해탈의 경지, 열반의 경지에 이르지 못하는 것이 바로 이 욕심을 버리지 못해서가 아닌가 한다. 어떻게 보면 인간에게 욕심을 버리라는 것 자체가 오류일 수 있다.

석가, 고타마 싯다르타는 BC 5세기 경 사람이다. 오늘날로부터 몇 년 전인가. 적어도 2,500여 년 전 사람이다. 그가 그때 벌써 그런 생각을 했다니, 범인이라고 할 수 있겠는가. 믿어지지 않는다. 언젠가 집사람을 따라 절엘 갔다가 나무 그늘에 앉아 졸다가 생각해 본 글이다.

〈2010. 9. 7. (화)〉

신의 존재

신이 존재하는가? 이보다 어리석은 질문은 없을 듯하다. 믿는 자와 아닌 자의 대답이 극명하게 다를 것이기 때문이다. 어쩌면 신의 존재에 대한 논란은 영원한 숙제일는지 모른다. 합리적, 과학적 증명이 어렵기 때문이다.

며칠 전이다. 영국의 천체 물리학자 스티븐 호킹 박사가 이에 대한 대답을 내놓았다. '우주는 신에 의해 창조된 것이 아니다' 라는 것이다. 지난 9일(2010년 9월) 출간된 그의 저서 《위대한 설계》(Grand Design)에서 밝힌 내용이다.

"우주의 대폭발 빅뱅은 신의 개입으로 이루어졌다기보다 중력의 법칙에 따라 불가피하게 발생한 것이다. 중력과 같은 법칙이 있기 때문에 우주는 무로부터 스스로를 창조할 수 있다. 우주와 인류의 존재는 자연발생적인 창조에 의한 것이다."

그는 또 청사진에 우주의 설계도를 그려 넣고 '우주를 작동하게 하는 데 반드시 신의 도움이 필요한 것은 아니다' 라고 밝혔다.

그가 그의 저서에서 계속 밝히고 있는 내용이다.

"우주는 혼동으로부터 저절로 만들어질 수 없다. 신의 개입이 필요하다는 뉴턴의 믿음이 무너지게 된 첫 계기는 1992년 태양계와 흡사한 행성 체계가 발견된 사건이다. 이로 인해 지구를 있게 한 조건들의 절묘한 일치가 더 이상 놀랄 만한 일이 아니게 됐고, 지구가 인간을 위해 설계됐음을 주장하는 근거도 희박해졌다."

그는 "만물의 최소단위가 입자가 아니라 진동하는 끈이라고 보는 물리이론의 일종인 M이론이 우주의 탄생원리를 설명할 수 있을 것이며, M이론은 아인슈타인이 찾고자 했던 통일이론"이라고 했다. 통일 이론은 중력 · 자기력 · 약력 · 강력 등 자연계의 4가지 힘을 하나의 원리로 설명하는 이론이다.

호킹 박사는 이에 앞서 1988년 《시간의 역사》라는 저서에서 "우리가 완전한 이론을 발견할 수 있다면 인간 이성의 궁극적 승리가 될 것이다. 그때 우리는 신의 마음을 알게 될 것이다"라고 밝힌 바 있다. 호킹 박사의 이런 주장은 급기야 세계적인 종교 논쟁을 불러 일으켰다. 수많은 종교인이 비난에 나섰고, 이에 맞서 비종교인들이 호킹 박사 지지에 나서면서 양측간 치열한 논쟁이 벌어졌다.

먼저 종교인들의 주장이다. 영국 성공회 수장인 로완 윌리엄스 캔터베리 대주교의 말이다.

"과학자들은 빅뱅이 어떻게 무의 상태에서 발생했는지 전혀 설명하지 못하고 있다."

옥스퍼드대학 수학과 교수 존 레녹스도 영국 「데일리메일」 기고문을 통해 신의 존재를 확신하고 있다(2010. 9. 6. 「조선일보」).

"무신론자들은 항상 외계인이 존재한다고 주장하면서 신의 존재를 부정하려고 안달한다. 나는 과학자로서 오묘한 자연과학 법칙을 알면 알수록 신의 존재에 대한 믿음이 강해진다."

이에 대한 비종교인들의 주장도 강력하다. 저서 《만들어진 신》으로 세계적인 명성을 얻고 있는 영국의 생물학자 리처드 도킨스가 「더 타임스」에 올린 글이다.

"생물학계가 다윈의 진화론 이후 신을 생물학의 영역에서 몰아낸 반면 물리학계는 모호한 입장을 고수해 왔으나, 호킹이 물리학계의 신의 존재 논란을 결말지을 최후의 일격(coup de grace)을 시도하고 나섰다."

과학전문방송 디스커버리 프로듀서인 천체물리학자 이반 오닐 박사도 이에 가세했다.

"호킹 박사의 관점에 적극적으로 동의한다. 우주 창조를 이끈 빅뱅이 순수 물리법칙에 의한 것이라는 생각이 창조론보다 훨씬 더 매력적이다."

이에 대한 논쟁은 지구촌 일반시민 사회에서도 가열되고 있다. 미국 일간지 「월스트리트 저널」이 주말판 북섹션에 '신이 우주를 창조하지 않은 이유'라는 제목으로 호킹 박사의 이론을 소개하자, 이 기사는 하루만에 무려 1천여 개의 각국 독자 댓글이 붙어 댓글 리스트 1위 기사에 올라섰다. 일부 독자들은 호킹 박사에 대해 인신공격성 발언을 하기도 했다. "책을 더 많이 팔기 위해 종교이슈를 악용하고 있다"는 것이다. "신은 호킹 박사와 같은 추한 존재(장애인을 빗댄 표현)를 만들지 않았다"는 극단적인 댓글도 있었다. 논리적으로 호킹 박사를 비판하는 글도 있다.

"중력이 우주탄생 이전부터 존재했다면 그 힘은 누가 만들었는지 설명해야 한다. 원자는 무수히 작은 단위로 쪼갤 수 있지만 더 큰 단위로 재결

합하는 과정은 현대 과학으로 설명하지 못하고 있다."

호킹 박사의 주장을 옹호하는 의견도 많다.

"사람의 목숨을 구해주는 약과 어둠을 밝혀주는 전구 등 실생활에 유용한 도구를 만들어주는 것은 과학의 힘이지, 종교의 힘이 아니다. 인류 역사상 종교전쟁 때문에 죽은 사람만 수천만 명에 이른다. 이런 것도 신의 뜻이냐"는 것이다.

미 시사주간지 「타임」도 이에 가세하고 있다. 2010년 9월 3일자 「타임」이 '테레사 수녀, 나의 빛이 되어라'라는 새 책을 인용해 밝힌 내용이다.

"테레사 수녀는 콜카타에서 봉사활동을 시작한 1948년부터 사망할 때까지 신의 존재를 느끼지 못했다. 그는 자신이 겪은 내적 고통을 지옥에 비교했고, 한 때는 천국과 신의 존재 자체에 대한 회의까지 드러냈다."

테레사 수녀 자신도 1979년 9월 자신의 고해 신부인 '마이클 반 데르 피트'에게 보낸 편지에서 신의 존재에 대한 회의를 밝혔다.

"예수님은 당신을 특별히 사랑하신다. 그러나 나에게는 침묵과 공허함이 너무나 커서, 예수님을 보려 해도 보이지 않고, 들으려 해도 들리지 않는다. 기도하려 해도 혀가 움직이지 않아 말을 할 수 없다"고 적었다.

그가 1953년 '퍼디랜드 페리에' 대주교에게 보낸 편지에서는 "마치 모든 게 죽은 것처럼, 내 안에 너무나 끔찍한 어둠이 있다"고 했고, 1959년 8월 '로런스 피카키' 신부에게 보낸 편지에서는 "내 영혼에 왜 이렇게 많은 고통과 어둠이 있는지 말해 달라"고 썼다.

테레사 수녀의 이런 회의에 대해 무신론에 관한 책들을 쓴 '크리스토퍼 히첸스'는 이런 평가를 내리고 있다.

"테레사 수녀 역시 종교가 인간이 만들어 낸 허구라는 깨달음에서 자유로울 수 없었음을 보여주고 있다."

예일대에서 철학과 문학, 하버드대 대학원에서 종교철학을 공부한 '현각' 스님은 한 발 더 나아가 종교 그 자체를 무시하는 말을 서슴지 않고 있다. 그가 조선일보(김윤덕 : 2010. 9. 11. B1)와의 일문일답에서 한 말이다.

"종교는 신앙이 아니라 윤리로 가야 한다. 우리는 종교를 버려야 한다. 2010년이 되었는데, 인간이 여전히 종교에 집착하는 것은 어리석은 일이다. 석가모니는 불자가 아니었다. 예수도 기독교인이 아니었다. 그들이 종교를 만들라고 말하지도 않았다. 개신교의 가르침은 많은 부분 예수 이후에 생긴 것들이다. 종교가 종교다워지려면 보편적 윤리, 사랑하고 베푸는 마음을 실천해야 한다."

현각 스님의 이 말에 기자가 다시 물었다.

"신앙이 아니라 윤리로 가야 한다는 말은, 예수나 부처에 대한 신격화 혹은 숭배를 경계해야 한다는 뜻으로 들린다."

이에 대한 그의 대답이다.

"종교는 인간이 만든 형태일 뿐이다. 종교는 누구나 인정할 수 있는 보편적 가치를 생활에서 실천해 나갈 때 참 종교가 된다. 부처님이 제자들에게 한 마지막 말씀은 '나의 말을 믿지 마라. 내가 말했기 때문에 믿으면 안 된다' 였다. 맹목적인 믿음은 종교의 독이다."

글쎄 이 같은 숱한 논의에도 신의 존재를 확신할 수 있는 사람은 없을 듯하다. 확증과 과학적 합리적 증명이 어렵기 때문이다. 그래서다. 신의 존재 여부는 왈가왈부 그 자체가 어리석은 일일는지 모른다. 도대체 뭐가 뭔지…, 통 알 수가 없다.

〈2010. 9. 26. (월)〉

원어민 영어교육

원어민 영어수업을 볼 때마다 느끼는 생각이다. 과연 이러한 형태의 영어교육이 효과가 있을까? 혹시 국부만 유출하는 것은 아닌가? 보다 효과적인 교육방법은 없을까? 이러한 생각은 현행 원어민 영어교육이 방법론에 치우쳐 소기의 효과를 거두지 못하고 있다는 데에서 비롯되고 있다. 현재 전국적으로는 약 4,500명의 원어민 교사가 배치되어 있다. 문제는 원어민이 배치된 학교의 경우 학급수에 비해 원어민 교사가 지나치게 부족하다는 것이다. 30여 개 학급에 단 한 명의 원어민으로는 효율적인 영어교육을 시킬 수 없다는 것이 학자들의 일반적인 견해이다.

한 명의 원어민이 20개 학급을 가르칠 때에는 주당 1시간씩의 수업을 하게 된다. 10개 학급을 가르칠 때에는 주당 2시간씩 하게 되고…. 원어민의 주당 수업시수가 20시간을 넘지 못하도록 규정되어 있기 때문이다. 1주일에 1시간의 원어민 교육으로 말하기 듣기 교육이 제대로 이루어지겠는가? 어불성설이다. 언어학자들의 입을 빌릴 필요도 없다. 결코 이루어질 수 없는 일이다. 유아들의 언어습득과정을 보면 더욱 분명해진다. 아이가 태어나 '엄마, 아빠' 라는 단순한 말을 할 때까지 걸리는 시간은 대개 2~3년 걸린다. 그래야만 간신히 간단한 한두 단어를 구사할 수 있게 된다. 모국어의 경우가 이러한데, 외국어의 경우는 어떠하겠는가? 주당 1시간씩 한 학기 또는 두 학기 정도의 교육으로 듣기 · 말하기가 제대로 이루어지겠는가?

원어민 1인당 연봉은 대개 4천여 만원이라고 한다. 각급 학교에 배치되어 있는 4,500명 원어민 교사의 봉급을 계산해 보면 연간 1천 800억 원이 소요된다. 연간 이만한 돈이 해외로 빠져 나가는 것이다. 국부유출이라 아니 할 수 없다. 현재 초, 중, 고등학교에 근무하는 원어민 교사에 소요되는 재원만 이렇다. 사설학원이나 기타 기관에 고용되어 있는 원어민까지를 합치면 이보다 훨씬 더 많은 돈이 소요된다. 정규교육기관 이외에 고용된 수가 또 다시 그만큼이라고 생각해 보면 한 해에 무려 3천 6백억 원이라는 돈이 외국인에게 지급되고 있다. 국부유출이 아닐 수 없다.

그렇게 쓰고서라도 효과만 거둘 수 있다면 무슨 상관이 있겠는가. 불행하게도 그렇지 못하다는 데에 문제가 있다. 경영은 투입과 산출이 맞아야 한다. 교육도 하나의 경영이다. 투자를 했으면 그만큼 산출이 있어야 한다. 그런데 연간 3천 6백억 원이라는 돈을 투자하고, 과연 그만한 효과를 거두고 있느냐는 따져 보아야 할 일이 아닌가 한다. 혹자는 그런 효과를 거두고 있다는 사람들도 있다. 그들은 그 이유를 "아이들이 외국인을 두려워하지 않지 않느냐?"라고들 한다. 그들의 말을 액면 그대로 믿는다고 가정해 보자. 외국인을 맞아 두려워하지 않는 정도의 효과를 거두기 위해 일년에 3천 6백억 원이라는 큰돈을 써야 되겠는가. 이것이 투자와 산출이 맞는 교육이라고 할 수 있겠는가? 고쳐져야 할 일이다. 지나치게 비효율 · 비생산적이기 때문이다. 영어 말하기 교육을 위해 쓰여지고 있는 기타의 재원까지를 더해 보면 이건 정말 너무 비정상적이다. 전국에는 영어교육을 한다는 명목으로 '영어마을', '영어교육센터' 등이 우후죽순처럼 생겨나고, 각급 학교에도 '영어교육센터' 시설들이 계속해서 들어서고 있다. 이들 학교에는 학교별 연 최소 1억 5천만 원 이상의 재원이 투입된다. 이 재원을 전국적으로 합해 보면…, 천문학적인 액수가 되지 않을까 생각된다. 그러면서도 의도하는 바 소기의 목적을 달성하지 못한다면…, 글쎄 재고해 보아야 되지 않겠는가? 한 번 종합적 평가, 분석이 이루어져야 할 일이다.

현행 방법보다 듣기 말하기 교육을 더 효과적으로 실시할 수 있는 방법은 없을까? 원어민을 학교에 투입하지 않고, 영어교육기관에 투입하여 우수한 영어교사를 양성하는 것 같은 일 말이다. 이들을 대학교 영어교육에 투입하여 학생들과 4년 동안 함께 생활하고, 교육을 시켜서 학생들이 자유롭게 영어를 구사할 수 있게 된다면…, 그리고 그들이 졸업 후 영어교사로 활동한다면…, 이건 국부유출이 아니라 일자리 창출이 될 것이 아닌가. 이보다 더 생산적인 교육방법이 어디 있겠는가? 국부유출을 막고 일자리도 창출하고…. 이들 영어교사들은 우리 말과 영어를 자유롭게 구사할 수 있으니…, 영어교육이 얼마나 잘 이루어지겠는가? 교포 2세들을 채용하여 영어교육을 실시하는 것도 생각해 볼 일이다. 원어민들에게 투입되는 것 보다 훨씬 적은 비용으로 훨씬 많은 효과를 거둘 수 있을 것이 분명하기 때문이다. 영어교육은 영어로 수업을 하는 것이 무엇보다 중요하다.

앞으로 임용될 교사들에게 영어를 철저히 교육시키는 것보다 더 중요한 영어교육정책은 없을 것이다. 우리나라의 모든 영어교사들이 영어로 영어수업을 할 수 있는 날이 빨리 왔으면 좋겠다. 기타 교과까지도 말이다.

〈2007. 6. 7. (목)〉

경주 최 부잣집의 가훈

경주 최(崔) 부잣집의 가훈이 인구(人口)에 회자(膾炙)하고 있다. 그것이 12대 3백여 년 동안 최 부잣집의 부와 명예를 지켜 주었다고 해서다. 옛말에 '큰 부자 3대를 가지 못한다' 고 했는데, 어떻게 3백년 동안이나 부를 유지할 수 있었을까? 놀라지 않을 수 없다.

그래서다. 잠시 최 부잣집 가훈을 살펴보기로 하였다. 여기서 뭔가를 찾아내기 위해서다. 확인해 보니 모두 여섯 가지이다. 하나씩 들춰보자니 과연 부를 유지할 수 있었겠구나 하는 생각이 들었다.

첫째, 과거시험을 보되 진사 이상을 하지 마라.
둘째, 재산은 만석 이상을 모으지 마라.
셋째, 지나는 과객을 후하게 대접하라.
넷째, 흉년에는 남의 땅을 사지 마라.
다섯째, 새 며느리에게 3년 동안 무명옷을 입게 하라.
여섯째, 주변 100리 안에 굶어 죽는 사람이 없게 하라.

살펴보니 모든 것들이 도덕적이고 철학적이다. 좀 더 분석해 보니 욕심이 없고, 인정이 넘치고, 근면하고, 참으로 인간적이다. 보통 사람들이 그렇게 할 수 있을까. 아마도 없을지 모르겠다.

위 가훈을 하나씩 짚어 보자.

'진사 이상 벼슬을 하지 마라.'

조선조의 진사가 무엇이던가. 성균관 입학자격이 주어지고, 식년시(式年試), 증광시(增廣試)에 합격하면 벼슬길에 나갈 수 있는 자리가 아니던가. 그러나 벼슬길에 나갔다가 권세를 잡게 되면 남과 원한 관계를 맺게 되거나, 자칫 당파에 휩싸여 몰락의 길을 걸을 수도 있다.

그렇게 되면 풍파 없는 평온한 가통(家統)을 이어갈 수 있겠는가. 그러니 진사 이상 벼슬을 하지 말라는 것이 아닌가. 조선조의 진사는 학덕과 인덕을 겸한 조선팔도에서 1백 명 정도가 엄선되고, 이들은 향촌사회에서 선비의 존칭으로 신망과 존경을 받게 되며, 지도자적 위치에 서게 된다. 진사로서 실력은 갖추되 권력을 멀리 함으로써 가문의 안녕과 평온과 명맥을 유지하려 했던 것이다.

'재산은 만석(萬石) 이상을 모으지 마라.'

그 이상을 모으는 것이 왜 나쁘겠는가. 그러나 최 부자는 만석 이상 재물을 모으는 것을 거부하였다. 한 해 수확이 1만석을 넘을 양이면, 최 부자는 넘는 만큼 소작인들에게 소작료를 낮추어 받았다. 자연히 수확량이 만석을 넘지 않았던 것이다.

최 부자는 오늘날의 '노블레스 오블리주' 를 그때 벌써 실천했던 것이다. 그러니 최 부자에 대한 주변 사람들의 신망이 얼마나 두터웠겠는가. 최 부자가 아무리 많은 땅을 산들 인근 사람들이 불만을 가졌겠는가. 소작인들이 오히려 최 부자가 더 많은 땅을 소유하는 것을 좋아했을지 모른다.

'과객을 후하게 대접하라.'

최 부자는 연간 수확되는 3천 석의 쌀 중, 1천 석은 지나는 과객을 위해, 1천 석은 주변 가난한 사람들을 위해, 그리고 나머지 1천 석으로 집안 살림을 꾸렸다고 한다.

글쎄 이걸 보통 사람들이 할 수 있는 일이라고 할 수 있겠는가. 누가 감히 이런 일을 할 수 있을까. 조선시대에는 지나는 과객들이 그 지방 유력자의 집에서 하룻밤 묵어가는 것을 청하는 일이 흔했다. 그런 손들을 대접하는 일은 결코 쉬운 일이 아니다. 그런데 최 부자는 과객들을 누구도 문전박대하지 않았다. 최 부잣집에 하루 머물 수 있는 과객은 1백 명이 넘었다고 한다.

이 같은 최 부자의 평소 적선이 조선조 말 동학농민혁명이 일어났을 때 집안이 아무 탈 없이 지날 만큼 큰 효력을 발휘하였다. 고종 31년, 그 해 11월 경주지방에는 불평이 많은 농민들이 활빈당을 조직하여 무리를 지어 다니면서 부잣집에 방화와 약탈을 일삼았으나, 최 부잣집은 피해를 면할 수 있었다. 평소에 인근 주민과 과객들에게 베푼 적선이 집안의 화를 면하게 했던 것이다.

'흉년에는 남의 땅을 사지 마라.'

흉년에는 수확이 적으니 농민들은 어쩔 수 없이 논 · 밭을 팔아야 한다. 겨울동안 호구지책을 위해서다. 그러나 살점과 같은 농토를 팔아야 하는 마음이 오죽이나 아프겠는가.

이런 땅을 사들이면 그걸 판 농민은 다음해에 어디에다 농사를 짓는단 말인가. 필시 가슴이 답답하고 마음이 찢어질 것이 너무도 분명하다. 농사철이 되어 농사를 짓지 못하는 농부를 보는 마음도 편치 못하긴 마찬가지였을 것이다. 이 딱한 사정을 어떻게 보고 있어야 하나. 불편한 관계가 되어야 할 일을 왜 한단 말인가. 최 부자의 마음이 이런 것이 아니었나 싶다. 최 부자는 흉년의 땅 매입을 사람의 도리, 양반의 처신이 아니라는 생각을 하였던 것이다.

'최씨 문중으로 시집 온 며느리는 3년 동안 무명옷을 입게 하라.'

이 얼마나 검소한 마음을 주문한 것인가. 천하의 최씨 문중, 한 해 추수가 1만 석이 넘는다면 도대체 무슨 일인들 하지 못하겠는가. 그런데 3년 동안 무명옷을 입도록 가훈으로 물려 내리고 있는 것이다.

이 3년 동안 이 집 며느리들이 무엇을 배우고 익혔는지는 듣거나 보지 않아도 알 수 있는 일이다. 근검, 절약, 근면, 알뜰함이 몸에 배었을 것이 너무도 분명하다. 그러니 만석지기 부를 12대 300여 년 동안이나 이어갈 수 있지 않았겠는가. 이 집 며느리들은 춘궁기에 누구도 쌀밥을 먹지 않았다고 한다. 가히 뭇사람들의 귀감이며 표본이 아니었나 여겨진다.

'사방 100리 안에 굶어 죽는 사람이 없게 하라.'

이 말은 보시를 넘어 자비롭기까지 하다. 경주 교동에서 사방 백 리라면, 동쪽으로는 동해안 일대, 서로는 영천, 남으로는 울산, 북으로는 포항까지를 포함하는 넓은 지역이다. 가훈으로 이 넓은 지역에 굶어 죽는 사람이 없게 하라는 것이다. 국가도 아니고, 한낱 개인의 힘으로 이런 큰 일을 할 수 있었겠는가. 참으로 대단한 일이 아닐 수 없다.

이웃이 죽어 가는 마당에 혼자서 1만석을 가지고 있는 것은 의미가 없으며, 사람의 도리가 아니라고 생각했을지 모른다. 이런 것들을 들춰보고 있노라니, 마음이 뭉클하고 전율이 등골을 타고 내린다.

최 부자의 선행은 여기서 끝나지 않았다. 최씨 집안의 마지막 주인 최준은 일제 식민치하에서 가문의 자존심을 지키면서 재산을 관리해야 하는 어려운 처지를 맞이하게 되었다. 고심 끝에 그는 전 재산을 털어 일본제국주의에 항거하고 민족의 혼을 일깨울 교육사업에 투자하였다.

이것이 오늘날 영남대학교의 전신인 대구대학이다. 최준은 민족문화유산에도 관심이 많아 1920년에는 '경주고적보존회' 를 설립하고 이사장에 취임하여 활동을 벌였는데, 이것이 오늘날 '국립경주박물관' 으로 발전하게 되었다.

12대 3백년을 내려온 만석꾼의 재산은 이렇게 대학 설립, 박물관 건립으로 그 대미를 장식하게 된다. 오늘을 살아가는 우리들이 이어받아 발전시켜야 할 큰 일이 아닌가 한다.

〈2010. 10. 4. (화)〉

삼풍백화점 참사

작년 올 들어 일어나지 말아야 할 안전사고가 자주 일어나고 있다. 지난해(1994년)에는 '카페리호' 침몰사고가 일어난 데 이어 경북 구포 열차사고, 충주호 유람선 침몰사고, 금년 들어서는 성수대교 붕괴, 삼풍백화점 붕괴 같은 대형 사고들이 꼬리에 꼬리를 물고 있다. 이런 일련의 사고들은 그야말로 일어나지 말아야 할 안전사고로 온 국민의 마음을 침통 속으로 빠뜨리고 있다.

사건들을 접하면서 가지게 되는 생각이다. 아니, 도대체 이래도 되는 건가! 정말 이럴 수가 있나! 도대체 이걸 믿어야 하나! 뭐가 어떻게 잘못 되었기에, 한두 번도 아니고 일년에 몇 번씩 비슷한 사고들이 계속 일어나는 것인가! 그간의 사건들에서 한꺼번에 수십 명씩 사상자가 나더니, 이번에는 몇 백 명의 사상자가 날 것 같은 불길한 예감이 든다. 연건평 수천 평에 이르는 5층 대형 건물이 무너졌으니 그럴 수밖에 없지 않은가!

삼풍백화점 붕괴 참사소식을 처음 접한 것은 친구들의 모임에서였다. 커피숍에서 차 한잔을 하고 있는데 TV에 긴급 뉴스 자막이 떴다. '서초동

삼풍백화점 5층 건물 붕괴…, 대참사' 라는 것이다. 그러나 이때만 해도 뭐 별 거 아니겠지…, 백화점이라고 해 봐야 그 규모가 작을 테니까…, 하는 생각을 했었다. 그런데 뒤에 알고 보니 그게 아니었다. 보다 자세한 소식은 집으로 돌아오는 버스 안에서 들을 수 있었다. 삼풍백화점은 수천 평에 이르는 서울에서 손꼽히는 최고급 대형 백화점인 데다, 붕괴 당시에는 때마침 세일 중이어서 그 안에는 쇼핑을 하다가 미처 빠져 나오지 못한 손님들이 종업원을 포함해 무려 1천여 명에 이른다는 것이다.

이때의 상황은 매스컴들이 달려와 보도를 할 뿐 너무 갑작스레 벌어진 일이어서 구조작업이 거의 이루어지고 있지 않았다. 이거 큰 일이 났구나 싶은 생각이 들었다. 무너진 시간이 오후 5시 55분, 이후부터는 모든 방송이 정규방송을 중단하고 붕괴사고 속보를 계속 내보내고 있었다.

더 자세한 상황은 집에 돌아와 TV를 켜면서 확인할 수 있었다. 이거 정말 큰 일이구나 싶은 생각이 들었다. TV에 비쳐진 삼풍백화점의 붕괴 장면은 마치 시루떡을 엎어놓은 것 같았다. 그 속에서 살아남을 수 있는 사람이 과연 얼마나 될까. 현장 기자들은 그 곳에 매몰되어 있는 사람이 무려 1천 명 이상이 될 것이라고 예측하고 있었다.

저녁 내내 TV에서 눈을 떼지 못했다. 비상한 관심 속에 자정을 넘겨 새벽 2시까지 텔레비전을 지켜보았다. 구조작업은 거의 진척되지 않고 있었다. 지휘체계, 일의 갈피도 잡혀 있지 않았다. 설상가상, 구조작업이 여간 어려운 게 아니었다. 붕괴된 콘크리트 더미 밑에 살아 있을 사람들 때문에 중장비 동원이 어려워서다. 참으로 안타까운 일이 계속되고 있었다. 콘크리트 더미에 묻혀 구조를 기다릴 사람들의 입장에서 보면 정말 기가 막힐 노릇이다. 가슴이 미어질 것만 같다.

엎친 데 덮친 격이다. 붕괴현장 지하 어디에선가 시커먼 연기가 계속 뿜어져 나오고 있다. 구조작업은 더욱 어렵게 되었다. 나머지 건물의 잔해가 또 무너질지 모른다는 안타까운 소식도 있었다. 구조작업을 점점 더 어렵게 만드는 상황들이다. 그야말로 첩첩산중이다. 도대체 이럴 수가….

〈1995. 6. 29. (목)〉

3일만에 24명 구출

삼풍백화점이 무너지고 삼일이 지난 저녁 8시경이다. TV에서 긴급 뉴스가 보도되고 있었다. 매몰 51시간만에 지하 3층 현장에서 24명의 생존자가 극적으로 구출되리라는 소식이다. 온갖 신경을 곤두세우고 초조한 마음으로 지켜보았다. 구조대의 손길이 북새통을 이루며 바삐 움직였으나 생존자들의 모습은 보이지 않았다. 안타깝고 가슴 조이는 시간이 1시간 이상 계속되었다. 이 시간 기자들의 보도는 작업의 어려움을 전하고 있었다. 무인 카메라가 작업현장을 비춰주었으나 무질서하고 체계가 없어 초조함을 더해 주었다. 우리의 조난 구조체계가 고작 이 정도인가 안타까운 생각이 들었다.

현장 기자들의 긴급한 목소리는 차라리 절규에 가까웠다.

"구조대원들이 매몰자들의 생존을 확인하였습니다. 모두 24명이라고 합니다. 지하 3층 환경미화원 탈의실에 갇혀 있다고 합니다. 지난 28일 임무교대를 위해 옷을 갈아 입으려고 탈의실에 들어갔다가 변을 당한 것으로 알려지고 있습니다. 모두 건강한 목소리이며, 그간 불을 끄기 위해 소방대원들이 뿌린 물을 받아먹으며 생명을 지탱해 왔다고 합니다. 이삼십 분 후면 모두 구출될 것으로 알려지고 있습니다."

취재기자들의 긴급한 목소리가 계속되는 가운데, 드디어 첫 생존자의 모습이 카메라에 잡히기 시작하였다. 이 광경을 목격하고 있던 시청자들의 입에서 탄성이 터져 나왔다. 구출현장을 지켜보던 시민들이 너나 할 것 없이 박수갈채를 보냈다. 구조대원들에 의해 간신히 만들어진 통로를 따라 24명의 생존자들이 40분 사이에 하나씩 차례로 빠져 나왔다. 생존자들은 모두 병원으로 긴급 후송되었다. 이를 전하는 현장기자들의 목소리가 열을 올렸다.

"모두 건강하고 생명에는 지장이 없습니다. 2~3일 응급처지를 마치고 나면 일반병실로 옮겨진다고 합니다."

매몰 3일만의 극적인 상황이다. 생존자들이 거의 없을 거라는 일반인들의 선입견을 일거에 불식시킨 사건이다. 이런 극적인 순간이 보도된 뒤에도 기자들의 비관적인 보도는 계속되었다.

"사망 98명, 실종 360여 명, 부상 730여 명…."

이런 보도로 미루어 앞으로 사망자들이 훨씬 늘어날 것으로 보인다. 그러나 다행스러운 일은 경우에 따라 앞으로 생존자들이 얼마든지 더 있을 수 있다는 것이다. 제발…, 더 많은 귀중한 생명들이 구출되어 살아났으면 하는 바람이다. 중앙행정당국의 혼신의 힘이 필요할 때다.

〈1995. 7. 1. (토)〉

11일만에 또 한 명 구출

아침 7시, 또 하나의 기적이 일어났다. 삼풍참사 11일만에 또 한 명의 생명이 극적으로 구출된 것이다. 과연 이럴 수가…, 처음엔 눈과 귀를 의심하였다. 수입 아동화점 아르바이트생 최명석(崔明錫 · 21)

씨였다. 콘크리트 더미에 깔린 지 열하루째, 시간상으로는 230여 시간이 지난 뒤였다. 어떻게 이럴 수가 있단 말인가? 이런 일을 두고 기적이라고 하는 것인가? 말로는 달리 설명할 도리가 없다. 매스컴은 하루 종일 최명석 씨 관련 보도를 거듭 내보내고 있다.

최명석 씨의 구조소식을 듣는 순간이었다. 아침 잠자리에서 일어나 막 TV를 켜는데, 흥분된 방송기자의 목소리가 들려왔다. "24명의 환경미화원 구출 이후 또 다른 생존자가 있다"는 것이다. "방금 구조대원이 발견했으며, 생명에는 지장이 없고, 비교적 건강한 편이며, 한 시간 정도의 작업이 끝나면 구조가 가능할 것"이라는 것이다. 찰나의 시간도 TV에서 눈을 뗄 수 없었다.

최 씨가 구조되는 순간은 더욱 극적이었다. 생존확인 최초의 보도가 있은 지 1시간 40분이 지날 무렵이다. 최 씨가 구조대원들의 부산한 움직임 속에 좁은 구멍에서 모습을 드러내기 시작했는데, 아! 글쎄 너무도 건강한 모습이다. 외상도 거의 입지 않은 상태다. 과연 이럴 수가…! 최 씨는 들것에 실려 앰뷸런스로 옮겨지는 중에 눈을 보호하기 위해 얼굴에 덮었던 물수건을 스스로의 손으로 걷어올리기까지 하였다. 얼굴에 씌워진 물수건이 답답했던 모양이다. 과연 이럴 수가…. 처음엔 다른 사람의 손인가 의심하였는데, 거듭되는 보도를 보니 그게 아니었다.

더욱 믿기지 않는 일이 또 있었다. 구조대원 중 누군가가 최 씨에게 말을 걸었다. "최명석 씨! 괜찮아요?" 그랬더니 그가 하는 대답이다. "네…, 괜찮아요!" 건강한 목소리, 정확한 발음, 안정된 분위기였다.

더더욱 놀라운 사실이 또 하나 있다. 구조대원이 그의 건강을 확실히 체크하기 위해 다시 물었다. "최명석 씨! 괜찮아요? 큰 소리로 말해 보세요!"

그랬더니 그가 하는 대답이다. "네…, 괜찮아요!!" 아주 뚜렷하고 힘찬 목소리였다. 11일 동안 콘크리트 더미에 깔려 있던 사람이라고는 믿어지지 않았다. 이를 지켜보던 사람들이 환희의 탄성과 박수갈채를 보냈다.

인간승리, 기적의 생환드라마였다. 기자들의 보도는 "최 씨가 강남성심병원으로 옮겨져 응급처치를 받고 있으며, 검진결과 약간의 탈수증세만 보일 뿐 매우 건강해 일주일 후면 퇴원이 가능할 것"이라는 소식이다. 정말 믿을 수 없는 일이다. 인간의 생명이 저렇게 질길 수 있구나…. 살아야 하겠다는 의지가 하늘에 닿아서일까? 물 한 모금 마실 수 없는 상황에서 어떻게 저렇게 열 하루 동안 견딜 수 있었단 말인가? 참으로 기적이라고 할 밖에 달리 설명할 방법이 없다. "어떻게 열 하루를 견딜 수 있었느냐"는 기자들의 질문에 그가 한 대답이다.

"벌써 열 하루나 지났습니까? 한 이틀쯤 푹 자고 난 것 같습니다. 옆에 있던 장난감 기차를 가지고 무료함을 달랬습니다. 배가 고파 상자 곽을 뜯어 먹었습니다. 이대로 죽는 게 아닌가. 공포가 몰려올 때는 이걸 잊기 위해 잠을 잤습니다. 구조대가 여러 번 찾지 못하고 돌아갈 때는 이제는 죽는구나 했습니다. 나중에는 살릴 테면 살리고, 말 테면 말라고 생각했습니다. 그런데 운 좋게 빗물을 받아 먹을 수 있었습니다. 오줌을 받아먹을까도 생각했으나 차마 하지 못했습니다."

기자들의 질문에 처절했던 당시의 상황을 담담히 털어놓는 그의 대답이었다. 사경을 막 헤치고 나온 사람이 저렇게 차분히 설명할 수 있을까, 너무 놀라웠다. 공포의 열 하루를 어떻게 그렇게 무사히 넘길 수 있었을까? 그 원인이 어디에 있을까? 풀리지 않는 의문이었다. 무엇보다 차분하고 원만한 성격이 그를 살리지 않았나 생각되었다. 성격이 급하고서야 어찌 그

긴 시간을 참고 견딜 수 있었을까? 스스로의 마음을 다스릴 수 있었던 것이 자신의 생명을 구할 수 있었던 게 아닌가 하는 생각이 들었다. 빗물을 받아 먹을 수 있었던 것은 천우신조였고…. 콘크리트 더미 속에서도 몸을 돌릴 수 있는 공간을 확보할 수 있었던 것 또한 생명의 은인이 아니었나 싶다. 어쨌거나 하늘이 돕지 않고서야 그런 지옥에서 감히 어떻게 살아나올 수 있었겠는가!! 최명석 씨 만세, 하느님 만세다.

〈1995. 7. 9. (일)〉

13일만에 또 구출

기적 같은 일이 또 일어났다. 이틀 전에는 최명석 씨가 살아 나오더니, 오늘은 18세의 유지환 양(판매원)이 살아 나왔다. 콘크리트 더미에 깔려 암흑과 공포, 배고픔과 싸워 온 지 13일만이다. 참으로 이보다 반갑고 고마운 기적이 없을 듯하다. 그녀가 하루 빨리 완쾌되어 모든 사람들에게 웃음과 기쁨을 가져다 주었으면 좋겠다. 유 양은 구출되기 전 무려 295시간 동안이나 그의 오른팔이 철판에 끼어 몸을 움직일 수 없는 생사의 갈림길에서 사투를 벌였다. 빗물을 담요에 적셔 짜 마시면서 죽음과 싸우다가 마침내 구원의 여신에게 안기게 된 것이다.

구출 경위는 한 편의 드라마였다. 엊그제 최명석 씨가 열 하루만에 구출되었는데, 이것이 유 양을 구하게 된 결정적 계기가 되었다. 구조대원들이 잔해를 철거하는 과정에서 주먹이 들어갈 만한 작은 구멍이 생겼는데, 바로 이때 유 양의 바지자락 일부가 보였다는 것이다. 포크레인 바가지 끝을 예의 주시하던 구조대원의 눈에 언뜻 유 양의 바지자락 일부가 보인 것이다. 구조대원들이 바로 포크레인 작업을 중단하고 구멍 안을 더듬어 보았다. 이때 유 양의 몸 일부가 만져진 것이다. 구조대원이 생사여부를 알기 위해 살아 있으면 발가락을 움직여 보라고 소리질렀다. 이때 유 양의 발가락이 움직여 살아 있다는 것이 확인되었다.

이때부터 유 양의 구조작업이 활기를 띄기 시작하였다. 1시간 여의 사투 끝에 드디어 유 양의 몸이 서서히 들어 올려지기 시작하였다. 붕괴현장이 갑자기 왁자지껄 부산하였다. 10여 명의 구조대원들에 의해 유 양이 들것에 실려 대기하고 있던 응급차로 옮겨졌다. 유양은 구멍에서 빠져 나오는 순간 바깥 세상이 무척이나 보고 싶었던 듯 눈의 보호를 위해 얼굴에 씌웠던 물수건을 스스로 걷어 내려 하였다. 옆에 있던 구조대원이 깜짝 놀라 얼른 수건을 제자리에 가져다 놓았다.

그녀는 곧바로 강남성심병원으로 옮겨져 대기중이던 의료진에 의해 응급처치를 받았다. 이런 와중에도 그녀는 기자들의 질문에 꼬박꼬박 대답을 주었다. 그녀는 농담까지 하였다.

“부모님이 보고 싶었어요. 냉커피도 먹고 싶고…, 콜라도 마시고 싶어요. 목이 말라 오줌을 받아먹을까 생각해 보았어요. 그런데 못하겠더라고요. 아저씨가 해 보실래요?”

기적을 만들어낸 최명석 씨와 유지환 양에게는 몇 가지 공통점이 있었다. 성격이 낙천적이고, 공포에 쫓기면 잠을 청하고, 남달리 성취욕구와 의지가 강하다는 것이다. 부모님에 대한 효심도 그렇고, 열흘 이상 콘크리트 더미에 갇혀 있으면서도, 그것이 이삼일 밖에 안 되는 것같다고 한 것도 그렇다. 자신들만 살아 나와서 미안하다고 하는 것 역시 마찬가지이다. 참담함 속에서도 인간승리를 본 것같아 그나마 위안이 되었다.

〈1995. 7. 11. (화)〉

씨 프린스 호 사고

왜 이렇게 어마어마한 사고가 자꾸만 일어나는지 모르겠다. 삼풍백화점 참사로 400여 명의 무고한 생명을 잃은 지 불과 20여 일 만이다. 이번엔 15만 톤급 유조선이 암초에 좌초돼 국립 해상공원 남해 바다를 온통 원유로 덮어 버리고 말았다. 청정해역 여수 앞바다가 바야흐로 폐허가 되고 만 것이다. 도대체 무엇이 어떻게 잘못되었기에 이런 사고가 자꾸만 일어나는 것인지 알 수가 없다. 답답하고 안타깝기만 하다.

삼풍백화점 참사가 그러하듯 이번 '씨 프린스' 호 기름 유출 사건도 인재라는 점에서 답답하기는 마찬가지이다. 매스컴이 전하는 바에 의하면, 8만 톤이 넘는 원유를 실은 유조선이 태풍 '페이' 에 휘말려 다도해 국립 해상공원에서 암초에 좌초돼 최악의 해양 오염 사태가 예상되고 있다는 것이다. 여수 · 목포 해경과 항만청에 따르면, '씨 프린스' 호에서 흘러 나온 기름이 현재 최초 좌초 지점에서 반경 16㎞까지 번지고 있다는 것이다. 이 같은 사태는 앞으로 시간이 흐르면서 더욱 심각한 상태가 될 것이라고 한다. 참으로 속이 상하고 울화가 치미는 일이다.

'씨 프린스' 호에서 원유가 계속 유출될 경우 예상되는 문제들이다. 세계적으로 유명한 청정지역 다도해가 폐허가 되고 말 것이라고 한다. 현지 어민들은 수천 억에 이르는 손해를 보게 될 것이고, 생업의 터전을 잃게 될 것이며, 무엇보다 앞으로 수십 년 동안 바다의 원상 복구가 어렵다는 것이다. '씨 프린스' 호 사건과 관련된 매스컴들이 전하는 말이다.

'씨 프린스' 호는 여러 차례의 태풍경보에도 이를 무시하고 대피를 미루었다고 한다. 도대체 말이 되는 소리인가. 경보발령이 내리면 당연히 서둘러 대피를 했어야 할 일이 아닌가? 어쩌자고 대피를 미뤄 그 같은 사고를 당한단 말인가. 참으로 어처구니없는 일이다.

이 같은 일을 당할 때마다 돌아보게 되는 일이다. 사고를 당할 게 너무도 뻔한데, 왜 서둘러 대피를 하지 않았을까? 한 마디로 기본적인 안전수칙을 너무 무시하고 지났다는 말이 아닌가. 보도에 의하면 그간 남해안에는 크고 작은 기름 유출사건이 빈번히 일어났다고 한다. 그렇다면 지켜야 할 안전수칙은 철저히 지켰어야 한다. 참으로 안타깝기 그지없는 일이다. 경보가 발령되자 서둘러 대피한 유조선들은 전혀 사고를 당하지 않았다고 한다. 기름유출 사건 이후 관계 당국의 대응조치 또한 문제로 지적되고 있다. 방제장비 하나 제대로 갖추지 않았다고 한다. 글쎄, 기껏 어민들에 의한 수작업의 방제작업이 고작이라니…, 말이 되는가.

어쨌거나 이번과 같은 사고는 앞으로 얼마든지 일어날 수 있다는 점에서 당국의 철저하고도 적절한 대책이 요구된다고 할 수 있다. 사고를 당하고 나서 누군가에 구조를 요청하는 식의 대응은 이제 그만 두어야 할 일이다. 관계자들이 크게 염두에 두어야 할 일이 아닌가 싶다.

〈1995. 7. 27. (목)〉

1962년 4월 창경궁, 할아버지를 모시고…

내가 고등학교와 대학교 1~2학년 때다.
할아버지가 벚꽃 피는 어느 화창한 날,
서울 나들이를 하셨다.
이럴 때 난 할아버지를 모시고,
창경궁, 경복궁 나들이를 하였다.
할아버지는 조선조 사람으로
대궐 구경이 황홀하셨던 모양이다.
몇 번이고 고쳐 보시며,
발길을 옮기지 못하셨다.

2 생일날의 추억

내 어릴 적 생일날이다
어머니가 장에 가서 생태를 사다 끓여 주셨다
그 맛을 어찌 잊을 수 있겠는가
입안에서 정말 살살 녹았다
부드럽고 맵고 칼칼하고 구수하고 뜨끈뜨끈하고…
그 때를 생각하고 요새 가끔 생태국을 먹어 본다
그때 그 맛이 아니다
글쎄 입맛이 변해서인가

내 할아버지

내 할아버지는 1972년 4월 초파일 돌아가셨다. 1896년에 나시어 1972년에 돌아가셨으니, 77년을 사신 셈이다. 할아버지는 평생 흙과 더불어 사시다 흙으로 돌아가셨다. 전형적인 농사꾼이시다. 평소에 워낙 건강하셔서 오랜 생을 사실 것으로 기대했으나 의외로 비교적 짧은 생을 사셨다.

할아버지는 구한말 때 분이다. 1910년, 경술국치 이전에 나서 조선조 말 고종임금과 순종황제 때를 사셨다. 그 때를 살던 대부분의 사람들이 그러하듯 할아버지도 어깨너머로 한문 줄을 읽으셨을 뿐 달리 공부를 하지 않으셨으니, 세인들이 말하는 무식쟁이였다고 할 수 있다.

난 그런 할아버지에게서 보고 배운 게 너무 많다. 내가 대학을 졸업할 때까지 그 누구에게서 배운 것보다 훨씬 많은 소중한 것들을 할아버지에게서 배웠다. 내가 이 세상 누구보다도 할아버지를 존경하고 흠모하고 사모하는 이유이다. 내가 할아버지에게서 배운 것들은 지식이나 학문 같은 것이 아니라, 그 분의 말과 행동에서 배운 삶의 방식과 행동들이다.

기골이 장대하고 체격이 우람하셨던 할아버지는 언제나 말이 없으셨다. 모든 걸 솔선수범하는 것으로 본을 보이셨다. 우람하신 체격에 노한 기운을 얼굴에 올리시면 몹시 무섭게 여겨졌을 터인데 그런 기색은 언제 어디서도 찾을 수 없었다. 오히려 인자하고 화기에 넘치는 모습이 줄곧 친근감을 느끼게 하였다. 내가 장년이 된 오늘에 와서 가만히 생각해 보면 내 할아버지는 참으로 과묵하고 근면 성실한 분이었다는 생각이 든다.

할아버지는 1년 열두 달, 단 하루도 편히 쉬는 날이 없으시다. 나는 할아버지가 정월 초하루, 팔월 한가위 같은 날 이외에 어느 하루도 편히 쉬시는 걸 뵌 적이 없다. 팔월 한가위 때도 할아버지는 차례와 성묘를 마치고 언제나 지게를 지고 들로 향하시던 모습이 기억에 생생하다.

농사에 임하는 할아버지의 하루는 언제나 꼭두새벽부터 시작된다. 먼동이 트기 훨씬 이전에 당신은 벌써 들로 향하신다. 집을 나서시며 안방을 향해 하시는 말씀이다.

"에미야! 오늘은 동밭으로 간다."

할아버지의 이런 말씀을 난 언제나 잠자리 이불 속에서 들었다. 잠결에 할아버지의 말을 들은 당신의 며느리 내 어머니는 부랴사랴 치마끈을 졸라매고 부엌으로 줄달음을 치셨다.

어머니가 할아버지의 점심밥을 동밭으로 내다 드린 뒤 저녁이 되기 전 새참 술 심부름은 언제나 내 차지다. 막걸리를 마주하시는 할아버지의 모습은 참으로 흡족하셔서 난 할아버지의 술 심부름을 자청해 하곤 하였다. 술안주는 고추장 종지에 마늘 몇 쪽을 꾹 찔러 가지고 가거나, 마른 새우 무침을 조그마한 양푼에 담은 것이 고작이었다. 어떤 때는 고추장 종지만 들고 나가 밭에서 고추를 따 안주로 하거나, 동부 덩굴의 잎을 따 돌돌 말아 고추장에 찍어 안주로 하셨다.

일을 하실 때와 술을 드실 때 할아버지는 언제나 잠방이 차림이셨다. 베적삼은 일하는데 거추장스럽다시며, 지게 소쿠리에 벗어 던지신 지 벌써 오래다. 잠방이만 걸치신 할아버지의 등허리는 차마 볼 수 없을 때가 많다. 뜨거운 여름날의 햇살에 살갗이 데어 마치 콩 멍석처럼 부풀어 오르고, 터진 살갗에서는 허연 진물이 줄줄 흘러내렸다. 뵙기에 여간 딱한 게 아니다. 그래서 드리는 말씀이었다.

"할아버지! 제가 손톱으로 따 드릴까요?"

이때 할아버지께서 하시는 말씀이다.

"그냥 내버려 둬라! 잘못하면 덧난단다…!!"

막걸리 한 대접을 들이키신 할아버지는 쌈지를 꺼내 담배를 꾸기꾸기 장죽에 밀어 넣고 부싯돌로 불을 붙여 입에 물고, 조금 전 하시던 일을 계속하셨다. 담배를 다 피우신 뒤에 하셔도 되련만 그게 아니었다. 술을 잡으시는 것 자체가 휴식이었던 것이다. 달리 하시는 말씀도 없으셨다.

'도대체 저렇게 일을 하고 싶으실까.'

난 늘 그런 생각을 했다. 경사진 '다랑치' 넓은 논두렁에 무성하게 자란 잡초를 베는 일, 논두렁을 접는 일이다. 할아버지는 가끔 잡초에 파묻혀 보이지 않을 때가 있었다.

요즘 난 할아버지가 생전에 하시던 일을 머리에 그려 볼 때가 가끔 있다. 못논 홈치기, 벼 · 보리 타작하기, 가마니 치기, 멍석 만들기, 짚신 만들기…, 그런 것들이다. 할아버지의 많은 모습들 가운데 이 양반을 떠올릴 때면 함께 그려지는 것들이다.

못논 홈치기는 벼에 이삭이 찰 무렵 벼포기 밑에 무성하게 자란 풀들을 손으로 뜯어주는 일이다. 엎드려 이 일을 하자면 땀은 비 오듯하고, 벼 잎이 눈을 찌르고, 손은 흙탕물에 젖어 어느 곳도 만질 수 없고…. 그야말로 미칠 지경이다.

이럴 때 더욱 겁나는 것이 있다. 벼포기 밑에서 거머리들이 극성을 부리고 있다는 것이다. 다리가 근질거려 번쩍 들어 보면 종아리에 거머리들이 온통 시커멓게 붙어 있다. 보기에 여간 징그럽고 흉측한 게 아니다. 겁이나 두 손으로 문질러 보지만 얼른 떨어지질 않는다. 양손에 흙을 묻혀 종아리에 쓱쓱 문질러야 간신히 떨어진다. 그러나 이것도 이내 소용이 없다. 잠시 뒤 거머리들이 다시 덤벼들기 때문이다. 생각 같아서는 당장 논 밖으로 뛰쳐 나가고 싶은데 할아버지는 아랑곳하지 않고 계속 일을 하신다. 야속하기 짝이 없는 할아버지다. 어린 내게 이런 일을 시키시다니…. 눈물을 질금거리며 일을 계속할 수밖에 없다.

이럴 때 내가 가끔 잔꾀를 부린다. 거머리가 종아리에 붙을 시간을 주지 않는 것이다. 손을 휘휘 저어 잡히는 풀만 대충 뽑고, 잡히지 않는 건 내버려 둔 채 도망치듯 논둑으로 내달음질을 치는 것이다. 논둑이 가까워지면 할아버지의 눈치를 흘깃 살피고는 얼른 논둑으로 뛰어 나간다.

그런데도 거머리들은 여전히 종아리에 붙어 있다. 참으로 기겁을 할 노릇이다. 그렇지만 피를 빨아먹을 시간은 없었던 듯 손으로 문지르면 쉽게 떨어졌다. 오래 전에 붙어 있던 놈들은 그래도 배가 벙벙하니 부풀어 있다. 그리고 그런 놈이 떨어진 곳은 피가 찌르르 흐른다. 그러면 다리가 가렵고 근질거려 견딜 수 없다. 그렇다고 마구 긁을 수도 없다. 피가 더욱 흐르고 살갗이 헗어져 거머리들이 더 기승을 부리기 때문이다.

"이 놈아 거머리가 무서우면 무슨 놈의 일을 해!"

내 모습을 바라보시던 할아버지가 역정을 내시며 하는 말씀이시다.

거머리가 아무리 득실거려도 할아버지는 그냥 엎드려 일만 하신다. 그러다 끝내 견딜 수 없으시면 논 밖으로 나오며 하시는 말씀이다.

"어이쿠! 그놈들 참 극성이구나!!"

할아버지 종아리에는 거머리들이 뒤범벅이 되어 있다. 할아버지가 두 손으로 종아리를 쓸어내린다. 몇 번이고 문질러야 간신히 떨어지는 거머리들이 논둑에 딩굴며 꿈틀거린다. 할아버지의 종아리에서는 피가 주르륵 흘러내린다. 보기에 여간 딱하고 속상하는 게 아니다. 내가 혼잣말처럼 중얼거렸다.

"그래, 어디, 네 놈들도 한 번 당해 봐라!"

내가 길쭉하고 빳빳한 풀을 꺾어 거머리 꽁무니에 밀어 넣고 홀렁 뒤집어 뜨끈한 돌 위에 올려놓는다. 거머리가 견디기 어려운지 꿈틀거리며 몸을 뒤튼다.

이런 일을 하신 날 밤 할아버지는 밤새 앓는 소리를 하셨다. 뵙기에 여간 딱한 게 아니다. 그런데도 할아버지는 이튿날 먼동이 트기 전에 또 다시 들로 나가신다. 나는 할아버지의 인기척을 이불 속에서 또 듣는다.

벼 타작을 하고 볏섬을 나를 때다. 동네 사람들이 할아버지가 볏섬을 이리저리 옮기는 것을 보고 깜짝깜짝 놀란다. 꽉꽉 눌러 담은 볏섬을 거침없이 이리저리 옮겨 놓으시기 때문이다. 볏섬은 보통 장정 둘이서 들 수 있는 무게이다. 할아버지는 이런 무거운 볏섬을 "들어 번쩍!!" 하는 소리를 내시며 거뜬하게 옮겨 놓으셨다. 뵙기에 여간 자랑스러운 게 아니다.

할아버지는 농한기인 동지섣달에도 한시 반시 노는 법이 없으시다. 낮에는 산에 가서 두 짐씩의 나무를 해 오고, 밤에는 자정이 넘도록 또 다른 집 일을 하신다. 할아버지의 나무 짐은 으레 집채 만하다. 아침나절에 한 짐, 저녁나절에 한 짐, 매일 이렇게 두 짐씩의 나무를 하신다.

저녁에는 자정이 넘도록 호롱불을 옆에 두고 새끼를 꼬거나, 짚신을 삼거나, 가마니를 치거나, 멍석을 만드는 일을 하신다. 동네 사람들이 마실을 와도 일손을 멈추지 않으신다. 두런두런 이야기를 나누시며 일을 하신다. 할아버지의 왼 겨울은 이렇게 바쁘게 지나간다. 할아버지의 그런 모습을 나는 공부를 하며 지켜보곤 하였다.

할아버지는 밤하늘의 삼태성이나 장닭 우는 소리로 시간을 가늠하셨다. 그리고 삼태성이 서쪽 하늘에 기울 때쯤에 잠자리에 드셨다. 주무시기 전에는 늘 터진 손가락 마디마디에 글리세린을 바르며 말씀하셨다.

“그래도 이게 얼만데….”

그 효과가 좋다는 말씀이시다.

그러던 1967년 어느 몹시 추운 겨울날, 할아버지는 산에서 나무를 해 오다 허리를 크게 다치는 사고를 당하셨다. 나무를 짊어지고 비탈길을 내려오다 눈길에 미끄러져 넘어지는 바람에 나뭇짐이 할아버지의 허리를 짓누르고 넘어갔다는 것이다.

이날 할아버지는 나뭇짐을 산에 놓아둔 채 엉금엉금 기어서 간신히 집으로 돌아오셨다. 할아버지는 이내 몸져 누우셨고, 대소변도 가려내야 하는 지경이 되었다. 나는 이런 할아버지가 너무 가여워 눈물을 질금거리며 몇날 며칠이고 허리를 주물러 드리곤 하였다. 빨리 쾌차하시기를 기원하면서…. 그러나 할아버지의 허리는 좀체 나을 기미를 보이지 않았다. 할아버지의 신음소리가 날이 가면서 더욱 심해졌다.

겨우내 고생을 하시던 할아버지는 봄이 되면서 조금씩 나아지시는 듯하였다. 가끔 문 밖 출입도 하시고, 대문 밖도 들락이셨다. 지팡이에 몸을 의지하고서….

그러나 할아버지의 허리는 전 같지 않았다. 건강이 눈에 띄게 나빠져, 허리를 다치신 얼마 뒤부터는 완전히 꼬부랑 할아버지가 되셨다. 할아버지는 행동반경이 좁아지고, 몸이 조금씩 야위어 갔다.

내가 고등학교 3학년 때와 대학교 1~2학년 때다. 할아버지는 벚꽃 피는 어느 화창한 봄날을 가려 서울 나들이를 하셨다. 이럴 때 난 할아버지를 모시고 창경궁, 경복궁을 돌아다니며 이런 저런 설명을 해 드렸다. 할아버지는 조선조 분으로 나랏님이 사시던 궁궐을 돌아보는 것이 여간 송구스럽고 황홀한 일이 아니었던 듯하다. 본 것을 몇 번이고 고쳐 보시며, "어이 참…!!" 하시며, 발길을 옮기지 못하고 혼을 빼기셨다.

할아버지가 발길을 오래 머문 곳 중 한 곳이 근정전 앞뜰이었다. 이곳에는 문·무 양반 18품계의 표석이 양쪽으로 길게 늘어서 있다. 나라의 대소사를 논할 때 임금님을 모신 만조백관들이 읍하고 서 있던 곳이다. 할아버지는 이곳이 그렇게 신비스럽게 여겨지셨던 모양이다. 오랜 시간 눈을 돌리지 못하고 여기저기를 살피셨다. 당신이 알고 계시는 조상님 중 누군가를 생각하셨는지 모른다.

할아버지는 내가 대학을 졸업하고 사회생활을 3년쯤 하던 1972년 4월 초파일 길일을 가려 돌아가셨다. 나는 울며불며 할아버지를 용인 양지 주북리 선산 양지 바른 곳에 모셔 드렸다.

불쌍하고 딱한 내 할아버지를 그리며 난 장사를 모시는 3일 내내 목놓아 울었다. 불쌍한 내 할아버지, 평생 일만 하시다 돌아가신 내 할아버지, 생전 호의호식 한 번 못하고 돌아가신 내 할아버지, 허리를 다치셨을 때 그 흔한 병원 한 번, 약 한 첩 드시지 못한 내 할아버지, 그런 할아버지를 생각하노라면 난 지금도 그냥 울고만 싶어진다. 그때 내가 조금만 더 성숙했더라면….

말이 없으셨던 내 할아버지, 역정 한 번 내지 않으셨던 내 할아버지, 부처님 같은 은근한 미소를 보내셨던 내 할아버지…, 그리워하는 마음이 늘 이렇게 가슴을 태우고 있다.

지난해 봄이다. 난 할아버지의 유택을 고쳐 드리고, 봉분의 이부자리도 새로 해 드렸다. 당신이 생전에 쓰시던 함자도 할머니의 성씨와 함께 까만 돌에 새겨 유택 옆에 세워 드리고, 진짓상도 놓아 드렸다.

뵙고 싶은 할아버지, 그런데 뵐 수 없는 할아버지…. 오늘은 앨범에서 할아버지의 모습을 한 번 찾아뵈어야겠다. 돌아오는 주말에는 묘소를 찾아 술을 한잔 드리고 큰절을 올려야겠다.

〈1990. 7. 17. (화)〉

함 팔기

두 딸을 시집 보낼 때의 일이다. 어느 날 사위 될 친구를 불러 일렀다.

"함(函)은 직접 가지고 오너라. 친구들을 시키지 말고…."

사위는 그렇게 했고, 난 그렇게 해야 하는 이유를 함이 오는 날 사위와 그의 친구들에게 조용히 알려 주었다. 내가 굳이 그렇게 한 데에는 그럴만한 이유가 있어서다. 함을 팔고 사는 모습이 상서롭지 못한 데다가 행동 자체가 시정잡배들이나 하는 짓 같아서다. 함진아비는 함을 사라고 고래고래 소리를 지르며 집 주위를 돌아다니고, 받아야 할 신부측은 이걸 받느라 한동안 야단법석을 떨어야 한다. 이러는 과정이 더러는 해학적일 수도 있으나, 그렇지 못한 경우가 더욱 흔하다. 함을 사고 파는 실랑이가 바람직하지 못하게 보여서다.

함을 받던 날 내가 함진아비와 친구들에게 술상을 차려준 뒤 들려준 전통혼례에 관한 이야기다.

우리의 전통혼례는 혼담으로부터 시작된다. 먼저 신랑집에서 신부집으로 중매인(妹氏)을 보내 청혼을 하고, 청혼을 받은 신부집에서는 여러 정황을 고려, 승낙을 하게 되는데 이를 혼담이라고 한다. 혼담이 이루어지면 신랑집에서는 신랑의 사주(四柱)를 신부집으로 보낸다. 그 이유는 앞으로 부부가 될 두 사람의 길흉화복(吉凶禍福)을 신부집에서 살펴보고, 혼인 날짜를 정하는 데에 참고하라는 의미에서다.

사주를 받은 신부집에서는 신부의 사주와 신랑의 사주를 견주어 궁합을 보고, 이게 좋지 않으면 그 혼담은 없던 일이 된다. 그러나 궁합이 좋으면 사주를 받은 신부집에서는 좋은 날을 가려 혼인 날짜를 잡아 신랑집으로 보낸다. 이를 택일 또는 연길(涓吉)이라고 하고, 이를 신랑집에 알려 혼인을 준비하도록 한다.

혼인 날짜를 받은 신랑집에서는 며느리를 맞이하기 위해 정성을 다해 신부집으로 예물을 보낸다. 이를 '폐백(幣帛)을 보낸다'는 의미의 '납폐(納幣)'라고 한다. 이 '납폐'가 오늘날 신랑집에서 신부집으로 보내는 함에 해당한다. 함이란 혼인 때 혼서지(婚書紙)와 채단(采緞 : 혼인 때 신랑집에서 신부집으로 미리 보내는 청 · 홍색의 두 가지 비단, 치마저고리 감) 따위를 넣어 신랑집에서 신부집으로 보내는 상자를 의미한다. 이렇게 성스러운 형식과 절차의 예단 보내는 일이 어떻게 전통이라는 미명 아래 함을 팔고 사는 일로 변질될 수 있단 말인가? 너무 구차하고 상서롭지 못하지 않은가?

우리 조상들의 함 보내는 일은 정중하면서도 서민적이었다. 혼서지와 채단을 함에 넣어 보자기에 싼 다음 신부집으로 보내게 되는데, 이의 운송은 신랑집의 집사와 하인이 맡았다. 만약 집사가 없을 때에는 집안의 어른이 짐꾼을 시켜 함께 신부집으로 향하게 된다. 신부집으로 가는 길은 가까울 수도 있으나, 흔히 논길 밭길 산길 물길을 지나 먼 길을 가야 하는 경우도 생기게 된다.

이렇게 어렵사리 신부집에 도착한 집사 일행은 함을 신부집에 정중히 내려놓고, 간단히 요기를 한 다음 다시 돌아오게 되는데, 그 길이 너무 멀고 험하니 도중에 간단한 입매라도 하라며 건네는 돈이 그 예의 '노자'이다. 오늘날 함을 파는 일이 이 '노자'가 잘못 전해진 것이라고 할 수 있다. 그런데 마치 전통이 그랬던 것처럼 말들을 하면서…, 함을 팔고 있으니, 어디 이게 될 법이나 한 소리인가.

이런 내 말을 들은 사위와 함진아비들의 표정이 쑥스러워 하면서 감격스러운 모습이다. 그럴 거라는 생각이 들었다. 생전 듣지도 보지도 못한 일들을 하려 했으니 왜 아니겠는가. 이러한 전통으로 인해서 함을 조용히 가져다 놓으라고 했다는 것이 내 말의 결론이었다.

살펴보니 녀석들의 생각이 숙연해지는 것 같았다. 자칫 분위기가 썰렁해지지 않을까 술 한 잔씩을 권하고, 함께 뒤풀이를 하라며 '노자' 형태의 술값을 봉투에 넣어 주었다.

잠시 뒤 이들을 보내 놓고 착잡한 마음이 교차함을 어쩌지 못했다. 상쾌한 기분과 그렇지 못한 마음이 뒤섞여 맴돌아서다. 어쨌거나 함을 전하는 과정과 근본 취지를 오는 세대들도 알았으면 좋겠다. 그래서 우리의 전통문화가 건전하게 계승 보존 발전되었으면 하는 마음 간절하다.

〈2000. 4. 20. (목)〉

압존법

가끔 TV를 보면서 놀라게 되는 일이다. 많은 출연자들이 압존법(壓尊法)에 반하는 말을 하고 있어서다. 부끄럽다거나 죄송한 모습은 어디서도 찾아 볼 수 없다. 더 큰 문제는 이런 말들이 우리 주변 곳곳에서 빈번히 사용되고 있다는 것이다. 압존법을 몰라서 생기는 일이다.

TV에 출연하는 많은 여성 출연자들이 하는 말이다.

"네, 애기 아빠요! 일찍 출근하세요. 그리고 일찍 퇴근하세요. 가족적이고요. 애들을 무척 사랑해 주세요."

이런 식이다. 듣기에 여간 아슬아슬하고 불안한 게 아니다.

압존법의 사전적 의미이다. '높여야 할 상대이지만 듣는 이가 더 높을 경우 압존이 되는 높임법' 이라는 것이다.

가령, 며느리가 시아버지와 자신의 남편에 대한 이야기를 할 때 "네… 아범은 아직 돌아오지 않았습니다"라고 하는 따위의 말이다. 남편을 공대해야 하지만, 시아버지가 남편보다 어른이기 때문에 남편을 낮춰서 말을 해야 한다는 것이다. 이렇게 보면 TV에 출연한 여성들은 방송에서 남편을 낮춰서 말을 했어야만 예법에 맞다. 시청자들 중에는 남편보다 어른, 윗사람이 많기 때문이다.

그런데 방송에 출연한 부인들이 방송 내내 남편을 높이는 말을 하고 있는 것이다.

"네… 잠은 두세 시간 밖에 못 주무시고요…, 새벽에 부산으로 떠나셨습니다. 이 다음에 관리자가 되면 누구보다 일을 열심히 잘 하실 것입니다."

이런 식이니 방송 내내 불안, 초조, 실소를 금할 수 없다.

내가 교직을 처음 시작하던 오래 전(1976년)의 일이다. 조회시간에 교장선생님이 교사들 앞에서 '압존법' 을 놓고 일장 훈시를 하고 계셨다. 말의 요지는 "선생님의 부모님들 중에는 압존법을 모르는 사람들이 있어 전화를 걸었다가 황당한 일을 당했다"는 것이다. 결론은 "부모님들에게 압존법을 알도록 해서 바르게 사용할 수 있도록 해야 한다"는 훈시였다. 옳은 말이 아닌가 하는 생각이 들었다.

교장선생님의 계속되는 설명이다.

어느 날 선생님 중 한 분이 결근을 해서 무슨 일인가… 전화를 걸었더니, 그 어머니가 받았는데, 딸에 대해 계속 존댓말을 하더라는 것이다.

"네…, 김 선생님이요…? 아파서 병원에 가셨습니다. 학교에는 어쩔 수 없이 출근을 하지 못하셨습니다."

순간 교장선생님이 봉변을 당한 것 같아 얼른 전화를 끊었다는 것이다.

이로부터 꽤 많은 시간이 흐른 요즈음에도 상황은 별로 변한 것 같지가 않다. 압존법을 모르는 말들이 너무 흔하게 쓰여지고 있어서다. 압존법에 반하는 말들이 일상의 대화에서, 전화에서, 특히 방송에서 너무 흔하게 사용되고 있는 것이다.

고치려고 시도하는 사람도, 잘못되었다고 지적하는 사람도 없다. 큰 일 났구나 싶은 생각이 든다. 순간 인신모독(人身冒瀆)을 당한 것 같아 기분이 나빠지기도 한다. 이런 말을 하도록 내버려두는 방송국에도 일단의 책임이 있지 않나 싶다. 누차에 걸친 비슷한 말에도, 어째서 그냥 내버려두느냐 하는 것이다.

세월이 지나면서 지켜야 할 예절이 많이 퇴색하고 있지만, 반드시 지켜져야 할 아주 기본적인 예절이 잘못 행해지고 있는 데는 간혹 당황스럽기까지 하다.

버스 안이나, 전철 속에서 종종 겪게 되는 일이다. 난처한 지경에 처한 나이 어린 아낙이나 어린 학생에게 자리를 양보하며 듣는 소리이다.

"고마워요…."

얼핏 듣기에 자리를 양보 받는 사람이 예를 표했으니 그것으로 예의를 갖췄다는 생각을 하게 될지 모른다. 그러나 그렇지가 않다. 자리를 양보 받은 아낙이 한 말 '고마워요…' 는 존댓말이 아니기 때문이다. 그 아낙이 해야 할 말은 '고맙습니다. 감사합니다' 이어야 한다.

'고마워요' 는 윗사람이 아랫사람에게 차리는 예법이다. 아랫사람이 윗사람에게 차리는 예법이 아니다. '그게 그거지… 뭐가 다르냐' 고 할지 모르나 곰곰 살펴보면 아니라는 걸 곧 알게 된다.

가끔 선생인 내가 학생들에게 그런 소릴 듣게 되면 정신이 휑해지는 걸 느끼게 된다.

내가 유년시절의 일이다. 마루에 걸터앉아 있다가 당숙부에게 얼마나 혼이 났는지 아직도 그 기억이 뇌리에 생생하다.

내 나이 열 살 때쯤이다. 무심코 대청마루 끝자락에 앉아 있는데 당숙부께서 대문을 열고 안마당으로 들어오셨다. 나는 앉은 채 인사를 드렸고, 그것이 잘못이라는 걸 알지 못했다. 그런데 당숙부께서 느닷없이 호통을 치시는 거였다.

"어린 녀석이 어른이 들어오면 벌떡 일어나야지 그냥 앉아서 인사를 하면 되느냐."는 것이다.

열 살짜리 어린애가 뭘 알까만은 당숙부의 생각은 그렇지 않으셨다. 오늘날과 견주어 참으로 먼 옛날의 이야기이다. 오늘날에 그랬다간 자칫 그 어른이 욕을 먹을는지 모른다. 그러나 기본예절, 꼭 지켜져야 할 예절은 누군가의 도움을 받아서라도 행해져야 할 일이 아닌가 싶다.

〈2007. 12. 26. (수)〉

총각김치를 먹다가

총각김치를 먹다가 집사람한테 잔소리를 들었다. 점심 시간 식탁에서다.

"어릴 적 어머니가 해 주시던 총각김치가 맛이 좋았다"고 했다가 들은 잔소리이다.

"그땐 먹을 게 없었으니까 그렇지…, 지금은 너무 흔하니까 맛이 없는 게 아니냐?"는 것이다.

내 어릴 적 점심때다. 어머니가 아침에 먹다 남은 밥을 모아 무쇠 솥에 끓여 점심으로 한 대접씩을 퍼 주셨다. 반찬은 배추김치와 총각김치가 전부였다. 요즘 같으면 "그걸 밥이라고 먹느냐…." 이렇게 말하는 사람이 있을 테지만 그땐 그거라도 먹을 게 있는 게 다행이었다. 어떤 집은 먹을 게 없어 점심을 대충 건너뛰는 일이 아주 흔했다.

끓인 밥을 먹을 때다. 물밥에 배추김치와 총각김치를 듬뿍듬뿍 넣어 먹었다. 허기진 배를 김치로 더불어 채워야 하기 때문이었다. 끓인 밥 한 그릇을 다 먹고는, 뭐 국물이라도 더 먹을 게 없나…, 하고는 눈을 두리번거렸다. 그때, 끓인 밥에 넣어 먹던 그 새콤한 배추김치와 총각김치, 그리고 그 맛…, 그걸 어떻게 감히 잊을 수 있단 말인가? 지금 생각해도 입안에 군침이 돌고 입맛이 다셔진다.

어머니가 꺼내다 주시던 총각김치에는 언제나 얼음이 더럭더럭 붙어 있었다. 뒤뜰 장독대에서 금방 꺼내왔기 때문이다. 김치에는 얼기설기 얼음과 시뻘건 김치 국물이 무와 무청에 주르르 흘렀다. 보기에 정말 먹음직스러웠다. 이걸 하나 집어 입에 넣으면 입안이 싸하고, 이가 시리고, 새곰새곰, 아삭아삭…, 그 맛이 정말 끝내 주었다. 그 희한한 맛을 어디에 비길 수 있을까? 어머니는 이런 총각김치를 끼니때마다 가져다주셨다. 동지섣달 엄동설한에 맛볼 수 있는 그 김치 그 맛, 참으로 일품이었다.

못 먹고 못 살던 그 시절, 그땐 누구나 하루에 두 짐씩의 나무를 해야 했다. 아침나절에 한 짐, 저녁나절에 한 짐…. 끓인 밥을 먹고 이렇게 두 짐씩의 나무를 하자면 허기가 져, 총각김치가 더욱 맛이 있었다.

땔나무가 궁하던 그때 그 겨울…, 난 가끔 이삼십 리 길, 먼 산으로 나무를 하러 다녔다. 캄캄한 꼭두새벽에 집을 나서 먼 산에 올라 하루 종일 나무를 하고 한밤중에 돌아왔다. 점심은 항고에 싸 가지고 간 밥을 실개천 바위 옆에 불을 피워 데워 먹고…, 나무는 지고 올 수 없어 산 아래 바위에 기대어 놓았다가 뒷날 아버지가 소 마차로 실어 오셨다.

한밤중, 먼산에서 돌아오면 어머니가 사랑방으로 밥을 내다주셨다. 상에는 좁쌀 반 쌀 반을 섞은 밥 한 양푼과 배추김치, 총각김치가 소담스럽게 올려져 있었다. 배는 허기가 질 대로 진 상태이다. 그 먼 산엘 가서 나무를 하고 걸어서 집으로 돌아왔으니 왜 아니겠는가. 동생과 나는 누가 보기에도 민망할 정도로 저녁밥을 우기우기 먹어댔다. 그 큰 양푼의 밥과 총각김치가 순식간에 동이 난다. 늦가을 마파람에 게눈 감추듯 먹어 치웠다.

그때 먹던 그 총각김치, 그 맛…, 아무리 잊으려 해도 잊혀지지 않는다. 아니 잊을 수 없다. 언제 어느 때고 총각김치만 보면 그 옛날 그 때가 오버랩 된다. 사랑방 희미한 등잔불, 그 옆에 덩그마니 놓여 있는 밥상, 그 옆에 불돌을 올려놓은 화로…, 배가 고플 테니 어여 먹으라는 어머니의 말없는 시선…. 총각김치만 보면 떠오르는 정경들이다. 그때 먹던 그 맛, 지금도 입안에 군침이 돈다.

집사람의 잔소리…, 남의 추억이겠거니… 좀 참아주어도 좋으련만, 이 사람 그게 아니다. 내 계속되는 추억에 언제나 잔소리이다.

"그땐 먹을 게 없었으니까 그렇지…." 물론 그랬을 수 있다. 그러나 그렇지 않을 수도 있다. 어릴 적 길들여진 잊혀지지 않는 그 맛…. 남의 아름다운 그 추억을 좀 이해해 주면 좋겠다.

〈2008. 11. 21. (금)〉

생일날의 추억

오는 동짓달 보름이 내 생일이다. 난 까맣게 잊고 있는데 집사람이 저녁 식탁에서 그렇게 말한다. 그러면서 하는 말이다.

"생일날, 뭘 해 먹지? 갈비를 사다 먹을까?"

그러자 옆의 아들이 하는 소리이다.

"그러지 말고 외식을 멋지게 준비하시죠!"

내가 끼어들었다.

"생일이, 무슨 생일이야…!! 요샌 맨날 생일인데…, 그것도 못 먹고 못 살 때 이야기이지…!! 지금은 모두들 잘 먹고 잘 살잖아!!"

집사람이 얼른 동의를 하였다.

"허긴 그래…, 맨날 생일이지 뭐! 어떻게 더 잘 먹어…."

사실이 그랬다. 요샌 맨날 생일이다. 늘 잘 먹고 잘 지낸다. 생일이 기다려질 리 없다. 그래서 가끔 생일을 잊고 지낼 때가 많다.

그런데 돌아가신 어머니 아버지, 할아버지 할머니를 생각하면 이렇게 잘 먹고 잘 사는 게 죄스러울 때가 많다. 그 어른들…, 보릿고개를 근근이 넘기며 어렵게 사시다 돌아가시지 않았는가…!! 지금 생존해 계시면 맛있는 음식을 얼마든지 잡으실 수 있을 텐데….

내 어릴 적 생일이다. 어머니가 장에 가서 생태를 사다가 국을 맛있게 끓여 주셨다.

공교롭게도 형님과 동생, 나, 이렇게 삼형제의 생일이 모두 동짓달과 섣달에 들어 있다. 내가 동짓달 보름날, 형님이 동짓달 스무 이튿날, 동생이 섣달 초이튿날이다.

일년 중 가장 춥다는 동지섣달…, 열흘을 간격으로 우리 삼형제의 생일이 모두 들어 있다. 그래서다. 어머니는 동짓달이 되면 장에서 아예 생태를 몇 코 사다 지푸라기에 꿰어 부엌 기둥에 걸어 두었다가 세 아들의 생일에 끓여 주셨다.

그 맛을 어찌 잊을 수 있겠는가? 정말 입안에서 살살 녹았다. 어머니는 국을 끓일 때 재료를 많이 쓰지 않으셨다. 무를 납죽납죽 썰고, 숭둥숭둥 김치에, 어슷어슷 대파, 여기에 집에서 만든 두부와 간장, 그리고 고춧가루를 섞는 것이 고작이었다.

그런데도 그 맛이 정말 일품이다. 맵고, 칼칼하고, 부드럽고, 구수하고, 뜨끈뜨끈하고, 시원하고…. 뜨거워 입을 이리저리 돌려가며 먹다 보면 어느새 이마와 귀밑에서 땀이 흘러내린다. 국 속을 떠도는 두부와 김치, 생태 토막과 고니가 왜 그리 맛이 좋은지…!!

그 때를 생각하고 요즘 가끔 생태국을 먹어 보면, 그때 그 맛이 절대로 아니다. 칼칼하지도, 시원하지도, 부드럽지도 않다. 원양어업으로 잡은 것이어서 그런지, 아니면 냉동을 했던 것이어서 그런지….

이상한 것은 낚시태라는 것도 그 맛이 없기는 마찬가지이다. 그래서 가지게 되는 생각이다.

'글쎄! 내 입맛이 변한 건가?'

그러면 옆에 있던 그 사람이 하는 소리이다.

"그땐 못 먹고 못 살았으니까 그렇지…, 지금은 잘 먹고 잘 살잖아!"

그런가 보다. 그래서 가끔 혼자서 되뇌어 본다.

"내가 지금 배가 부른 건가…!"

〈2008. 12. 11. (월)〉

제사

겨울(立冬)이 되면서 여기저기 제사가 잦다.

시향제(時享祭)… 기제(忌祭)….

매번 참석해 보면서 느끼는 생각이다.

개선해야 할 것들이 한두 가지가 아니라는 것이다.

축문, 지방, 제수, 제례절차, 진설…. 어느 것 하나 아닌 게 없다.

시대 상황에 맞게 고쳐졌으면 하는 마음 간절하다.

독축(讀祝)을 할 때마다 느끼는 생각이다.

이걸 듣고 과연 누가 알 수 있을까?

아무리 생각해도 이해할 사람이 없을 것 같다.

실제로 제를 올리고 좌중 누군가에게 물어 보면 아는 사람이 없다.

사람들은 그런데도 때만 되면 축문을 쓰고 읽는다.

고쳐야 할 일이 아닌가 싶다.

알아듣지도 못하는 글을 읽어서 도대체 무얼 하자는 건가.

한자를 문자로 사용하던 그 옛날에는 그럴 수 있었을 것이다.
한자 외에 달리 표현할 글이 없었으니까.
더러는 그 내용을 들어서 알 수 있는 사람도 있었을 터이고….
그러나 오늘날은 아니지 않은가.
들어서 알 사람도 없고, 알려고도 하지 않는다.
으레, 그냥 그러려니… 하고 넘어가는 게 고작이다.
축문의 내용 또한 지나치게 형식적이고 고답적이다.
우리 글, 한글로 그 내용을 얼마든지 쓸 수 있는데….

축문(祝文)이라는 말을 풀어보면 '비는 글', '축원하는 글' 이다.
오늘날 개념으로 보면 '추도사', '애도사' 쯤으로 생각해 볼 수 있다.
기일을 맞아 돌아가신 분의 생의 대강과 학 · 경력…, 사고와 행동, 인품,
그리고 업적과 치적들을 글로 적어 고인께 고한다면…
그래서 참석한 모든 사람들이 들어서 알고, 추모할 수 있다면…
축문의 역할과 예는 그것으로 다 했다고 할 수 있을 것이다.
꼭 한문으로 써야 한다고 고집할 이유가 어디에 있겠는가.
하루 빨리 고쳐져야 할 일이 아닌가 한다.
공자는 '성인(聖人)도 시속을 따라야 한다' 고 했다.
제상(祭床)에 모시는 지방(紙榜)도 마찬가지이다.
한글로 쓰거나 사진으로 대신해야 할 일이다.
지방은 고인의 혼백이 와 계신 곳을 의미한다.
누구누구 신위(神位)…, 이 말이 이를 설명해 주고 있다.
돌아가신 분이 아버지이면 현고(顯考), 어머니이면 현비(顯妣)… 신위이다.

생전에 아버지의 관직이 있으면 그 직함을 쓰고 아니면 그냥 학생이다.
부인의 경우, 누구 부인(예 사무관 부인), 아니면 유인(孺人)이다.
이걸 '아버지 혼이 와 계신 곳, 어머니 혼이 와 계신 곳' 이라고 하면 어떨까.
지방을 놓을 자리에 영정을 모셔도 좋지 않을가.
그 옛날에는 사진이 없었으니까 놓을 수 없었을 터이다.
영정(影幀)은 누대를 두고 당신을 알 수 있으니 더욱 좋을 것이다.

제수(祭需)도 그 품목을 바꾸는 것이 좋을 듯 싶다.
돌아가신 분이 평소에 좋아하시던 음식을 차려 놓으면 좋지 않겠는가.
현재의 제물은 집안별로 차이가 있을 수 있으나 대개는 비슷하다.
밤, 대추, 감, 사과, 배, 귤, 바나나, 산적, 약과, 다식…
간장, 김치, 물김치, 숙주나물, 콩나물, 김, 데친 무채…
여기에 삼탕(三湯)과 삼적(三炙), 누름적, 편, 면, 포, 식혜
그리고 뫼(밥)와 갱(국)이다.
대충 따지고 보면 대개는 이들 범주에 속한다.
가가례별, 지방별 다소간 차이는 있을 수 있으나 대동소이하다.
제를 올리면서 늘 생각해 보는 일이다.
이런 제수를 고인들이 좋아하실까?
아닐 수도 있지 않은가…!
생전 평소에 즐겨 잡수시던 음식을 올리면 어떨까?
누가 언제, 왜, 이런 음식을 제상에 올리도록 규격화했을까?
가정별 위화감과 빈부의 차 해소 등 때문에 그런 건 아닐까?
확실치는 않으나, 아마도 그런 속내가 숨어 있지 않을까 싶다.

전통과 관습이 그렇다 하더라도 고쳐져야 할 일이 아닌가.
때마다 늘 회의에 빠져 보는 일이다.
어차피 세월이 지나다 보면 그런 형식은 모두 없어질 테니까…
그렇게 생각할 수도 있다.
그러나 거기까지 가기에는 너무나 많은 세월과 혼란이 염려된다.
어쨌거나 고인이 좋아하던 음식을 올리는 게 좋지 않을까 싶다.

진설(陳設)…, 제상에 제수를 배열하는 것도 마찬가지이다.
어떤 걸 어느 쪽에 놓건 그게 무슨 상관이 있는가.
그런데 전해 오는 전통 제례법은 그렇지 않다.
제상의 진설은 모두 다섯 줄이다.
첫 줄은 과일, 둘째 줄은 반찬, 셋째 줄은 탕, 넷째 줄은 적…,
다섯 째 줄은 뫼(밥)와 갱(국)이다.
첫 줄부터 다섯째 줄까지 각 줄 별로도 배열순서가 있다.
전통 예법을 뭉쳐서 얘기해 보면…
홍동백서, 조율이시, 좌포우혜, 어동육서, 동두서미 하는 식이다.
글쎄…, 이런 것들도 고쳐져야 할 일이 아닌가 싶다.
어떤 걸 어느 쪽에 놓건 그게 무슨 상관이란 말인가?
혹자는 무식한 소리라고 할지 모른다.
그러나 상식은 산 자의 몫이지 망자의 몫이 아니다.
형식과 명분, 절차 또한 그 시대를 살아가는 사람들이 할 일이다.
세월이 흘러 바뀌었다면 그 시대의 요구를 따르는 것이 옳다.
무슨 음식을 어디에 어떻게 놓건 따질 일이 아니다.

들기에 편하고 맛이 있으면 그게 어디에 있건 무슨 상관이겠는가.

제(祭)의 절차도 생각해 볼 일이다.

기존의 절차는 분향재배, 강신재배, 참신, 초헌, 아헌, 종헌, 첨작, 개반삽시, 합문, 숭냉헌수, 철시복반, 참신, 제례종언 하는 식이다. 이런 절차를 따르면서 항상 느끼는 것은 지나치게 형식적이라는 것이다.

모두가 절을 하고, 부복 추도사를 낭독하고, 형식에 구애받지 않고 술을 올리고, 묵념으로 추모하고…, 이러면 되지 않을까.

중요한 것은 정성이 아닌가 한다. 정성만 깃들어 있다면 야…, 절차와 형식이 무슨 문제가 되겠는가. 끝으로 음복과 식사를 하면서 고인의 행적과 음덕을 기리면 좋지 않겠는가.

지금까지 전통 제례에 대해 고쳐졌으면 하는 것들을 생각해 보았다. 지나친 형식과 절차를 벗어나 현실에 맞게 고쳐 나갔으면 한다. 한문으로 된 축문은 알아듣지 못하니 한글로 고치고, 제사 음식은 고인이 생전에 좋아하던 음식으로 대신하고, 음식 배열은 편리할 대로 하고, 지방은 사진으로 대신하고, 제를 올리는 절차는 지나친 형식에서 벗어나 자연스럽게 상황에 맞게 했으면 한다는 말이다.

혹자는 무지하고, 예법도 모르고, 단견에다 독선이라고 폄훼할지 모른다. 그러나 곰곰이 생각해 보면 그것이 오히려 자연스럽고, 합리적이고, 순리가 아닌가 한다.

그래서다. 나는 지난해부터 모든 기제를 축문 대신 추도사로 대신하고 있다. 아버지, 어머니, 할머니, 할아버지, 형님… 모두의 제에 추도사를 읽고 있다. 참석한 모두가 알아들을 수 있으니 참으로 좋지 않은가. 다음에 그 내용을 소개해 본다.

〈2008. 2. 10. (일)〉

〈어머니 追悼辭〉

어머니 영전에 고합니다.

유명을 달리하신 지 어언 19주기가 되었습니다.

돌아가신 지 엊그제 같은데 벌써 그렇게 많은 세월이 흘렀습니다.

가끔은 어머니께서 아직도 생전에 계신 것같아 주위를 두리번거리게 합니다.

생전 어머니의 모습과 말씀이 주마등처럼 머리를 스쳐 지나갑니다. 어머니께서는 1914년 10월 22일, 오늘의 서울 고덕동(당시 경기도 광주군 구천면 고덕리) 함종어씨(咸從魚氏) 영광(泳光)의 3남 1녀 중 막내로 나시어, 열 아홉이 되던 1933년 아버지께 시집오셔서, 55년 간 해로(偕老)하시다, 1989년 1월 17일 향년 77세를 일기로 복정동 옛 집에서 유명을 달리하셨습니다. 슬하에는 4남 2녀를 두셨습니다. 아버지는 어머니께서 돌아가시고도 16년을 더 사시다가 2005년 12월 4일 향년 89세를 일기로 어머니 곁으로 돌아가셨습니다.

생전 어머니의 모습입니다. 키 1m 50㎝에, 45㎏의 작은 체구로 인자하고, 단아하면서 선한 그런 모습이셨습니다. 천성이 착하고, 부드러우시며, 너그러우셔서 주위 사람들로부터 늘 '법이 없이도 사실 분' 으로 칭송을 받았습니다. 세상 누구에게도 노기를 보이지 않으셨으며, 분을 삭이지 못하시면 차라리 눈물을 보이는 그런 어진 분이셨습니다. 주위의 어려움을 차마 보지 못하시고, 항상 인정을 베푸셨으며, 정님댁(靜林宅) 맏며느리로 솔가(率家)와 어른 공경, 자식 교육에 한 치의 어긋남도 없으셨습니다.

어머니는 평생 일만 하다 돌아가셨습니다. 일 년 열두 달, 삼백 육십오 일, 단 하루도 편히 쉬는 날이 없으셨습니다. 저희들은 어머니께서 언제 한 번 편히 쉬시는 모습을 뵐 수 있을까… 늘 그런 안타까운 마음으로 어머니를 지켜보았습니다. 살아계실 때 단 한 번 편히 모시지도 못하고, 마음 편히 해 드리지도 못한 일…, 늘 가슴 아픈 안타까움으로 남아 있습니다.

오늘 저희들이 아주 작은 정성으로 어머니 아버지를 모시는 상을 마련하였습니다. 어머니, 아버지 생전에 못 다한 일, 이것으로 어찌 다하였다고 할 수 있겠습니까만, 어여삐 여기시고 기쁜 마음으로 흠향(歆饗)하여 주시기 간절히 바랍니다. 어머니, 아버지 생전에 못다한 성과 효, 생을 마치는 그 날까지 늘 죄송한 마음으로 가슴 속 깊이 간직하고자 합니다. 저 세상에서 뵙는 날 이승에서 못 다한 일 뉘우침으로 모시기를 다짐하면서, 부디 편안한 영의 삶을 누리시기 간절히 바랍니다.

〈2008. 2. 15. (금), (음, 1. 16)〉

〈아버지 追悼辭〉

아버지 영전에 고합니다.

유명을 달리하신 지 어느새 네 해가 지났습니다.

돌아가신 지 엊그제 같은데 벌써 그렇게 많은 세월이 흘렀습니다.

가끔은 아직도 생존해 계신 것 같아 주위를 두리번거리게 합니다.

생전 아버지의 모습이 주마등처럼 머리를 스쳐 지나갑니다.

아버지께서는 1915년 6월 10일 '복우물' 에서 나시어, 90평생 천수(天壽)를 누리시다가 2004년 12월 4일, 음력 10월 스무 사흗날, 포이동 '큰사랑

요양원' 에서 유명을 달리하셨습니다. 돌아가실 때의 모습은 참으로 평온하고, 고요하고, 마치 깊은 잠에 드신 듯하였습니다. 인생무상, 삶의 허무, 우주만물의 공과 무를 느끼게 하는 순간이었습니다. 유택(幽宅)은 아버지 생전에 그토록 원하시던 '복우물' 에 마련하지 못하고, 어머니께서 영면해 계신 용인 양지 주북리 산 66번지에 합장으로 모셨습니다.

생전 아버지의 모습입니다. 의협심이 강하고, 완고하셨으며, 강직하시고, 근면성실하셨습니다. 누구와의 경쟁에도 지지 않으셨으며, 한 번 세우신 뜻은 꺾지 않으셨고, 가족의 생계에 남다른 애착을 보이셨으며, 부의 축적에도 온갖 정성을 다하셨습니다. 아버지의 근면하심은 생전에 많은 부를 쌓게 하였고, 그래서 저희들은 아버지 생전에 별 어려움 없이 생을 살아갈 수 있었습니다.

아버지께서 돌아가신 지 4주기를 맞아 저희들이 조촐한 상을 마련하고, 아버지, 어머니 두 분 영전에 올리면서, 생전 두 분의 음덕을 기리고자 합니다. 조그마한 정성으로 어여삐 여기시고, 편안하고 즐거운 심령으로 흠향하시기 간절히 바랍니다.

아버지, 어머니!

부디 평온한 영의 삶을 누리시기를 두 손 모아 간절히 빕니다.

〈2008. 11. 19. (수), (음, 10. 22)〉

〈할머니 追悼辭〉

할머니!

할머니께서 돌아가신 지 오늘로 57주기가 되었습니다.

돌아가신 지 엊그제 같은데 벌써 그렇게 많은 세월이 흘렀습니다. 돌아가신 날을 맞아 오늘 저희들이 생전 할머니를 추모하는 자리를 마련하였습니다.

할머니 생전의 행적입니다. 본관은 능성구씨(綾城具氏)이시고, 함자(銜字)는 갑(甲)자와 회(會)자를 쓰셨습니다. 1894년 갑오년 오늘의 경기도(당시는 경기도 광주군 서부면 정림리) 하남시 '정림(靜林)' 에서 나시어, 할아버지께 시집오셔서, 1950년 10월 19일까지 해로하시다가 55세를 일기로 유명을 달리하셨습니다. 할아버지께서는 할머니께서 돌아가시고도 22년을 더 사시다가 1972년 4월 초파일 77세를 일기로 할머니 곁으로 돌아가셨습니다. 할머니의 유택은 당초 고자골 선산에 모셨다가 훗날, 1989년 4월 한식날에 용인 주북리 산 66번지 선영, 할아버지의 유택으로 자리를 옮겨드렸습니다.

생전 할머니의 모습입니다. 준수하신 용모에, 성품이 곧으시고, 예의범절이 투철하셨으며, 집안은 물론 이웃간 우애와 화목을 남달리 중히 여기셨습니다. 곧은 성품에 불의를 참지 못하시고, 어긋난 예의범절에 언제나 옳고 그름을 가려 훈계를 하셨으며, 동기간 우애와 의리를 무엇보다 중히 여기셨습니다. 평소의 모습은 준엄하고 인자하셨으며, 범상치 않은 기품과 근엄하신 인품에 감히 접근이 어려운 그런 모습이셨습니다.

할머니 탄신 114주년, 돌아가신 지 57주기를 맞아, 오늘 저희들이 이렇게 조촐한 자리를 마련하고, 경건한 마음으로 두 분 영령을 모셨습니다. 할머니, 할아버지를 모시는 마음은 언제나 부족하다는 생각에 감히 몸둘 바를 모르겠습니다. 저희들의 이 조그마한 정성, 어여삐 여기시고 즐겁고 기쁜 심령으로 흠향하여 주시기 간절히 바랍니다.

할머니 할아버지, 부디 평안한 영의 삶을 누리시고, 언제나 저희들을 올바른 길로 인도하여 주시기를 간절히 바랍니다.

〈2008. 11. 16. (일), (음, 10. 8)〉

〈할아버지 追悼辭〉

할아버지!

유명을 달리하신 지 또 한 해가 지났습니다.

서기 2008년 무자년 4월 초파일, 할아버지께서 돌아가신 지 어언 36주기가 되었습니다. 돌아가신 지 엊그제 같은데 벌써 그렇게 많은 세월이 흘렀습니다. 세월이 빠르다는 걸 새삼 절감합니다.

할아버지께서는 1972년 음력 4월, 서울 약수동 넷째(寬榮)네 집에 나들이 하셨다가 노쇠한 몸이 쇠잔해지셔서, 급히 복우물 옛집으로 모시던 중 유명을 달리 하셨습니다.

1972년 4월 초파일 오전 11시경이었습니다. 약수동 넷째네 집에서 영업용 택시로 말죽거리, 헌인릉, 세곡동, 복정동 4거리를 거쳐 복우물 옛집으로 모시던 그 때의 모습이 아직도 눈에 선합니다. 당신의 첫째 며느리 함종어씨(妙順)와, 둘째 손자인 제가 옆에서 할아버지를 모셨습니다. 돌아가실 때의 모습은 참으로 평온하고 온후하신 그런 모습이셨습니다. 할아버지께서 태어나신 지 77세 때의 일입니다. 할아버지께서는 워낙에 건장하셔서 한참을 더 사실 것으로 믿었으나 졸지에 돌아가시게 되니…, 참으로 답답하고 안타까운 심정이었습니다.

할아버지는 1896년 병신년(丙申年) 3월 30일, 선친 휘(諱) 원선(元善), 모 전주이씨 사이에서 2남 4녀 중 둘째로 복우물(경기도 광주군 중부면 복정리 575) 옛집에서 나시었습니다. 할머니는 능성구씨(綾城具氏)로 1894년 갑오년(甲午年) 경기도 하남시 정림(靜林)에서 나시어 할아버지께 시집오셔서 25년 간 해로하시다, 1950년 경인년 55세를 일기로 복우물 옛집에서 생을 마치셨습니다. 6.25전쟁이 한참 치열하던 때였습니다.

할아버지의 생전의 모습입니다. 할아버지께서는 언제나 말이 없으셨습니다. 참으로 과묵하셨습니다. 희로애락 정서의 표현이 없으셨습니다. 어쩌다 화가 나시면, "어이 고이얀 것들…" 하는 것으로 그만이셨습니다.

할아버지는 또 인자하시고, 후덕하시고, 지고지순하셨습니다. 저희들은 할아버지께서 생전에 노기를 띄우시는 모습을 뵌 적이 없습니다. 할아버지께서는 식구들에게는 물론, 이웃들에게도 언제나 덕을 베푸셨습니다. 평생 거짓말을 모르고, 참만을 말씀하셨습니다. 할아버지의 모습은 언제나 온화하고, 인자하고, 정이 넘치는 그런 모습이셨습니다.

할아버지는 특히 매사에 솔선수범하셨습니다. 무슨 일이건 남에게 먼저 시키는 법이 없으셨습니다. 언제나 먼저 행동하시고, 모범을 보이셨습니다. 할아버지의 말씀과 행동은 그래서 언제나 저희들의 모범이요 귀감이셨습니다.

할아버지는 또 참으로 근면성실하셨습니다. 일년 열두 달 365일, 단 하루도 쉬는 법이 없으셨습니다. 정월 초하루, 팔월 한가위에도 차례를 모시고 난 뒤에는, 언제나 지게를 지고 논 · 밭으로 향하셨습니다. 할아버지께서 들로 나가시니 저희들도 할아버지 뒤를 따를 수밖에 없었습니다. 그땐 할아버지가 그렇게 원망스러웠습니다. 그러나 할아버지의 그때 그 모습은 차라리 저희들의 귀감이요 모범이셨습니다.

오늘 저희들이 할아버지를 기리자면 이 밤이 다 해도 모자랄 것입니다. 할아버지 생전의 모습과 행적을, 생을 마치는 날까지 마음에 두고 새기며 살아가겠습니다.

오늘 이 자리는 저희들이 마련한 아주 작은 정성으로, 어여삐 여기시고 기쁜 마음으로 감싸주시기 바랍니다. 할아버지 생전에 못 다한 성과 경, 저희들의 못남으로 널리 용서해 주시기 바랍니다. 오늘 저희들의 작은 정성, 생전의 할아버지 마음 그대로 기쁜 심령으로 받아주시고, 흠향하여 주시기 간절히 바랍니다. 부디 평온한 영의 삶을 영겁토록 누리시기 바랍니다.

〈2008. 5. 11. (일), (음, 4. 7)〉

〈兄님 追悼辭〉

형님 영전에 고합니다.

유명을 달리하신 지 어언 스물 세 해가 되었습니다. 돌아가신 지 엊그제 같은데, 벌써 그렇게 많은 세월이 흘렀습니다. 형님의 23주기를 맞아 영전에 무릎 꿇고 뵙자니, 그 옛날 형님의 모습을 뵙는 듯 여러 가지 상념들이 머리를 스쳐 지나갑니다.

형님의 생전 모습입니다.

형님께서는 1935년 동짓달 스무 이튿날 '복우물' (경기도 광주군 중부면 복정리 575번지)에서 나시어, 줄곧 그곳에서 사시다, 1984년 11월 19일 49세를 일기로 젊은 연륜에도 평소의 뜻을 펴 보이지 못하시고 영면의 길에 드셨습니다.

온후하고 순박한 용모에 높은 학력에도 병약하여 현달(顯達)하지 못하시고, 유약한 건강에 유유자적하는 생활이 평소의 유일한 낙이셨습니다. 선하고 온화한 기품으로 언제나 인자하고, 지친은 물론 이웃들에게도 늘 화기를 보이셨으며, 선악과 시비, 정의와 불의, 구분이 없이도 언제나 넉넉히 사셨을 그런 후덕한 분이셨습니다.

형님이 돌아가신 지 23주기를 맞아 저희들이 이렇게 한 자리에 모여 조촐한 상을 마련하고, 형님 생전의 음덕을 기리며 행적을 추모하고 있습니다. 자리를 함께 하시어 두터운 정을 나누시고, 올린 제수는 자손들의 조그만 정성으로 여기시고, 평안하고 즐거운 심령으로 흠향하시기 바랍니다.

언제나 자손들을 잘 지켜 주시고, 바른 길로 인도하여 주시며, 부디 평온한 영의 삶을 누리시기를 간절히 바랍니다. 이승에서 못 다한 건강과 행복 저승에서 꼭 누리시기를 간절히, 간절히 기원합니다.

〈2008. 12. 27. (토), (음, 11. 18)〉

집사람의 생일

오늘이 그 사람 생일이다. 섣달 초이튿날, 그런데 난 이걸 자꾸 잊는다. 오늘만이 아니다. 매년 그런다. 어떤 땐 아예 모르고 지나가 버린다. 생각을 하지 않으니 알 리가 없다. 그래서 자꾸 욕을 먹는다.

오늘도 그랬다. 그 사람 생일이라는 걸 안 것은 미국의 둘째 딸 때문이었다. 새벽에 전화가 걸려 왔는데, 옆에서 들어 보니 "돈을 부쳤으니 외식을 했으면 한다"는 것이다.

아차 싶었다. 이걸 또 까맣게 모르고 있었으니…. 한두 번도 아니고 매번, 결혼 후 지금까지—. 집사람은 그래서 늘 심한 불평이다.

"마누라 생일을 그래 그렇게 모를 수 있느냐? 자기 동생 생일은 늘 기억을 하면서…!!"

그렇다. 난 내 동생 생일은 언제나 기억한다. 섣달 초이튿날, 내 생일이 있고 얼마 뒤…, 섣달에 들어서자마자. 그래서 이맘때만 되면 난 무심코 이런 말을 한다.

"찬노 애비 생일이 이맘때쯤인데…."

그러면 옆에서 듣고 있던 그 사람이 하는 소리이다.

"동생 생일만 이때쯤이야…!! 마누라 생일은…?"

그리고는 혀를 끌끌차면서 멸시의 눈초리로 쳐다본다.

'아차! 또 실수를 했구나.'

난 이런 실수를 늘 반복한다. 오늘도 그런 실수를 또 하려던 참이다. 미국의 딸아이가 아니었다면 틀림없이 그랬을 것이다. 다행히도 녀석이 전화를 해줘서…, 위기를 모면할 수 있었다. 참 알다가도 모를 일이다. 그걸 왜 모르고 지나는 건지…. 어쩌면 너무 믿어서 그런 게 아닌지 모르겠다.

집사람이 미국 딸애와 전화를 끊고 났을 때 내가 짐짓 아는 척을 하였다.

"어…! 오늘이 정말 당신 생일이네…!! 우리 나가서 점심 먹자, 멋지게! 어때, 선영이 엄마! 생대구 매운탕, 정말 잘하는 데가 있어…!"

그 사람이 잠시 뭔가를 생각하는 듯하더니, 싫지 않은 표정이다. 자기 생일을 내가 기억하고 있는 줄 착각하고 있는 모양이다. 어쨌거나 싫지 않은 표정을 지으니 나로선 여간 다행한 일이 아니다. 또 면박을 맞을 뻔했는데…, 그것도 면하고…, 점수도 따고. 어쩌면 이 사람 이렇게 생각했는지 모른다.

"이 사람 미쳤나? 남의 생일까지 기억을 하고. 참 별일이네…."

내가 동생의 생일을 기억하는 건 순전히 돌아가신 어머니 때문이다. 어렸을 때 어머니는 내 생일에 늘 동태국을 끓여 주셨다. 형님과 동생, 내 생일이 모두 열흘 남짓 간격으로 동지섣달에 들어있어, 어머니는 아예 동태 몇 코를 사다 벽에 걸어두었다가 생일날 끓여 주셨다. 이맘때만 되면 그래서 형제들의 생일이 전자동으로 머리에 떠오른다. 그러나 집사람의 생일은 오늘도 모르고 지날 건데, 엉뚱하게 미국의 딸애가 전화를 해 줘서 위기를 모면하게 되었다.

그래서다. 집사람과 아들, 나, 셋이서 점심에 외식을 하러 나갔다. 생대구 매운탕…. 결혼 후, 38년 만에 처음 있는 일이다. 차를 몰고 밖으로 나가자니 어쩐지 멋쩍은 생각이 들었다. 안 하던 짓을 갑자기 하자니 얼굴이 화끈거리고 근질거렸다. 옆의 아들 녀석이 그나마 다행이라는 생각이 들었던지, 가끔 내게 은근한 미소를 지어 보였다. 올해는 먹어야 할 욕을 먹지 않고 잘 넘어가나 싶은 생각이 들었던 모양이다.

생대구 매운탕은 정말 맛이 있었다. 커다란 양푼에 대구와 고니, 주먹만 한 알들이 갖가지 양념과 더불어 시뻘겋게 부글거렸다. 한 술 떠보니 칼칼하고, 구수하고, 뜨끈하고, 매콤 · 시원한 게 그 맛이 일품이었다. 흘깃 맞은편 그 사람의 눈치를 살펴보았다. 싫지 않은 표정이다. 고니와 알, 두부를 작은 접시에 옮겨 정신없이 먹고 있었다.

'저 사람, 정말 맛이 있어 저러나…?'

그래서 넌지시 물어보았다.

"선영 엄마! 어때…? 괜찮아?"

그랬더니 이 사람 하는 소리이다.

"응…, 괜찮아…, 생각보다."

별 맛이 있겠나 싶었는데, 그런대로 괜찮다는 소리이다. 어쨌거나 맛이 있다니 내겐 큰 다행이다. 맛이 없다면 어쩌나 했는데…. 옆자리의 그 녀석도 맛있게 먹었다. 다른 때 외식에서는 그렇지 않았는데, 오늘은 먹는 모양부터가 다르다. 양푼 바닥의 국물을 거의 남기지 않고 먹고 있다. 성공이다 싶었다.

그런데 저녁 잠자리에서다. 눈을 감고 곰곰 생각해 보니, 그 사람에 대한 잘못이 생일에 관한 것만은 아닌 듯하다. 그것 말고도 여럿이 있는 것 같다. 우선 결혼기념일에 대한 거다. 내가 그 사람과 결혼한 지는 38년 전의 일이다. 그런데 지금껏 결혼날에 기념이 될 만한 일을 한 번도 해 본 적이 없다. 할 생각도 하지를 못했다. 어쩌다 보면 그 날이 그냥 지나 버리고 만다. 글쎄 이런 사람이 나 말고 또 있을 성싶지가 않다. 지나기 전에는, 뭘 좀 할까 하다가, 시간이 지나고 나면 그걸로 그냥 그만이다.

뿐만이 아니다. 그 흔한 여행 한 번 변변히 가 본 적이 없다. 그거 누구나 다 하는 거 아닌가. 그런데도 우린 그걸 한 번도 하지를 못했다. 주변머리가 없다고 할 수밖에 없다. 잘못은 그것 말고도 또 있다. 처갓집에 가는 일이다. 그것도 제대로 한 것 같지가 않다. 애들이 어렸을 때, 여름방학을 맞아 한두 번 다녀왔을 뿐, 그 뒤로는 간 기억이 없다. 정말 될 일이 아니다. 그 사람이 가끔 불평을 하지만 언제나 그것으로 그만이다. 언젠가 친구녀석이 왔다가 하는 소리이다.

"너, 그러고도 지금껏 잘 살아올 수 있었냐?"

글쎄 들을 소리를 들은 것 같다.

이렇게 그간의 일들을 살피고 있자니 참 어지간히 미련도 했다는 생각이 든다. 지난날들이 먹고 살기 어려우니 그럴 수 있었다는 생각을 해 본다. 그런데 이젠 아니지 않은가. 두루두루 좀 여유가 생기지 않았는가. 시간도 마음도 환경도…. 이제부터라도 좀 살펴가며 살아야겠다. 당장 오는 봄에라도 어디 여행이라도 한 번 다녀와야겠다. 이로써 그 사람에 대한 미안한 마음을 조금이나마 달랠 수 있지 않을지 모르겠다.

〈2008. 12. 28. (일)〉

소인삼락

'소인삼락(小人三樂)' 이라는 칼럼을 읽었다. 「조선일보」에 연재되고 있는 조용헌 살롱(2009. 1. 7)에서다. 이 글을 읽으며 갖게 된 생각이다.

'참…, 그럴 수 있겠구나….'

조 선생의 '소인삼락' 은 첫째가 시간이 날 때마다 경치 좋은 산하를 찾는 일이요, 둘째가 가까운 벗들과 즐겁게 노는 일이고, 셋째가 맛있는 음식을 찾아 먹는 일이다.

가만히 생각해 보니 참으로 쉽고 그럴싸하다는 생각이 들었다. 이걸 그간 내가 왜 못했나…! 그런 생각이 들었다.

곰곰 생각해 보니 정년을 한 지 벌써 3년이 지났다. 정년을 한 달여를 앞두고 내가 친지들에게 인사장을 보냈다. 이 글에서 나는 퇴직 후에 이러 이러한 일을 해 보겠노라고 다짐을 하였다.

"…이제 그간의 굴레를 벗어나 자유인의 삶을 마음껏 누려 보려 합니다. 글을 쓰는 일, 그리운 사람을 찾아보는 일, 바쁘다는 핑계로 그간 미루었던 일들을 찾아 하는 일, 그리고 무작정 어디론가 떠나 보는 일…."

공직에 매인 몸으로 무엇이든 마음대로 할 수 없었음을 염두에 두고 쓴 글이다. 내 이런 다짐은, 실은 가슴 속 깊은 곳에서 우러난 것이기도 하다. 그런데 퇴직 후 3년이 지난 지금에 와서 보니 내 이런 다짐은 모두 허사가 되고 말았다. 어느 것 하나 제대로 이룬 게 없다. 참으로 무능하지 않은가…, 가끔은 한심하다는 생각이 들기도 한다.

조용헌의 '소인삼락' 첫째는 여행이다. 그런데 난 아직 이걸 제대로 해보지 못했다. 내 나이 어느새 70에 가깝다. 현직에 있을 때에는 바쁘다는 핑계로, 정년을 한 뒤에는 여건이 맞지 않는다는 이유로…. 그러니까 이런 저런 이유들로 여행을 제대로 하지 못했다는 말이다. 주변머리가 없다고 할 수밖에 없다.

주위를 살펴보면 여행을 즐기는 사람들이 꽤 많다. 가까운 친구들 중에는 해외를 수십 번 다녀왔다느니, 국내에는 다녀 보지 않은 곳이 없다느니 하는 말들을 자주 한다. 가까운 집안 내에도 그런 사람들이 많다. 한 해가 다하기 전에, 아마도 서너 차례는 해외 나들이를 다녀오는 듯하다. 가끔은, 저래도 되는 건가 싶을 정도다.

그런데 내 경우는 어떠한가? 주위 사람들에 비해 너무 초라하지 않은가. 이제부터라도 여행을 좀 다녀 봐야겠다. 호연지기도 키우고, 시야도 넓히고, 동시에 그간의 쓸쓸함도 보상받아야겠다.

'소인삼락' 의 둘째는 '벗과 즐겁게 노는 일' 이다. 그런데 살다가 보면 이게 그리 쉽지가 않다. 참으로 쉬울 것 같은데…, 그렇지가 않다. 친구는 사귀는 것부터가 문제다. 살다 보면 주위에 꽤 많은 친구가 있을 것 같은데, 어느 날 살펴보면 그렇지 않다. 아무리 따져 봐도 한두 사람 밖에 보이지 않는다. 그것도 더 자세히 보면 보이지 않는다. 이렇게 저렇게 따지다 보면 보이는 사람이 없다. 이게 어찌된 일인가. 그간 꽤 많은 친구가 있다고 생각해 왔는데…. 그래서 자고로 친구는 사귀기 어렵다고 하는지 모르겠다. 이러다 갖게 되는 생각이다. 결국 인간은 갈 때 혼자 가는 건데 뭐…!!

그런데 여기에 예외가 있다. 고향의 죽마지우, 초등학교와 중 · 고등학교 동창들…, 이들은 언제 어디서 만나도 그냥 친구다. 서로에게 이해관계가 존재하지 않는다. 그냥 가깝다. 흉허물도 없다. 숨기고 가릴 것도 없다. 이미 서로가 미주알 고주알 다 알고 있기 때문이다.

고향의 어릴 적 친구들은 보기만 해도 그냥 좋다. 그가 설사 바보 천치라 해도 그렇다. 이들은 그 자체가 그냥 친구다. 변하지도 않는다. 변한다 해도 서로의 이해가 그 밑바닥을 돈다. 십 년, 혹은 이십 년 뒤 다시 만나도 그냥 이 자식 저 자식이다. 그래도 노엽지 않다. 오히려 그게 더 자연스럽다. 학력이고 경력이고 다 필요 없다. 서로의 존재, 그 자체로 그냥 그만이다. 이해관계가 있을 수 없다. 어려울 때 서로 조금씩 돕는 것으로 족하다.

초 · 중 · 고등학교 동창들도 마찬가지이다. 언제 어디서나 반갑고, 이놈 저놈이고, 이면체면이 없다. 그런 게 얼마나 편한 삶인가.

그런데 참으로 이상한 일이다. 사노라면 이렇게 가까운 친구들과 자주 만나지지가 않는다. 삶의 터전이 다르고, 삶의 방식이 달라서 그런지 모른다. 앞으로는 이들 친구들과 보다 더 가깝게 지내야겠다. 동시에 마음 편안한 삶을 추구해야겠다. 누구의 눈치를 보지 않아도 좋을 테니 말이다.

맛있는 음식을 먹는 일…, '소인삼락' 의 마지막이다. 글쎄…, 그런데 난 집에서 먹는 음식이 제일 좋다. 어릴 적에 어머니가 해 주시던 음식…, 지금은 집사람이 대신 해 주는 음식들…. 된장찌개, 청국장찌개, 겉절이며 곰

삭은 배추김치, 그 속갈피 갈피에 숨어 있는 삐져넣은 무…. 봄에는 달래·냉이 된장찌개, 녹음방초 초여름엔 홑잎나물이며 깊은 산 속 취나물 무침, 된장·고추장 속 짠무며, 깻잎들…. 그 외 토속적인 여러 가지 음식들…. 난 이런 것들이 너무 좋다. 밖에 나가 맛이 있다는 음식을 먹어 봐도 집에서 먹는 것과는 비교가 되지 않는다. 가끔 TV에 비쳐지는 전국 각지의 맛있다는 음식들이 구미를 돋구기는 하지만, 그래도 집에서 먹는 음식들과는 비교가 되지 않는다.

앞으로 시간이 나면 가까운 친구들과 산 좋고 물 좋은 이곳저곳을 찾아다녀야겠다. 전국의 명산대천, 산수도 즐기고, 그 고장 맛있는 음식도 먹어보고…, 친구들과 두런두런 이야기도 나누고…. 시간 가는 줄 모르지 않을까 싶다. 무릉도원 별천지가 따로 있을 것인가. 가까운 친구들과 경치 좋은 산하를 찾아, 두런두런 이야기를 나누고, 맛있는 음식을 즐긴다면 이것이 '소인삼락' 이 아니고 무엇이겠는가. 그렇게 되었으면 좋겠다.

〈2009. 1. 9. (금)〉

내가 벌써 할아버지!!

내가 벌써 할아버지란다. 주위에서들 그렇게 부른다. 혜리 · 혜준(손녀)이가 그렇고, 집사람도 그런다. 집사람은 애들 앞에서 나를 "혜리 할아버지…!" 이렇게 부른다. 벌써 할아버지라니…! 믿어지지 않는다. 몸도 마음도 아직은 아닌데, 사고와 행동도 그렇고….

그런데, 어찌된 일인가? 주위에선 나를 그렇게 부르니…. 상황이 그래서 이겠지…, 그런 생각을 해본다. 몸과 마음은 영 아닌데…. 글쎄 커트라인이 없는 나만의 착각일까…?

'할아버지…' 하면 난 그 옛날 할아버지가 머리에 떠오른다. 지금의 내 모습과 비슷했을 그때 내 할아버지…. 손자를 끔찍이나 귀여워해 주시던…. 돌아가신 지 벌써 36년이 지났다. 6.25가 나던 해, 내가 아홉 살이던 그때, 할아버지는 55세의 중노인이셨다. 요새로 따지면 기껏 50대 중반의 한참 젊은이였을 터인데, 그땐 할아버지가 참으로 노인처럼 보였다. 모습이 그렇고, 말씀과 행동이 그렇고, 생활방식이 그랬다.

내가 기억하는 당시 할아버지의 모습이다. 머리는 반백이고, 수염은 덥

수룩하고, 얼굴엔 주름이 깊이 파이고…. 손 · 발은 겨울나기가 힘들어 여기저기 갈라진 곳이 많았다. 그래서인지…, 주무실 때에는 끙끙 앓는 소리를 자주 하셨다. 하시는 말씀은 대개 느릿느릿 하였다. 말씀 중간 중간에는 기침이 섞여 있어 더욱 느리게 느껴졌다.

동지섣달 긴긴 밤에 하시는 일…, 새끼 꼬고, 짚신 삼고, 가마니 치고, 돗자리 · 멍석 만들고…. 자정이 지나 잠자리에 드실 때에는 날바닥에 벌거벗고 주무시고, 새벽녘에는 일찍 기침하시어 소죽을 쑤시고…. 아침을 드신 뒤에는 곧바로 산으로 나무를 가시고. 내가 기억하는 60년 전 할아버지의 모습이다. 그러던 할아버지께서 지난 1972년 77세를 일기로 생을 마감하셨다. 어머니는 77세, 아버지는 89세를 사셨다.

옛날 사람들이 했다는 말이다. '인생 칠십 고래희', 인생 백세를 넘기기는 더욱 어려웠을 것이다. 이렇게 보면 내 어르신들은 대충 사실 만큼 사시다 돌아가신 셈이다. 20세기를 살던 대부분의 사람들과 비교해서 그렇다는 말이다. 생각이 여기에서 맴돌다 보니…, 인생은 그럼에도 참으로 짧다는 생각이 든다. 불가에서 말하는 겁(劫)의 세월과 비교해 보면 더더욱 그런 생각이 든다. 불가에서는 겁의 세월을 바위산이 선녀의 치맛자락에 스쳐 부서져 모래알이 되는 긴 세월이라고 하였다. 이런 겁의 세월과 비교해 보면 인생 칠 · 팔십…, 그저 찰나가 아닌가 싶다. 고려 말 학자 우탁(禹倬)이 세월의 흐름을 아쉬워하며 쓴 시조이다.

ᄒᆞᆫ 손에 가싀 들고 ᄯᅩ ᄒᆞᆫ 손에 막대 들고
늙ᄂᆞᆫ 길 가싀로 막고 오ᄂᆞᆫ 백발 막대로 치려터니
백발이 제 몬져 알고 즈럼길로 오더라

세월의 흐름을 인간의 힘으로 어찌 할 수 없음을 탄식으로 쏟아내고 있다. 늙어 감에 대한 안타까움을 우탁은 또 이렇게 쓰고 있다.

春山에 눈 노긴 ᄇᆞ람 건 듯 불고 간ᄃᆡ 업다
져근 듯 비러다가 마리 우희 불이고쟈
귀밋ᄐᆡ ᄒᆡ무근 서리를 노겨 볼가 ᄒᆞ노라

덧없이 흘러가는 안타까운 인생에 대한 회한을 토해내고 있다.

이런 저런 생각에 한참을 잠겨 있자니, 내가 어느새 이렇게…, 하는 생각이 들었다. 스님네들이 불법을 설할 때 늘 하는 말이다. 일체유심조…, 나도 이제부터 철인이 되어야겠다. 그래야 생이 편하고 즐거울 것이 아닌가. 이제부터라도 그렇게 살아야겠다.

〈2009. 1. 17. (토)〉

성묘를 마치고

어머니 아버지, 할머니 할아버지 산소엘 다녀왔다. 지난 9월 중순 벌초를 마치고 거의 한 달 만이다. 갈 사람이 없어 장조카와 둘이서 다녀왔다. 내 어릴 적 성묘에는 많은 자손들이 다투어 묘소를 찾았는데….

산소엘 가 보니 할 일이 너무 많다. 지난 9월, 잡초를 뽑고 벌초를 했는데 쑥이며 딸기나무가 그래도 무성하다. 조카와 둘이서 해야 할 일이 아니라는 생각이 들었다. 오후 늦게까지 풀을 뽑고 낙엽을 긁자니 갖가지 상념들이 머리를 오갔다. 언제까지 이렇게 묘를 써야 하나. 우리 세대 이후에도 계속 묘를 쓸 것인가?

관습, 풍습, 사고, 사상은 모두가 인간의 생활방식에서 비롯된다. 이런 생활방식을 좀 고칠 수는 없을까? 어려운 일, 불필요한 일들이 너무 많이 닥치기 때문이다. 한식 성묘, 여름날의 벌초, 추석 성묘, 가을의 잡초와 낙엽 제거…, 이런 일들을 하자면 무엇보다 사람들이 많이 참여해야 한다. 그런데 현실은 그렇지가 않다. 생활에 쫓기다 보니 조상 돌보기가 뒷전으로 밀리고 있다.

내 선대 어른들의 묘는 용인 양지에 있다. 이곳 선산에는 9대조 이래 부모님까지 스물한 분의 묘가 모셔져 있다. 묘역을 넓이로 따지면 족히 일천 평은 넘을 듯하다. 이런 묘역을 보살피자면 많은 일손이 필요하다.

그런데 조상을 찾는 손들의 수가 해마다 줄고 있다. 더러는 아예 참석을 하지 않는 사람들도 있어 평지풍파를 일으킨다. 어쩔 수 없이 지난해부터는 용역을 주는데 일이 거칠기 이를 데 없다. 정성을 다해 모셔야 할 일을 용역을 주다니…! 혹시 어른들의 혼령이라도 계셔 아시게 되면 기절을 할 노릇이다.

참여해야 할 자손들의 사고방식도 문제다. 저마다 생각이 돌아가신 어른들에게서 점차 멀어지고 있다. 한 번 장지에 모시고는 몇 년이 지나도록 돌볼 생각을 않는다. 어쩔 수 없이 선산을 찾은 몇몇이 모든 일을 도맡아 해야 한다. 자연히 이런저런 불평들이 쏟아져 나온다. 산소를 찾지 못하는 사람들은 오죽해서 그러겠는가만은…, 이걸 밥 먹듯 하는 혹자들이 있어 문제다. 때만 되면 웬 약속, 모임, 출장들이 그렇게 많은지…?

벌초, 잡초 제거, 묘역관리 그 자체도 문제다. 여러 어른들의 산소, 넓은 묘역을 언제까지 그렇게 관리해야 하나. 세상은 점차 복잡, 다기, 바쁘게 돌아가는데…. 생활에 쫓겨 마음에 여유를 찾을 시간적 여유가 없다. 곰곰 생각해 보면 어떤 해결책이 있어야 한다는 결론에 도달하게 된다. 생각을 바꾸든지, 전통 · 관습을 고쳐 나가든지….

묘지를 써야 할 땅도 문제다. 국토는 한정되어 있고, 수요는 점점 늘어나고…. 현존 인구는 대충 5천만, 백년 뒤에는 모두가 운명을 달리하게 된다. 그때 가서 이들을 어떻게 다 수용하겠는가? 방식을 달리 할 사람들이 있을 수 있겠지만…. 효율적 국토관리가 어렵지 않은가. 통계에 의하면 전국의 묘지 면적이 주택 면적의 약 반이라고 한다. 주택 점유율이 국토의 2%인데, 묘지 면적이 1%가 된다는 것이다. 세월이 지나면서 묘지 면적이 문제가 되는 것은 바로 이 때문이다. 주택의 수는 줄어들지만, 묘지의 면적은 자꾸 늘어날 수밖에 없다는 것이다. 장묘문화가 바뀌지 않는 한 말이다.

우리의 장례문화를 바꾸어야 한다는 생각이 그래서 나온다. 매장문화를 화장문화로, 봉분문화를 평장문화로 고치는 일이다. 전통적 사고방식, 관습·인습·풍습을 고치면 될 일이 아닌가. 구속력 있는 법적·제도적 장치도 생각해 볼 일이다.

근년 들어 화장이나 평장(平葬)을 주장하는 사람들이 늘고 있다. 평장의 경우 같은 면적에 보다 많은 장례를 모실 수 있기 때문이다. 국군묘지나 외국의 공원식 평장문화 같은 것이 그 좋은 예이다. 그러면 묘지로 인한 현재와 같은 걱정은 하지 않아도 될 일이 아닌가? 언젠가 녹화가 필요하면 평장 위에 나무를 심으면 될 일이고…. 그러면 묘역은 녹화사업 그 자체로 바로 공원이 될 것이다. 성묘에 나섰다가 가져본 생각이다.

〈2007. 10. 21. (일)〉

한식 성묘

어머니 아버지 산소엘 또 다녀왔다. 동생과 조카, 나 셋이서다. 열흘 전 찾아뵈었다가 봉분에 쑥이 많이 나 오늘 다시 찾은 것이다. 봉분을 아예 다시 고치기로 하였다.

봉분을 다시 만들자니 해야 할 일이 너무 많다. 원래의 봉분을 헐고, 쑥을 모두 캐낸 다음, 봉분의 흙을 체로 내려 돌을 고르고, 여기에 잔디를 다시 심어야 하기 때문이다.

그래서 집사람과 시장을 둘러보았다. 흙 내릴 체를 구하기 위해서다. 체는 어디에서도 구할 수 없었다. 그 많은 철물가게들을 두루 살펴보았으나 보이지 않았다. 공사 현장의 흙, 모래가 아예 걸러져 나오기 때문에 요새는 체가 나오지 않는다는 것이다.

어쩔 수 없이 체를 만들기로 하였다. 먼저 목재소에 가서 가로 세로 5㎝ 굵기의 각목을 구입하고, 또 다른 철물점에 들러 구멍이 1㎝ 크기의 철사로 된 망을 사다가, 이걸로 흙 내리는 체를 만들기로 하였다. 잘 될 리 없다. 손이 워낙 서툰 데다, 톱이며 장도리 같은 필요한 연장이 없어서다.

낑낑대고 허둥대는 모습이 안타까웠던지, 옆에서 지켜보던 목재소 사장님이 하는 소리이다.

"효도를 하신다는데, 제가 도와 드리지요."

사장님이 모터에 달린 톱에 각목을 요리조리 잘라 체의 틀을 만들었다. 그러자 옆에서 지켜보던 철물점 아저씨도 우릴 돕겠다며 못과 장도리를 가지고 나와 도와주었다. 순식간에 뜻하지 않게 흙을 내리는 멋진 체가 만들어졌다. 기분이 좋았다. 이걸 어떻게 만드나…, 한 걱정을 했는데…. 도와준 두 사장님이 하는 소리이다.

"연세가 지극하신 분들이 어머니 아버지를 찾아뵙는다니까 마음이 울렁거리네요."

이걸 가지고 어머니 아버지 묘소 봉분의 돌을 고르자니 여간 쉬운 게 아니었다. 돌 찌꺼기가 체에 걸러져 나오는데, 보기에 그렇게 좋았다. 저런 돌들 때문에 잔디가 잘 살지 않은 게 아닌가…? 일도 참으로 쉬웠다. 봉분의 흙을 거두어 체에 담고 이걸 앞뒤로 흔드니 흙 속의 돌이 쉽게 걸러졌다. 봉분을 뒤덮었던 쑥이며 억새풀 뿌리도 쉽게 가려낼 수 있었다.

체로 거른 흙을 다시 봉분에 얹고 여기에 잔디를 촘촘하게 가지런히 심으니 봉분이 새롭게 보였다. 보기에 그렇게 좋을 수 없었다. 가슴이 후련하고, 무언가 큰일을 한 것 같고, 기분이 가볍고 상쾌하였다.

일을 마치고 술을 올리고, 절을 하였다. 함께 한 동생, 조카도 술을 올리고 절을 하였다. 일을 마치고 집으로 돌아오는 차 속에서 다시 화두에 오른 이야기이다. 조상을 모시는 우리의 전통문화가 어떤 형태로든 개선돼야 하겠다는 것이다.

〈2009. 4. 30. (목)〉

명문가의 자연장

어느 날 신문을 읽다가 눈에 띄는 게 있었다. '명문가의 자연장' 이라는 신문칼럼(「조선일보」 오태진)이다. 장례문화는 평소 늘 관심을 가져오던 것이어서 유심히 보게 되었다. 다음이 그 내용이다.

전란 중이던 1951년 경주 어느 고택(古宅)에 스웨덴 의료참전단(醫療參戰團) 간호사들이 찾아와 부엌과 안채를 카메라에 담았다. 사진촬영은 스웨덴 국왕 구스타프 6세가 내린 특별임무였다. 고고학에 관심이 많았던 구스타프 6세는 1926년 왕세자 시절 신혼여행길에 일제하 조선에 들렀다. 경주 고분 발굴현장에선 봉황 모양 금관을 직접 들어내기도 했다. 그 고분이 '스웨덴(瑞典)' 과 '봉황' 에서 한 글자씩 딴 서봉총(瑞鳳塚)이다.

경주에서 왕세자 부부는 교동의 고택 사랑채에 묵으며 융숭한 대접을 받았다. 왕세자는 이 기품 있는 명문가에 감명 받았지만 남자가 못 들어가는 부엌과 안채를 못 본 게 아쉬웠다. 그가 25년 뒤 한국에 파견된 간호사들에게 사진을 찍어 오게 한 집이 경주 최부자 99칸 집이다. 진사 이상을 하지 말라. 길손을 후하게 대접하라. 사방 백 리 안에 굶어 죽는 이 없게 하라…. 최 부잣집이 12대 300여 년을 이어온 힘은 수신과 절제였다.

그 경주최씨 문중의 진사공파 소문중이 그제 보건복지부 표창을 받았다. 2002년부터 잔디밭에 분골을 묻는 자연장지 '인덕원' 을 운영해 온 데 대한 격려다. 경북 영천 도덕산 자락에 있는 이 가족공원은 복판에 소나무 한 그루만 서 있는 605㎡ 잔디밭이다. 표지석이라곤 자연장에 동의한 문중 가족 50여 명의 이름이 함께 새겨진 입구 명단석 하나뿐이다.

이 중에 돌아가신 분이 생기면 잔디를 들어낸 뒤 흙과 유골을 1대 1로 섞어 묻고 다시 잔디를 덮는다. 그리고 표지석 이름 옆에 '몇 년 졸(卒)' 이라고 새겨 넣는 것으로 그만이다. 빙 둘러 갖가지 꽃들을 심어 놓아 마을 회의나 자연학습, 가족소풍 장소로 내준다고 한다. 잔디 위는 산 사람들의 공원, 잔디 밑은 영혼의 안식처인 셈이다.

경북 상주엔 진주강씨 집의공파 소문중이 분골을 창호지로 싸서 묻는 가족묘원을 꾸리고 있다. 작년엔 광산김씨 도봉공파의 한 소문중이 모든 집안 장례를 수목장(樹木葬)으로 치르기로 했다. 퇴계 이황 집안인 진성이씨 문중은 지난해 서랍식으로 유골을 모시는 문중 납골묘를 만들었다. 시대에 맞춘 변화의 바람이 주로 유교적 전통이 짙게 남아 있는 경북지역에 일고 있어서 더 눈길이 간다. '흙에서 나서 흙으로 돌아간다' 는 진실에 더 가까이 가는 걸음들이다.

바로 이거로구나 싶었다. 평소에 가지고 있던 난제를 해결해 줄 수 있는 문제가…. 그간 기회 있을 때마다 생각해 오던 것이다. 내 집안 장례에 관해서다. '묘지는 평장(平葬)으로 하자.' 축구장같이 땅을 평평하게 만들고, 여기에 잔디를 심자. 유리알같이 아주 평평하게, 물매를 잘 잡아서…, 주위에는 그럴싸한 관상수를 몇 그루 심자. 묘역의 이름은 '해평윤씨 양지공파

가족묘원' 이라고 하자. 망자가 생기면 화장을 하자. 분골함에 모셔 한 평 잔디밭에 70㎝ 깊이로 묻자. 한 평의 분골묘 앞에는 표지석을 눕히자. 표지석에는 이름과 생 · 몰 연대, 생전의 직위만을 쓰자. 개인의 장지는 출생과 항렬에 관계없이 타계 날짜별 순서대로 모시자. 장지의 초입 한가운데에는 상석을 하나 설치하자.

제사는 모두 이곳에서 올리자. 집에서 지내오던 기제는 올리지 않기로 하자. 가족묘원에 계신 모든 분들의 제를 날짜를 정해 올리는 문제도 생각해 볼 일이나, 후에 종원들의 결의에 따르도록 하자. 집안별로 날짜를 정해 올리는 것도 생각해 볼 일이다. 장지 관리는 종원들이 함께 하는 것이 최선이나, 연고별로 나누어 하는 것도 좋을 것이다. 장지의 잔디는 유리알같이 잘 심어 뒤에 보토를 하면서 몇 년 정성을 들여 관리하면 뒤에 손을 쓰지 않아도 좋을 수 있다. 잡초는 뽑되, 벌초는 미는 기계로 하도록 하자. 정월 초하루와 추석, 음력 시월의 시향제에는 전 종원이 함께 모여 차례와 제를 올리는 것이 좋을 것이다. 가족묘원 입구 상석에 제수를 차려 놓고 한꺼번에 올리는 '합동제' 도 생각해 볼 일이다.

이 모든 것들은 전통적인 방식과는 근본적으로 다르다. 경주최씨의 자연장은 분골을 흙과 섞어서, 상주의 진주강씨 소문중은 분골을 창호지에 싸서, 광산김씨 도봉공파의 한 문중은 수목장을, 퇴계 집안인 진성이씨 문중은 서랍식으로 납골묘를 만들어 장례를 올리고 있다. 우리 집안은 분골을 함에 모셔 조그마한 땅에 매장으로 모시자는 것이다.

우리의 전통문화는 근본적으로 매장을 전제로 해 왔다. 고려조와 조선조에 이르는 근 1천여 년 동안 그랬다. 따라서 현세에 이르기까지 매장문화가 대세였다. 거의 80~90%가 그렇다.

그런데 최근 들어 이러한 추세가 달라지고 있다. 한 통계에 의하면 70% 이상이 화장문화를 택하고 있다. 장례문화가 바뀌고 있는 것이다. 이 같은 변화는 사회의 선각자, 지도자, 종교인, 연예인, 기타 유명인사 등이 선도하고 있기 때문이다. 근년 들어 사회면을 장식하고 있는 장례는 대부분이 화장과 평장으로 이루어지고 있다. 인간의 사고와 행동이 변화하고 있는 것이다.

역사적으로 인류의 관습과 전통은 인간의 사상이 지배하고 있다. 지난날의 사상이 매장이었다면 오늘날의 사상은 화장, 분골, 평장이다. 그래야 하지 않겠는가. 관리가 어렵고, 효율적 국토이용이 어려우니 왜 아니겠는가. 요즘은 부모의 제사와 성묘를 하기도 어려운 세상이다. 잡초관리, 묘역관리는 더 말할 것도 없다. 시의에 맞게 개선해야 할 일이다. 성인도 시속을 따르라고 하지 않았던가!

〈2010. 7. 28. (수)〉

송이버섯을 먹으며

자연산 송이버섯 구이가 저녁상에 올랐다. 버섯국도 김을 피워내며 향기를 들춰내고 있다. 맛을 본다며 집사람이 엊그제 백화점에서 사 온 것이다. 이런 별난 음식을 볼 때면 난 늘 어릴 적 할아버지가 그립다. 내가 어릴 적 밥상머리에서 밥과 반찬 투정을 종종 한 적이 있다. 보리밥, 밀밥, 호박죽, 메밀나물 같은 것이 싫어서다. 그럴 때면 할아버지가 호령을 하시며 하시던 말씀이다.

"애! 이놈아, 이건 나랏님 부럽지 않은 거야, 이놈아!"

"아무개네 삼동서는 굶어 죽었어…, 이놈아, 조당숙도 못 먹어서…!"

"멀건 '조당숙' 한 그릇을 놓고 삼동서가 서로 얼굴만 쳐다봤다는 거야…!"

'설마 그럴 리가…, 공연히 그러시는 거겠지….'

그런 생각을 했었다. 그런 당신은 생전 단 한 번도 밥이며 반찬 타박을 하지 않으셨다. 언제, 어디서나, 무엇이든 맛있게 드셨다. 밥이 질거나, 되거나, 설거나, 타거나, 보리밥 조밥을 가리지 않으셨다. 무엇이든 잡을 것만 있으면 그것으로 그만이었다. 어떻게 저럴 수가…! 난 어릴 적 늘 그런 생각을 했었다.

그 때만 해도 많은 동네 사람들이 굶기를 밥 먹듯 하던 때였다. 해방과 6.25를 거치는 동안 이런 일들은 농촌의 일상이었다. 그땐 춘궁기라는 것이 있어서 봄을 넘기기가 참으로 어려웠다.

진정 못 먹고 못 살던 때의 일이다. 겨울철 점심은 아침에 먹다 남은 밥을 끓여서 끼니를 때웠다. 후루룩 마시면 한 입 밖에 안 되는 물밥을 김치를 섞어 양을 부풀려서다. 땔나무를 한 짐 해 온 뒤여서 배에서는 쪼르륵 소리가 났다. 이렇게 멀겋게 끓인 밥을 먹고도 또 나무를 하러 산으로 갔다. 저녁밥도 대개는 죽이어서 밤에는 잠이 잘 오지 않을 때가 있었다. 죽이든 밥이든 그나마 먹을 게 있으면 그것으로 부자이기도 했다. 내 어릴 적, 50여 년 전 생활은 누구에게나 거의 이랬다.

산을 넘어 학교에서 돌아오다 지쳐 쓰러지는 일도 허다했다. 오늘의 시각으로 당시를 보면 격세지감을 느낀다. 춘궁기를 말하는 사람들이 오늘에 과연 존재하는가? 학교에서 오다가 지쳐 쓰러져 정신을 잃는 아이들이 있을까. 불과 얼마 전의 일들이 이젠 상상조차 힘든 일이 되어 버렸다.

내 어릴 적 할아버지는 가끔 겨울 점심을 거르셨다. 해가 짧으니 대충 그렇게 넘겨도 괜찮겠다는 생각에서다. 출출하다 싶으면 고구마, 배추 꼬리를 깎아 들기도 하셨다. 그러면서 하루에 나무 두 짐씩을 꼬박 하셨다. 어머니는 그런 할아버지 뵙기가 민망하셨던지 저녁을 빨리 짓곤 하셨다.

그런데 할아버지는 그렇게 사는 것도 "나라님 부럽지 않은 거"라고 하셨다. 할아버지 이전 세대 분들의 삶은 더욱 말이 아니었다고 한다. 그분 말씀대로라면 겨울에 부황(浮黃)으로 죽어 가는 사람들이 많았다.

난 요즘 돌아가신 할아버지께 죄송하다는 생각을 할 때가 많다. 혼자서 잘 먹고 잘 사는 게 아닌가 하는 생각에서다. 지금도 할아버지가 옆에 계셨으면…, 정녕 얼마나 좋을까. 그러면 당신이 원하시는 모든 걸 해 드릴텐데…. 별난 음식, 별난 반찬을 볼 때면 늘 할아버지 생각이 난다. 가끔 눈물이 나기도 한다. 그럴 때면 당신이 너무 보고 싶다.

〈2009. 10. 15. (목)〉

정월 초하루

정월 초하루…, 설이 옛 같지 않다. 분위기가 그렇고, 마음가짐이 그렇다. 세월이 모든 걸 바꾼다더니, 그 말 옳음이 새삼 새롭다. 예전의 설은 그렇지 않았다. 분위기가 술렁이고 들떠 있었다. 집 안팎은 물론 동네 어딜 가나 생동감이 넘쳤다. 오늘의 설과는 너무도 판이했다. 그 때를 더듬어 보면 오늘이 조명될 듯싶다.

내 어릴 적, 설은 섣달에 들어서면서부터 시작되었다. 남정네들은 산에서 나무를 해다 뒤뜰에 쌓고, 아낙네들은 빨래며 그릇 닦기, 청소, 갖가지 음식 준비로 설 채비에 여념이 없었다. 그때 설에는 차례음식 모두를 집에서 만들어 사용하던 때다. 지금처럼 시장이나 '슈퍼' 에 가서 사다 쓰던 때가 아니다. 그 때의 설은 그래서 섣달 내내 분주하였다.

내 어릴 적 어머니의 설 준비는 무명 바지 저고리를 빠는 일에서부터 시작된다. 식구 스무 명에 가까운 대가족의 옷을 빠는 일이다. 바지 저고리, 조끼, 마고자, 두루마기, 버선… 이런 것들. 무명 바지 저고리를 빨아 정리하는 일이 끝나면, 아낙네들은 식기(食器)며 제기(祭器)를 닦아 손질하고,

뒤이어 그믐까지 갖가지 설 음식과 제수 준비에 들어간다. 이때 사용하던 그릇이며 제기들이 어떤 것이던가. 모두가 놋쇠로 만든 것이어서 이걸 닦아 정리하기란 정말 힘든 일이다.

아낙네들이 준비하던 설 음식은 여러 가지이다. 대충 더듬어 보자…. 동동주, 가래떡, 두부, 조청, 엿, 한과, 약과, 다식, 식혜, 물김치, 만두…. 얼핏 헤아려 봐도 이렇게 많다. 이 모든 것들이 집안의 여자들 손에 의해서 직접 만들어졌다.

설 전날, 섣달 그믐날 밤에는 누름적과 갈랍, 적(炙)과 탕(湯)을 굽고 끓이는데, 이로써 설 준비가 거의 마무리되었다. 참으로 대단한 일이 아니던가! 그 많은 일들이 집안 여인네들 손에 의해서 직접 만들어지다니…!! 오늘날과 비교해 보면 정말 상상이 되지 않는 일이다.

음식이 만들어지는 과정은 더욱 놀랍다. 동동주와 가래떡, 두부 같은 것들이 만들어지는 과정이다.

먼저 가래떡. 이걸 만들자면 먼저 쌀을 물에 담가 불려야 하고, 불린 쌀은 시루에 넣고 꼬드밥을 만들어야 한다. 꼬드밥은 떡판에 올려 놓고, 떡메로 내리쳐 쌀알이 풀어지도록 하고, 끝으로 이걸 손으로 주물러 긴 가래떡을 만들어야 한다. 이런 일들이 어디 그리 쉬운 일이던가! 지금 사람들에게 이걸 하라고 하면 과연 순순히 따르겠는가!

동동주와 두부 만드는 일은 이보다 훨씬 더 복잡하다. 동동주를 살펴보자. 쌀을 시루에 쪄 술밥을 만들고, 이걸 누룩과 솔잎을 섞어 버무려 독에 넣고, 적당한 양의 물을 부어 보름여 동안 온돌에서 발효시킨다. 적어도 보름여가 걸리는 작업이다. 술은 모든 재료가 두루 조화를 이루어야 한다. 술밥과 누룩이 조화를 이루고, 술밥에 넣는 솔잎이나 국화 가지가 조화를 이루어야 하며, 물의 양이 적당하고, 발효의 기일, 가해지는 열의 양이 조화를 이루어야 한다. 이런 것들 중 어느 것 하나도 맞지 않으면 술이 제대로 되지 않는다. 그래서 술맛이 쉬거나 도수가 약해지기도 한다.

두부는 먼저 물에 콩을 불려 건져 맷돌에 갈고, 이걸 가마솥에 넣고 끓이다가 적당한 시간에 간수를 넣어 응고시키고, 응고된 순두부를 베보자기에 싸 무거운 돌로 눌러 모를 만든다.

설에 사용하는 음식들…, 조청이며 엿, 한과, 다식, 식혜…, 이 모든 것들이 거의 비슷한 과정을 거쳐 만들어진다. 사실이 이러하니 당시의 여인네들이 섣달 내내 어디 쉴 사이가 있었겠는가! 오늘날의 설 준비와 비교해 보면 격세지감이라고 아니할 수 없다.

무명옷, 바지 저고리를 빨아 다시 만드는 일도 그렇다. 당시는 모든 식구들이 광목으로 만든 무명옷을 입을 때다. 가족 수도 대개는 열 명 이상으로 대가족이다. 그 많은 식구들의 옷을 빨아 새 옷으로 만든다는 것은 쉬운 일이 아니다. 빨아서 다시 만드는 과정을 살펴보자.

먼저 옷을 뜯어 솜을 빼내고, 겉천은 양잿물 가마솥에 넣고 푹푹 삶아, 이걸 이고 냇가로 가 빨래를 해야 한다. 동지섣달 날씨가 어떻던가! 매서운 한파가 몰아치는 때가 아닌가! 강추위가 맹위를 떨치는 날에는 칼바람이 살을 에이듯 무섭기만 하다. 이런 날에도 어머니는 냇가 얼음을 깨고, 맨손으로 옷을 빨아야 했다. 손이 오리발처럼 붉고 거칠어질 수밖에 없다. 이런 빨래는 햇볕에 말려야 하고, 마르면 풀을 먹여 밟아, 돌에 올려 밤새 다듬이질을 해야 한다. 다듬이질이 끝나면 여기에 솜을 다시 넣어 꿰매 원래의 상태대로 옷을 만들어야 한다. 끝으로 이걸 화로의 숯을 골라 다리미에 넣고 다림질을 해야 하고, 화롯불에 다린 인두로 마지막 인두질을 해야 한다.

참으로 어렵고 힘든 일이 아닌가. 어릴 적 어머니의 빨래 모습은 그래서 내겐 슬픈 추억으로 남아 있다.

그런 설날 아침은 집안 모두가 떠들썩하고 생기가 넘쳤다. 조상님께 차례를 올리고, 어른들께 세배를 하고, 온 가족이 모여 떡국이며 설 음식을 먹는 모습이 정말로 정겨웠다. 차례와 아침식사가 끝나면 동네 사람들은 서로의 집을 찾아다니며 세배를 올렸다. 이때의 세배는 연장자가 받고, 연하자가 올리는 것인데, 연장자라 하더라도 앉아서 그대로 받는 것이 아니라 반절로 맞절을 했다. 세배를 마치고 나면 어느 집에서나 술을 한 잔씩 하고, 덕담을 나누고 대문을 나섰다.

동네 세배를 마치고 나서는 대개 집에 다시 모이게 되는데, 안방에는 어머니와 동서들, 건넌방에는 아버지와 형제들, 가운뎃방에는 올망졸망 꼬마들이, 사랑방에는 할아버지와 노인들이 자리를 하게 된다. 이때 각 방에서는 윷놀이며, 화투, 바둑 · 장기, 종지돌림, 무용담 같은 일들이 벌어진다. 대개의 경우 안방에서는 윷놀이, 건넌방에서는 화투놀이, 가운뎃방에서는 장기, 바둑, 종지돌림 같은 것들이, 사랑방에서는 노인들의 추억담이 떠들썩하게 벌어진다.

설빔으로 곱게 단장한 동네 처녀들은 울안 뒤뜰에서 종일 널뛰기에 바쁘다. 건넌방과 사랑방에는 밤이 새도록 술과 음식상이 들락거린다. 정월 초하루는 종일 이렇게 부산하고 생기가 넘친다. 이런 분위기는 대개 보름까지 계속된다.

그런데 오늘날의 설 명절은 어떠한가. 모든 게 옛 같지 않다. 설맞이 마음가짐이 그렇고, 여러 가지 설 음식이 그렇고, 분위기도 마찬가지이다. 설 기분이 영 나질 않는다. 집 안팎 분위기도 그렇다. 반드시 있어야 할 친 ·

인척들이 보이지 않고, 차례며 음식이 지나치게 간소하고 형식적이다. 차례의 엄숙함, 경건함도 오간 데 없다. 온 가족이 둘러앉아 먹는 떡국도 그 모습이 쓸쓸하다.

세배도 대개는 겸연쩍은 분위기로 이어진다. 차례 뒤에는 저마다 갈 길이 바쁘다며 빠져 나간다. 성묘는 가는 사람, 아닌 사람으로 나누어진다. 사정이 이러한데 분위기가 어찌 설답겠는가! 이웃간 세배는 찾아볼 수 없게 되었다. 전통이며 관습이 세월 속에 점멸되는 듯하다. 어쩌면 옛 같지 않다는 생각 그 자체가 잘못인지 모르겠다.

〈2010. 1. 15. (금)〉

집안간 왕래

세월이 지나면서 집안간 왕래가 점차 뜸해지고 있다. 생활방식이 바뀌고 세태가 달라져서이겠지만, 가끔은 이래도 되는 건가…, 싶을 때가 있다. 형제 자매간에도 일년에 한두 번 보기가 어렵고, 삼촌, 사촌, 그 이상의 친척들과는 말할 나위도 없다. 가끔은 부모 자식간에도 일년에 몇 번 보기가 힘이 든다. 참으로 딱한 노릇이다.

내가 어렸을 때다. '동고조 팔촌(同考祖 八寸)' 이라고 해서 한 집안에 여러 대가 함께 살았다. 할아버지 할머니, 아버지 어머니, 삼촌과 숙모, 그리고 사촌들까지…. 그래서 한 집에는 대개 열 명 이상의 식구들이 한 가정을 이루게 된다.

우리 집이 그랬다. 그야말로 대가족이다. 안방과 건넌방, 사랑방과 그 곁방에는 항상 식구들이 북적거렸다. 삼촌들이 결혼을 해서 세간을 나도 대개는 이웃에서 살았다. 그래서 동네는 어느새 일가친척들로 씨족 촌을 이루게 된다. 그래서다. 집안에 대소사가 있으면 언제나 이웃 일가친척들이 함께 모인다. 이웃 타성들도 함께다. 시집 장가가는 날, 환갑 진갑 잔치가 있는 날, 돌과 백일, 생일날에는 언제나 사람들로 시끌시끌하다.

아무개네 혼사가 있는 날, 그 집은 대개 삼일 내내, 동리 사람들로 북적거린다. 환갑, 진갑, 돌잔치 날에는 하루 종일, 생일날에는 아침나절, 이렇게 친지들이 모여 먹고, 마시고, 담소로 즐거운 시간을 보낸다.

경조사가 있을 때만이 아니다. 모내기, 못논매기, 추수, 타작하는 날에도 일가친척 이웃들이 모여 함께 일손을 나누고 도왔다. 정말로 정이 넘치고 사람 냄새가 나는 즐거운 삶이다.

그런데 오늘날은 어떠한가. 집안간에 언제 무슨 일이 있는지 모르고 지나는 경우가 너무 흔하다. 누구의 생일이 언제 있었는지, 누구의 돌이 언제 있었는지 모르고 지나는 경우가 많다. 대개는 집안 별로 간단하고 조촐하게 치뤄진다. 환갑, 진갑도 소문 없이 지나는 경우가 흔하다. 대개는 여행을 다녀오거나 외식을 하는 것으로 끝을 낸다.

내 어릴 적엔 집안에 며느리가 들어오면 동네 모든 친척집들을 돌며 상면(相面)을 하고, 식사를 함께 했다. 서로에게 예를 다하고, 결속을 다지자는 의미이다. 종갓집 사당을 찾아 이 가문의 새 사람으로 들어 왔음을 조상님께 고하기도 하였다.

경우에 따라서는 외갓집 어른들도 찾아뵙고 인사를 올렸다. 세상에서 우리 민족만이 가지고 있는 미풍양속이다.

그런데 요즈음은 어떤가. 아버지 어머니, 할아버지 할머니 제사에도 참여하지 않는 경우가 참으로 흔하다. 그래서 꼭 있어야 할 몇 사람만이 모여 제를 올리게 된다. 어른들의 영정 앞에 제수를 올리고 엎드려 절하고 뵈울 때, 있어야 할 형제 자매, 삼촌 조카들이 없다고 가정해 보자. 참으로 쓸쓸하고 조상님 뵙기가 민망하다.

그렇다고 참여를 강요할 수도 없다. 생활이 어렵고 바빠서라는데 무슨 말을 어떻게 하겠는가. 문제는 그렇지 않은 경우에도 참석하지 않는 예가 있어 아쉽다는 생각이다.

내 어릴 적이다. 증조부모, 고조부모의 제(祭)는 모두 큰집에서 올렸다. 할아버지의 형님 댁, 그러니까 큰할아버지 댁이다. 집안의 종갓집이기도 하다. 내가 이때 뵌 제관들은 대개 열 명 이상이 되었다. 근처에 사시는 대소 집안의 어른들이 모두 참여했기 때문이다.

제는 참으로 진지하고 엄숙하였다. 자정이 가까울 때 올리기 시작해서 자정을 넘겨서 끝을 맺었다. 제를 마치고는 조상님의 음덕을 기리고, 음복과 밤참을 함께 나누었다.

세월이 변하면서 집안간 왕래가 적은 것은 어쩌면 당연한 일일 수 있다. 생활방식과 형태가 전통사회와는 엄청나게 다르기 때문이다. 그렇지만 최소한의 오고 감은 있어야 할 일이 아닌가…, 하는 아쉬움이 남는다. 최소한 형제 자매들은 말이다.

요즘 여기 저기 모임에 나갔다 자주 듣게 되는 소리이다. 환갑, 진갑, 칠순 등 행사를 하지 않는 것은 물론이고, 집안별 기제사도 조상님들을 한 날 한꺼번에 올리는 경우가 많다고 한다. 부모, 조부모를 어느 한 날을 잡아 제를 올린다는 것이다.

글쎄…. 언젠가 나도 집안 누군가로부터 그런 말을 들은 적이 있다. 실소를 금할 수 없어 일언지하에 안 된다고 하였다. 어떻게 직계 존속 어른들을 한 날 한 상에 모시고 제를 올린단 말인가. 생전에 드시던 그대로를 간소하게 차려 드리는…, 간소한 방법으로 올릴 수는 있겠지만…. 한 날, 한 상에 한꺼번에 올리는 일은 피해야 하지 않겠는가. 지나치게 편해지려는 생각에서 비롯된 것이 아닌가, 참으로 안타까운 일이 아닐 수 없다.

내 생각이 지나치게 고루한 것인지 모르겠다. 그러나 집안간 자주 오가거나, 조상님을 모시는 일은 어떤 형태로든 계속 보존 유지되어야 할 것이라는 생각이다. 형식을 간편하게 해서라도….

그 옛날 내 어릴 적, 친척들과 이웃들이 서로 오가며 정을 나누던 그 때가 그리워지는 요즈음이다.

〈2010. 8. 15. (일)〉

실버농장

2010년, 내가 요즘 실버농장에서 농사를 짓고 있다. 성남시에서 관내에 거주하는 65세 이상 노인들에게 빌려 준 다섯 평 손바닥만한 땅에서다. 집사람 다섯 평, 나 다섯 평, 이렇게 열 평을 얻어 농사를 짓고 있다.

어느 봄날에 성남시로부터 이 땅을 배정 받았을 때다. 그까짓 거 코딱지만한 땅에다 무슨 농사를 짓는단 말이냐. 우습기 짝이 없다. 시답지 않다는 생각이 들었다.

내가 어렸을 때다. 우리 집은 1만여 평 논 · 밭이 있었다. 인근에서는 가장 많은 농사를 지었다. 논 하나가 2천 평, 밭이 2천 4백 평, 1천 8백 평, 이런 땅들이 여기저기 널려 있었다. 봄날에 논밭을 갈자면 논 하나, 밭 하나를 두고 사흘씩, 나흘씩 쟁기질을 해야 했다. 그런데 고작 다섯 평 농사라니…, 실감이 나지 않았다. 이런 손바닥만한 땅에다 무슨 농사를 짓는단 말이냐. 심심파적이나 해야 되겠다, 그런 생각이 들었다.

그런데 이게 어찌된 일인가. 열 평 농사가 그리 간단치가 않았다. 때로는 바쁘기까지 하였다. 가끔은 물을 주어야 하고, 김을 매 주어야 하고, 땅을 갈아 씨를 뿌려야 하고, 지주를 세워 매 주어야 하고…, 생각보다 일이 많았다. 열 평 땅에서 소출도 꽤 많았다.

우린 여름 내내 파며 고추, 가지, 무, 배추, 상추, 쑥갓 같은 푸성귀를 사 먹어 본 적이 없다. 모든 걸 실버농장에서 거두어다 먹었다. 믿어지지 않는 일이다. 열 평 땅에서 모든 야채를 모두 공급받을 수 있다니? 토마토는 먹기 싫을 정도로 따다 먹었다. 실컷 먹었다는 표현이 옳을 듯하다. 열 대여섯 그루를 심었더니, 이틀 간격으로 한 관 이상씩을 딸 수 있었다. 제 때 먹지 못해 묵혔다 먹기도 하였다.

농사를 짓자니 자연 절기에 관심을 가지게 되었다. 입춘, 우수, 경칩, 청명…,입추, 처서, 한로…. 봄 농사를 준비하는 청명, 농사를 시작하는 소만(小滿)…, 그러다 보니 어느덧 가을이다. 그래서다. 얼마 전 김장거리 무씨를 사다 심었다. 삽으로 땅을 파 뒤엎고, 퇴비와 복합비료를 뿌린 다음, 긁괭이로 땅을 고르고, 호미로 골을 파서 씨를 묻었다. 씨앗은 모란시장 종묘상에 가서 좋은 종자를 사다가다.

그런데 이게 어찌된 일인가. 씨를 뿌린 지 일주일이 지나도 싹이 나오질 않는다. 아무리 헤아려 봐도 이유를 알 수 없다. 그러던 어느 날, 이웃 밭 아낙으로부터 듣게 된 소리이다. 씨앗을 너무 깊이 묻어서라는 것이다. 아차 싶은 게 그럴 거라는 생각이 들었다. 손으로 흙을 덮어야 하는데, 호미로 흙을 끌어다 덮었던 것이다.

어쩔 수 없이 다시 씨를 뿌렸다. 이번엔 지난번의 실수를 되풀이하지 않기 위해 정성을 다했다. 그래서인지 모른다. 며칠 뒤 싹이 싱싱하고 튼실하게 돋아났다. 보기에 그렇게 좋을 수 없다. 신기하고 기특하고 귀엽기까지

하였다.

우습게 여겨졌던 열 평 농사를 지으며 비로소 알게 된 것이다. 농사가 생각보다 그리 쉽지 않다는 것이다. 언제 씨를 뿌려야 할지, 비료는 언제 주고, 약은 언제 쳐야 할지…? 더욱 어려운 일이 하나 있다. 비료와 농약의 양이다. 어느 정도 비료를 주고, 농약은 얼마를 쳐야 하는지 알 수가 없다. 어림짐작으로 대충 일을 하다 보니 작물이 엉망이다.

시(市)에서 나누어 준 모종 배추를 심을 때다. 어림짐작으로 퇴비와 비료를 주었더니 모가 비실비실 자라지 않았다. 뿌리가 내리지 않은 상태에서 비료를 너무 많이 주어 삼투작용을 일으켰던 것이다. 배추가 시름시름 자라지를 않았다. 뿌리를 내리고 자라려 할 즈음에도 문제가 생겼다. 농약을 너무 많이 주어 잎이 말라 비틀어지는 일이 벌어지고 말았다. 속이 상하고 화가 치밀었다. 어쩔 수 없이 모를 다시 사다 심었다.

어릴 적 할아버지를 따라 다니며 농삿일을 할 때는 몰랐는데…, 농사가 쉽다고 생각했는데…, 그땐 시키는 대로만 일을 해서 그런 생각이 들었는지 모른다.

농사를 지으며 갖게 된 버릇이 하나 있다. 무엇이 그리 궁금한지 밭엘 자주 가게 된다는 것이다. 하루라도 거르면 궁금하고 좀이 쑤신다. 이런 일은 집사람보다 내가 더했다. 밭에 가서 일을 하고 다음날 또 밭엘 가자고 조르는 건 언제나 내 쪽이다. 비료를 주고 난 뒤에도, 밭을 매고 농약을 뿌리고 난 뒤에도 늘 그랬다. 그 때마다 집사람에게 듣는 소리이다.

"어이구! 김장 값보다 휘발유 값이 훨씬 더 들어가겠다…!!"

비난이다. 그런데 어찌하랴. 궁금해서 못 견디겠는 걸…. 그래서다. 어느 날 그 사람 눈치를 보며 참고 있는데, 이번엔 그 사람이 먼저 서둘렀다. 얼른 밭엘 가 보자는 것이다. 자기가 벌써 했던 잔소리가 미안했던지…, 짐짓 헛기침을 해 가면서다.

오늘도 집사람과 또 밭엘 갔다. 지난 번 농약 '목초액' 을 잘못 주어 말라 버린 열무를 뽑아 버리고 다시 심기 위해서다. 밭을 뒤엎어 땅을 고르고 다시 씨를 뿌리고 나니 기분이 상쾌하였다. 내친김에 이미 많이 자란 무와 배추밭을 매 주었다. 밭이 그럴싸해 보였다. 마음이 한가하기까지 하였다. 나만 그런 게 아니고 그 사람도 마찬가지인 모양이다. 일을 마치자 그 사람이 하는 소리이다.

"그 동안 마음이 찜찜했는데, 이제 아주 편안하네!"

우리는 집으로 들어오는 길에 집 앞 냇가에서 손발을 씻고 신발을 닦았다. 집으로 돌아오는 발걸음이 한결 가벼웠다.

〈2010. 9. 15. (수)〉

앨범

어느 날 심심파적으로 앨범을 들춰보았다. 한 장씩 넘기면서 갖게 된 생각이다. 참으로 세월이 많이 흘렀구나…, 변한 것이 너무 많구나…, 내게도 이런 날들이 있었던가. 자신을 보면서도 마치 누군가의 인생 파노라마를 보는 것 같은 착각에 빠졌다. 지난 70년의 시간들을 되짚어보는 시간에서다.

사진의 면면들이다. 초, 중, 고, 대학, 입대, 복학, 졸업, 입사, 교직으로의 전직, 그리고 오늘에 이르고 있다. 자그마치 60여 년에 걸친 긴 세월이다. 가만히 들여다보고 있자니 마치 누군가의 인생역정을 보고 있는 듯하다.

초등학교 때의 사진이다. 모두 4장이 앨범에 들어 있다. 3장은 학급 단체사진이고, 한 장은 몇 명 친구들과 소풍가서 찍은 것이다. 단체사진 3장 중 2장은 학교 건물 앞에서, 다른 하나는 서울 삼성동 '봉은사' 에 소풍가서 찍은 것이다.

내 인생 최초의 사진이다. 초등학교 3학년 때다. 봉은사 대웅전 앞 돌계단에 어린 꼬마들이 옹기종기 앉아 있다. 사진 뒷장의 메모를 보니 '단기

4285년 8월 24일' 이라고 적혀 있다. 서기 1952년 8월이다. 아직도 6.25전쟁이 한참 계속되고 있던 때다. 처음에 난 사진 속에서 나를 찾을 수 없었다. 손가락으로 얼굴 하나하나를 짚어 보고서야 간신히 찾았다. 오늘의 성남시 성남초등학교에서 서울 삼성동 봉은사로 소풍을 가 찍은 것이다.

그 땐 성남과 서울 삼성동이 다 같은 광주 땅이었다. 어린 것들이 논길 밭길을 따라 30리 먼 길을 걸어서 간 소풍이다. 기억을 더듬어 보니, 그때 논두렁 밭두렁을 걷던 아이들의 모습이 아직도 머리에 생생하다. 난 이 사진 맨 뒷줄에 놀란 듯 서 있다. 그때 개구쟁이 몇 명이 선생님들의 눈을 피해 봉은사 뒤편 한강 백사장으로 놀러 갔다가 뒤늦게 돌아와 허둥대던 모습이 아직 기억에 어른거린다.

내가 생애 두 번째로 찍은 사진은 초등학교 4학년 때 학교 운동장에서 학급이 단체로 찍은 것이다. 목조건물에 함석지붕, 그 앞 운동장에서 찍었는데, 사진 속 모습이 참으로 가관이다. 사진 맨 아래에 적어 놓은 글이다. '성남교, 제4학년생 일동, 단기 4286년 3월' , 이렇게 쓰여 있다. 헤아려 보니, 1953년 3월로, 4학년에 올라와서 막 찍은 것이다. 지금으로부터 무려 57년 전의 일이다.

아이들을 세어 보니 95명, 잘못 세었나 싶어 다시 헤아려 봐도 마찬가지이다. 아이들 모두는 너나 할 것 없이 한복을 입었다. 남자 아이들은 바지저고리에 조끼, 여자 아이들은 치마저고리에 단발머리를 하고 있다. 맨 앞줄의 여자들은 무릎에 두 손을 가지런히 올려놓고 있다. 아이들 이름을 기억할 수 있을까 싶어 하나씩 짚어가며 기억을 더듬었으나 태반을 알 수 없었다. 남자 아이들은 그런 대로 기억을 하겠는데, 여자들은 아주 깜깜이었다. 지금쯤은 모두 70이 다 되었을 텐데, 사진 속 모습은 아직 열한 살 어린 아이들이다.

내 생애 3번째 사진이다. 초등학교 졸업 때 찍은 것이다. 사진 하단의 설명에 '성남초등학교 제6회 졸업생 일동' 이라고 쓰여 있다. 맨 앞줄에 선생님들, 그 뒤에 어린 아이들이 줄지어 서 있는데, 거의 모두가 한복차림이다. 저 세상으로 떠난 아이들도 꽤 있다. 앞줄의 선생님들, 그 때의 모습 행동 존함이 슬그머니 머리에 떠오른다.

1학년 때 담임선생님 고정숙, 2학년 때 선생님 노혜동, 3학년 때 김영삼…, 졸업 때는 오희철 선생님이시다. 이 양반 내가 교직에 근무할 때 같은 관내 교육청 장학관으로 근무하셨다. 난 그때 중고등학교 10년차 선생이고…, 그래서 난 담임선생님을 도와 가끔 교육청 일을 함께 하기도 했다.

중학교 때의 사진은 고작 3장뿐이다. 1955년 중학교 1학년 때 금곡릉에 소풍 가서 찍은 2장의 독사진과, 1958년 졸업 때 찍은 학급단체 졸업사진이다. 못 먹고 못 살던 때여서 사진조차 제대로 찍지 못한 듯하다. 졸업사진에는 단기 4291, 3-2라고 적혀 있다. 내 나이 열여섯 살 때의 일이다. 금곡릉에서 찍은 2장의 사진 중 하나는 망부석 옆에서, 또 하나는 동물의 등에 걸터앉아 찍었다. 모표가 달린 모자를 쓰고, 교복에 이름표, 두 손과 두 발을 가지런히 모은 모습이 영락없는 촌뜨기이다.

고등학교 때의 사진은 꽤 여러 장이 있다. 경복궁, 창경궁, 서오릉 등지로 소풍을 다니면서, 그리고 졸업식날 찍은 사진이다. 고궁 이곳 저곳을 넘나들며 웃고 떠들던 그 때가 방금 전의 일처럼 뇌리를 오간다. 사진 속 친구들의 이름도 거의 알 듯하다. 고등학교 때의 사진은 초 · 중학교 때보다 꽤 역동적이다. 한 곳에 머물지 않고 이곳 저곳을 떠돌며 포즈를 취한 것이 대부분이다.

1961년 고3 때의 일이다. 졸업 때(1962. 2. 7)의 사진도 4장이 남아 있다. 모두 교복을 입고 운동장에서 친구들과 떠들고 어깨동무를 하고 있다. 졸업 다음 날(1962. 2. 8)이 대학입학 국가고사 합격자 발표가 있는 날이어서 내 얼굴에는 수심이 가득 찬 듯 기가 빠져 있다. 합격일까…, 불합격일까?

고등학교를 졸업하고 한 해를 쉰 적이 있다. '대학입학 국가고사' 에 떨어져서다. 어쩔 수 없이 한 해(1962년) 재수를 해야 했다. 난 이때 할아버지를 모시고 가끔 창덕궁, 창경궁 등 고궁 나들이를 한 적이 있다. 앨범에 그때의 모습이 빠짐없이 들어 있다. 정말로 정겨운 순간들이다. 할아버지를 뵈울 수 있는 유일한 공간이기도 하다.

할아버지는 그 흔한 독사진 하나를 남기지 못하셨다. 모두 자손인 우리들의 잘못이다. 그래서일까? 할아버지를 모시고 찍은 사진이 그렇게 값져 보인다. 건장하고, 다정하고, 인자하신 모습이 보기에 너무 좋다. 창덕궁 인정문 앞에서, 창경궁 수정궁 앞에서 찍은 사진들이, 지금도 할아버지가 옆에 계신 양 착각을 일으키게 한다. 생전 할아버지의 모습이 너무 그립다.

다음에 보이는 것이 대학교를 입학한 뒤 (1963년) 찍은 사진들이다. 1963년, 중앙대학교 사범대학 교육학과, 대학입학 국가고사를 거쳐 간신히 들어간 대학이다. 정원 20명, 군사정권 시절이어서 청강생은 없었다. 검정 교복에 대학 배지를 달고 교정 이곳 저곳을 돌며 찍은 사진들이 눈에 띈다.

그리고는 군에 다녀와서 복학 후 찍은 사진들이다. 파이퍼 홀 앞에서, 루이스 가든 잔디밭에서, 중앙도서관 앞에서, 관악산 야유회에서 찍은 것들이다. 졸업식(1970. 2. 25)을 마치고 학사모와 검정 가운을 걸치고 교정에서 찍은 사진들이 그 뒤를 잇고 있다. 오늘에 와서 다시 보니 참으로 젊은 날의 옛 일이 아닌가, 그립기만 하다.

대학 졸업사진 중에는 유일하게 가족사진이 한 장 들어 있다. 살펴보니 내 온 가족이 그 한 장, 사진에 들어 있다. 어머니, 아버지, 삼촌, 숙모, 동생, 4촌, 당숙모, 6촌들, 거의 집안 식구들이 다 보인다. 집안에서 대학을 졸업하는 사람이 비로소 나와서인지 모른다.

그땐 대학을 다니기가 그렇게 어렵던 시절이다. 농촌에서 대학을 보내는 것은 정말로 어려운 일이었다. 가정교사, 아르바이트 같은 걸 하지 않고는 대학을 다니기가 너무 어려웠다. 그나저나 세월이 무정해서일까? 사진 속의 여러 식구들이 이제 주위에서 보이지를 않는다. 아버지, 어머니, 막내숙부, 둘째 숙모, 당숙모, 심지어 어린 4촌 동생까지…. 모두가 고인이 되어 있다. 세월이 그렇게 많이 흘렀음을 말해 주고 있다.

앨범을 몇 장 더 넘기니 드디어 회사생활이 시작되고 있다. 대학을 졸업하고 처음 입사한 곳 한국교총, 1970년 당시엔 '대한교육연합회' 였다. 나는 그곳에서 '한국교육신문' 기자로 첫 사회생활을 시작하였다. 졸업 한 해 전, 1969년 10월부터는 오늘의 성남시 판교동 '낙생중학교' 에서 아이들을 가르쳤다. 졸업 전의 일인데, 이 학교에서 선생님 한 분을 초청했는데, 학교에서 나를 그곳으로 보냈다.

그러던 어느 날 대학으로부터 긴급 전보가 날아왔다. 얼른 상경해서 '한국교육신문 기자시험에 응시하라' 는 것이다. 시험은 면접과 즉석 논문작성이었다. 신문사 편집국에서 논문제목을 받고 그것에 관한 내 생각을 논하라는 것이었다. 아닌 밤중에 홍두깨 격이다. 그러나 어찌 하겠는가, 쓸 수밖에. 그런데 이게 어찌된 일인가. 내 글을 읽어본 시험관이 당장 내일부터 출근을 하라는 것이다. 나중에 안 일이지만, 교육학을 전공한 사람을 뽑아야 하는데, 그래서 대학으로 초청장을 보냈는데, 학교에서는 나를 시험장으로 가라고 전보를 쳤던 것이다.

이때부터 1976년까지 난 만 6년 간을 한국교육신문(당시 새한신문)에서 기자로 일을 하였다. 뒤에 안 일이지만 당시 신문사에는 교육행정, 평가, 과정, 가이던스, 카운슬링, 학습지도 같은 교육학을 전공한 사람이 필요했던 것이다. 전문직 기자로 쓰기 위해서다.

이때부터 내 앨범에는 회사생활로 뒤범벅을 이루고 있다. 1970년 동구릉 야유회, 1971년 팔당 야유회, 같은 해 가을 산정호수 야유회, 30여 명 편집국 직원들과 가까운 동년배의 친구들, 촌에서 자란 사람이 이런 큰 행사에 참여한다는 것이 여간 당황스럽지 않았다. 야유회의 내용과 규모가 촌사람이 감당하기에는 어려운 것들이 많았다. 꿈과 희망에 부풀어 비젼을 품고 있던 세월이다. 이 시기에 난 전국의 교육관련 거의 모든 행사에 취재를 위해 쫓아 다녔고, 기사를 썼다.

만 6년 간에 걸친 신문사 생활은 참으로 역동적이었다. 난 이 시기에 전국규모의 새마을지도자 대회, 교육관련 세미나, 심포지엄, 교육학회 연차총회, 전국 규모의 각종 연구대회, 방통대 설립, 한국교육개발원 설립 등에 관한 취재와 기사를 썼다. 내 앨범에는 이런 관련 사진들이 낱낱이 정리되어 있다.

세계적 교육 석학들에 대한 인터뷰도 수시로 이루어졌다. 시카코 대학의 '불름' 교수, 플로리다 대학의 모오건 교수, 조선조 마지막 황태자비 '방자' 여사 같은 분들을 인터뷰하던 일이 엊그제 일처럼 머리에 밀려온다. 학교 평준화, 학군제 실시에 관한 교육정책도 바로 이 시기에 이루어졌다. 6년 간 함께 했던 사진 속의 사우들이 가끔 머리에 떠오르곤 한다.

이어 나타나는 것이 내 결혼식(1971. 4. 12)과 신혼여행 사진들이다. 이

것들은 거의 2권의 앨범을 이루며 당시의 상황을 그대로 보여주고 있다. 이로부터 6년 사이 난 두 딸과 한 아들을 두게 되고, 이후 내 앨범에는 이들이 자라며 생활하는 모습들이 마치 영화의 필름처럼 이어지고 있다.

내가 학교로 전직하는 시기도 바로 이때이다. 1976년 3월 6일, 이후로 내 앨범에는 학교 선생님들과 학생들로 뒤범벅을 이루고 있다. 내 나이 36세가 되던 해이다. 이후 난 57세까지 21년 간 성남과 광주의 중 · 고등학교에서 근무하게 되고, 이후로는 앨범 속 사진들이 자연히 학교, 선생님, 학생들과 관련된 것들로 가득 차게 된다. 각종 학교 행사, 소풍, 수학여행 같은 것들…, 몇 장을 넘기다 보니 1988년 8월 27일의 사진이 등장하는데, 대학원을 졸업하는 사진이다. 중앙대학교 교육대학원 교육행정학과, 석사모와 가운을 입고 찍은 사진들이 꽂혀 있다. 학과 동기생들, 집사람, 동생과 함께 찍은 사진들이다.

1989~1990년에는 아이들을 이끌고 '내 고장 광주' 향토순례를 다니던 모습이 보이고, 1995년 9월 16일부터 24일까지는 경기도내 초 · 중 · 고 선생님들 20명과 교육연수단원으로 호주 · 뉴질랜드를 돌아보던 사진들이 꽂혀있다. 모두가 엊그제 있었던 일인 양, 기억에 생생하다.

그러다가 1997년에는 교육고시라는 경기도교육청 시행 교육전문직에 합격하여, 1998년부터 율곡교육연수원 예절분원에서 연구사로, 2000년부터는 광주교육청에서 장학사로, 2002년부터는 하남시 동부여중에서 교감으로 근무하게 되는데, 이때의 사진 대부분이 교육전문직 관련 사진들로 채워지고 있다.

그러다가 2005년 2월 28일 정년이 되어 퇴직을 하게 되는데, 열흘쯤 앞당겨 '정년소고연' 을 갖고 정년 고별강연과 정년퇴임행사를 갖는 사진들이 보인다. 교직생활 29년을 마감하는 모습들이다. 대학졸업 후 한국교육신문에서 기자생활 6년, 교단생활 29년, 이렇게 35년 간에 이르는 내 생활의 역사가 사진으로 남아 있는 것이다.

정년 1개월 전(2005. 1), 나는 운 좋게도 금강산을 둘러보는 영광을 누릴 수 있었다. 광주관내 금강산 체험 연수단 학생 · 교사 50여 명을 인솔하고서다. 외금강과 해금강을 구경할 수 있었는데, 온정각, 구룡폭포, 비봉폭포, 상팔담, 관폭정, 금강산 호텔, 삼일포 등이 멋지게 앨범을 차지하고 있다. 참으로 꿈만 같은 세월이다. 내 생전에 금강산 같은 곳을 볼 수 있으리라는 생각은 감히 꿈에서도 갖지 못했다.

정년 1년 뒤, 2006년 10월 11~16일에는 초등학교 동창 10명과 함께 베트남, 캄보디아를 여행하고, 2007년 1~2월에는 미국 뉴저지의 둘째 딸 혜영이네 집에 가서 여행을 하던 이곳저곳의 사진들이 꽂혀 있다. 맨하튼의 이곳저곳, 나이아가라 폭포, 루레이 동굴, 코닝 글래스, 워싱턴 DC, 허드슨 · 포토맥 강, 한국참전 기념관, 제퍼슨 · 링컨 기념관, 백악관, 미 의회의사당 같은 곳들이다.

내 앨범에는 손자 손녀들의 사진도 꽤 여러 장 꽂혀 있다. 첫째 딸 아이가 낳은 혜리, 혜준이, 둘째 딸 아이가 낳은 인후, 지후의 사진들이다. 어느 날 우연히 앨범을 들춰보다가 이런 여러 가지를 확인하게 되었다. 내가 초등학교 3학년이던 1951년부터 2010년까지 60년에 이르는 생활들이 다큐로 점철되어 있는 것이다.

불가에서는 인간 삶의 모습을 연(緣)으로 설명하고 있다. '인간을 포함하는 우주만물이 변화하는 자연적인 조건에 의해서 생, 성, 멸한다' 는 것이다. 한 치의 어긋남도 없는 말이다. 이 세상에 변화하지 않는 것이 어디 있던가. 나고 멸하지 않는 것이 어디 있던가. 사진 속 지난 60년을 돌아보면서, 모든 것이 이렇게 변하고 있구나 하는 것을 되뇌어 보게 되었다.

지난 70년을 되돌아보면서 내가 나 자신에게 하는 말이다.

윤영섭!

너는 참 행복한 놈이다.

그간 참으로 잘 살아오지 않았는가!

너와 같은 삶을 산 사람이 어디 그리 흔하더냐!

복 받은 줄 알아라.

사실이 그렇다. 난 정말 행복하게 살아 왔다. 구한말, 해방이 되기 전부터 세상을 살면서 전통사회, 산업사회, 정보사회, 지식산업사회까지를 모두 살고 있지 않은가! 얼마나 행복하고 운이 좋은가. 나는 정말 풍요롭고 행복하고 살기 좋은 삶을 살아 왔다. 내 이전 세대는 어느 누구도 그런 삶을 살지 못했다. 의식주 생활조차 어려웠다.

그런데 난, 배 한 번 곯지 않고, 교육 잘 받고, 사회에 봉사도 하고, 넉넉한 삶, 건강한 가족을 구성하고…, 어느 것 하나 부족한 것 없이 잘 살아오지 않았나! 그러니 얼마나 행복하냐 말이다. 앞으로의 삶, 여생을 좀 더 흠 없이 잘 살아야겠다.

〈2010. 11. 6. (토)〉

그 사람의 잔소리

아침을 먹고 운동(테니스)을 나가려는데 그 사람이 하는 소리이다. "맨날 운동만 해! 집안 일은 언제 하려고…. 밭에 가서 무도 뽑고, 배추도 뽑아야 하는데, 그러니 무슨 놈의 일을 해…!!"

무 배추를 뽑는 일, 나중에 해도 되련만…, 이 사람 나가려는데 굳이 볼멘소리이다. TV 아침마당에서는 건강하게 오래 살려면 운동을 해야 한다는 방송이 계속 나오고 있다.

운동을 마치고 저녁에 들어와도 마찬가지이다.

"얼른 옷을 벗어라! 땀을 흘렸으면 벗어 놔야 할 거 아니냐? 냄새나는 것도 모르느냐! 남자들은 왜 어린애 같으냐…. 도대체 어째서 그러느냐…!!"

글쎄 숨 돌릴 틈을 주지 않는다. 주어도 좋으련만…, 보자마자 몰아 붙인다. 땀을 많이 흘려 꾀죄죄하고 후줄근해 보여서 그럴 테지만…, 그래도 이건 너무 하지 않은가? 샤워나 하고 난 뒤 잔소리를 하던지….

어떤 땐 꼭두새벽부터 잔소리이다.

"아, 안 일어나! 벌써 일곱신데…. 얘 학교에 데려다 줘야 하잖아!!"

옳기는 한 소리이다. 그런데 긁지는 말아야지…. 좀 부드러워도 좋으련만 그냥 긁는다. 뭐가 그리 불만인지, 전날 심한 운동으로 팔다리가 쑤시고 몸이 천근만근인데…. 샤워를 하고 깜박 잊고 불을 끄지 않고 나와도 또 잔소리이다.

"꼭 그런단 말야. 불을 끌 줄 알아야지, 전기세 올라가는 것도 몰라…."

글쎄 대충 끄고 아무 소리 없어도 될 일인데…. 이건 꼭 남의 신경을 건드린다. 어쩌다 물건을 잃어버리고 들어오면 몇 년 묵은 잔소리까지 끄집어낸다. 난 멍청하게 잊고 다니는 게 그리도 많다. 이상한 일이다. 신경을 쓴다고 하는데 결과는 마찬가지이다. 가장 잘 잊고 다니는 것이 우산, 안경, 티셔츠, 잠바, 우비…, 그런 것들이다. 안경은 은행 같은 델 갔다가, 우산은 쓰고 다니다가, 잠바 · 티셔츠는 운동을 하다가, 아무데나 두고 잊어버린다. 이런 날은 영락없이 잔소리를 듣는다.

"도대체 정신은 어디다 두고 다니는 거야! 왜 맨날 잊어 버려! 일년에도 골백 번씩…, 늘 딴 생각을 하니까 그렇지, 어디 정신이 온전한 사람이야!!"

글쎄 잊고 다니는 게 흔한 일일 텐데, 이 사람 용납이 되지 않는 모양이다. 함께 차를 타고 밖으로 나갈 땐 더욱 정신을 차려야 한다. 언제 어떤 잔소릴 듣게 될지 몰라서다. 차를 끌고 다닐 때 난 종종 안전띠를 매지 않는 버릇이 있다. 거리가 가깝고, 속도를 많이 내지 않아서다. 그런데 이 사람, 그냥 지나치지를 않는다.

"또 안 맸지, 안 매…! 차에 타면 으레 매야 하는 거 아냐? 왜 안 매는 거야, 도대체…!!"

가끔은 차선을 바꾸는 것까지도 잔소리를 해댄다.

"왜, 안 바꿔! 바꿔야지…. 좌측 깜빡이를 켜야 하잖아…."

어느 것 하나 그냥 놔두질 않는다. 속이 상해 버럭 소리를 지른다.

"아니, 그렇게 불안하면 어떻게 몇 십 년씩 밖에 혼자 내보내 놓고 살어…! 끌고 다니지…!!"

어떤 땐 하지 말아야 할 잔소리까지 해댄다.

"운동을 지나치게 심하게 한다. 문을 너무 자주 열어 놓는다…."

그뿐만이 아니다. 어떤 땐 돌아가신 내 아버지까지 들먹이며 잔소리를 한다.

"닮았어요, 닮아…. 누가 자기 아버지 아들 아니랄까 봐!"

수저로 간장, 고추장을 찍어 먹는 걸 보면서 꼭 내 아버지를 닮았다는 잔소리이다. 그게 그렇게 보기 싫다면서…. 짭짤한 것을 좋아하는 내 식습관이 그 사람은 그렇게 못마땅한 모양이다. 그런데 어찌하랴, 난 밥을 먹고 난 뒤 고추장 같은 걸 찍어 먹어야 직성이 풀리는 걸…. 간간한 맛이 입에 남아 있어야 기분이 좋은 걸….

가끔은 하지 않을 잔소리까지 해서 남의 속을 뒤집어 놓는다.

"맨날 나가요, 맨날…. 집에 있는 날이 있어야지, 한 달이면 스무 번도 더 나가 밥을 먹어요."

막 나가는 사람을 잡아 놓고 하는 잔소리이다. 남들은 집에서 밥을 먹는다고 난리들인데…, 그런데 이를 어쩌랴…, 테니스를 치고 저녁식사와 술을 한 잔 하다 보면 늘 외식이 되는 걸….

어쩌다 시장엘 함께 갔다가도 잔소리를 듣는다. 모란시장 같은 민속장터엘 가서다. 좌판 위 음식들이 그렇게 먹음직스럽다. 팥죽, 칼국수, 국밥, 돼지 껍데기, 설설 끓는 장국, 막걸리…. 김이 무럭무럭 오르고, 그 앞에 털털한 차림의 남녀들이 옹기종기 모여 앉아 맛있게 먹는다. 무아지경이다.

맛이 있어 보여 고개를 돌린다. 영락없이 잔소리가 떨어진다.

“뭘 봐! 그게 그렇게 먹고 싶어! 난 먹으래도 싫겠다….”

내 팔을 잡아끌며 종주먹이다. 이 사람의 잔소리, 종종 식탁에서도 나온다. 옛날 어머니가 해 주시던 음식 맛을 얘기할 때 늘 듣는 소리이다.

“이제 그만 좀 해, 그만…! 그땐 먹을 게 없었으니까 그게 맛이 있었지! 요샌 먹을 게 쌓였는데 맛이 있겠어? 그 소리 벌써 골백 번도 더 듣는다…!” 이렇게 면박이다.

내가 어렸을 때다. 겨울이면 어머니가 늘 총각김치를 꺼내다 주셨다. 뒤울안 김칫광에 가서 금방 꺼내온 것이다. 가끔은 생태국도 끓여 주셨다. 지금도 그 맛을 잊을 수 없다. 그 때의 일이다. 아침저녁으로 나무 두 짐을 해다 나뭇광에 부린 뒤다. 저녁상을 마주하면 밥맛이 그렇게 좋다. 이때 먹던 총각김치, 그 맛을 어찌 잊을 수 있겠는가. 얼음이 더거럭 더거럭 하고, 빨건 김치 국물이 주르륵 흐른다. 이걸 하나 들고 얼굴을 기울이고 설컹설컹 씹어 먹는다. 새콤하고 시원하고 사각사각하고 그 맛이 정말 일품이다.

한 양푼의 밥이 어느새 동이 난다. 생태국도 그 맛이 그만이다. 어머니가 장에 가서 몇 코 사다 볏짚에 묶어 부엌 궁둥이에 걸어놓았다가 끓여주신 거다. 펄펄 끓는 무쇠 솥이다. 어슷어슷 대파, 숭덩숭덩 배추김치, 납죽납죽 두부가 어우러져 시뻘건 국물과 함께 소용돌이친다. 보기만 해도 군침이 돈다. 허기진 배에 이걸 한 그릇 먹어 보자. 땀이 이마에서 줄줄 흐른다. 밥을 다 먹고 나면 정신이 하나도 없다. 뜨거운 국과 밥을 후후 불며 간신히 먹어서다. 이런 맛들을 어찌 잊을 수 있겠는가. 하지 말라고 해도 때만 되면 자꾸만 튀어나온다. 이내 그 사람의 잔소리가 떨어진다.

그나저나 여자들의 잔소리가 내 문제만은 아닌 듯하다. 나가서 얘기를 들어보면 대개의 경우 비슷하다. 여자들은 잔소리로 점지되어 있는 모양이다. 구조적으로 그런 게 아닌지 모르겠다. 여자들의 전화 거는 모습이다. 대개의 경우 한 시간 이상 수다를 떤다. 그러고도 전화를 끊을 때 하는 말이다. 조금 있다가 다시 하겠다는 것이다. 그렇게 잔소리를 해 놓고서도…. 남자들 같으면 벌써 끊었을 일이다. 여자들에게라고 왜 잔소리 거리가 없겠는가. 그냥 덮어 버리니까 그렇지…. 그러니 어쩌겠는가! 그냥 그러려니 하고 사는 수밖에…. 아니면 매일 입씨름을 해야 할 테니….

〈2010. 11. 22. (화)〉

1970년 2월 25일, 대학교 졸업식 때…

루이스 가든에서 찍은 사진이다.
선배이면서 조교인 김유진 씨와 함께
김 선배는 그 뒤 미국으로 건너갔다.
언제 한 번 만날 날이 있으려나…

고향집

입동이 스무날쯤 지난 11월 하순, 내가 시골 고향집을 찾았다. 성남시 수정구 복정동 경원대학교 맞은편 산골마을, 옛 이름 복우물 윗말, 내 어릴 적 이 마을에는 전깃불이 들어오지 않았다. 1년 내내 등잔불을 켜놓고 살았다. 동네 앞 큰길은 하루 종일 한산했다. 아침에 버스 한 대가 서울로 올라가고, 저녁에 그 버스가 서울에서 내려오는 것으로 그만이었다. 우마차와 지게를 걸머진 농부들이 어쩌다 오가는 더 없이 한가한 두메산골이었다.

그런데, 오늘날은 어떤가. 그 옛날 그 신작로에는 하루에도 수만 대의 차량이 오가는 엄청나게 붐비는 도심이 되어 버렸고, 그때 그 초가집들의 모습은 오간 데 없다. 대신 현대식 건물들이 즐비하게 들어서 있다.

내 어릴 적 고향마을이다. 오늘의 경원대학교 앞길, 그땐 우마차가 간신히 비기고 지날 수 있는 좁은 신작로였다. 그 신작로를 분기점으로 위쪽은 윗마을, 아래쪽은 아랫마을, 길 건너 동쪽은 건넛마을, 그 안쪽은 구석마을이었다. 집들은 모두가 초가집으로 윗마을에 열네 채, 아랫마을에 아홉 채,

건넛마을에 일곱 채, 구석마을에 여덟 채, 이렇게 모두 서른 일곱 채의 집들이 삼태기모양 구석구석 옹기종기 모여 있었다.

성씨(姓氏)는 윗마을과 아랫마을에 해평윤씨(海平尹氏)들이, 건넛마을에는 남양홍씨(南陽洪氏)들이, 구석마을에는 의령남씨(宜寧南氏)들이 씨족촌을 이루며 살고 있었다. 생계수단은 농사로, 이들의 논밭이 동네 앞 여기저기와 탄천을 중심으로 그 동쪽에 널리 분포해 있었다.

사람들의 교육은 서당을 좀 다니거나 초등학교를 졸업하고 농사를 짓는 것으로 대부분 끝이었다. 그래서 부락민의 대부분은 글을 몰라, 겨울밤이면 어느 사랑방에 모여 글 선생의 이야기 책 읽는 소리를 들으며 긴 밤을 보내는 경우가 흔했다. 책 읽는 소리를 들으며 훌쩍훌쩍 우는 이도 여기저기 있었다. 어떤 마실꾼은 아예 손수건을 들고 와 마음놓고 눈물을 훔쳐내기도 했다.

사람들이 하는 일은 봄에 씨를 뿌려, 여름에 기르고, 가을에 거두어, 겨울을 보내는 것이 전부인 천상의 농부들이었다. 나서 생을 마칠 때까지 그렇게 농사만 지으며 살았다.

내 집은 윗마을에 있었다. 오늘의 홍천공 재실 바로 아래쪽 복정동 575번지 5호이다. 내 어릴 적 60여 년 전에 내가 살던 집의 모양이다. 남향집이고, 안채는 기역(ㄱ)자, 사랑채는 니은(ㄴ)자, 전체는 미음(ㅁ)자였다. 안채에는 왼쪽부터 건넌방, 곡간, 대청마루, 꺾어진 ㄱ자에는 안방, 부엌이 붙어 있고, ㄴ자 사랑채에는 왼쪽부터 쌀광, 나뭇광, 대문, 그리고 꺾어진 ㄴ자에는 사랑방, 외양간, 뒷간, 재 뒷간이 연이어 붙어 있었다. 안채와 사랑채 사이에는 열 평 남짓 안마당이 있고, 집 밖에는 100평 정도의 큰 마당이 뜰에 붙어 있었다.

지금은 바뀌어 버린 그때 그 집 앞에서 내가 잠시 눈을 감아 보았다. 어릴 적 동네의 모습이 스크린 돌아가듯 펼쳐졌다. 점심 때 쯤이다. 할아버지가 나뭇짐을 지고 고개를 넘어 오셨다. 고자골 산에서 나무를 해 지고 오시는 것이다. 그 뒤로 몇 살 아래 동생이 역시 나뭇짐을 지고 할아버지 뒤를 따랐다. 얼마 뒤 할아버지가 나뭇짐을 울안 뒤뜰에 부려 놓으셨다. 동생도 마찬가지였다. 그리고는 점심을 드시러 마루를 거쳐 안방으로 드셨다.

해가 서산을 넘고 땅거미가 질 무렵, 할아버지가 또 나뭇짐을 지고 산을 넘어 오셨다. 할아버지는 이걸 다시 울안 뒤뜰에 부려 놓으셨다. 그리고 얼른 소죽 쑬 채비를 하셨다. 사랑방 부엌 가마솥에 뜨물을 퍼붓고, 깍지광에서 여물을 한 삼태기 퍼다가, 고운 쌀겨 한 바가지와 콩을 몇 움큼 섞어서, 나무 판대기 솥뚜껑을 덮고 불을 지피셨다. 한 시간 남짓 불을 때니 소죽이 끓었다. 할아버지는 이걸 함지박에 그득 담아 외양간 구유에 갖다 쏟으셨다. 기다리고 있던 황소가 코 바람을 일으키며 대들어 먹기 시작하였다. 옆에 계시던 아버지가 소잔등에 덕석을 입히고, 외양간에 멍석을 여기저기 매달아 외풍을 막아 주셨다.

이때 쯤 어머니는 안채 부엌에서 저녁밥을 지으셨다. 밥솥 국솥에서는 좁쌀을 조금 섞은 밥과 시래기국이 설설 끓었다. 화롯불 다리쇠 위에서는 총각김치를 집어넣은 청국장찌개가 구수한 냄새를 풍기며 보글보글 끓었다. 어머니가 밥상을 들고 방으로 들어가시면, 식구들이 모두 방으로 들었다. 방 한가운데에 등잔불이 두 개가 켜지고, 그 윗목에 할아버지와 아버지, 삼촌 형님 상이 놓이고, 가운데에는 남동생들과 내 상, 아랫목에는 어머니와 숙모, 누님 여동생의 상이 차려졌다. 한 시간 가까이 식사가 끝나면 어머니는 설거지 준비를 하고, 할아버지는 사랑방으로 나가셨다.

사랑방으로 나신 할아버지는 장죽에 불을 붙여 담배를 피우며 이내 저녁 일을 시작하셨다. 동지섣달 긴긴 밤에 할아버지가 늘 하시던 일이다. 노끈이나 새끼를 꼬거나, 짚신을 삼거나, 가마니를 치거나, 멍석을 만들거나, 돗자리를 치는 일이다. 며칠은 노끈이나 새끼를 꼬고, 그 뒤 며칠은 이미 꼬아 놓은 노끈이나 새끼로 가마니, 돗자리, 멍석을 만드셨다. 이렇게 만든 것들은 이듬해 모두 농사철에 요긴하게 쓰였다. 짚신은 광에 걸어 두었다가 농사철에 식구들이 늘 신고 다녔다.

할아버지는 자정이 넘어서야 간신히 잠자리에 드셨다. 그리고 새벽녘에 다시 소죽을 쑤거나, 똥장군을 지고 보리밭으로 나가 뿌리는 일로 또 다른 하루를 시작하셨다.

할아버지가 밤새 집안 일을 하시는 동안, 어머니는 밤새 바느질을 하셨다. 벌써 빨아 정리해 두었던 식구들의 무명 바지 저고리를 꿰매는 일이다. 어머니의 바느질은 몇 날 며칠을 두고 계속되었다. 어머니는 한 시 반 시 놀 틈이 없다. 보기에 안쓰러울 정도로 말이다. 어느 땐 등잔불 아래에서 꾸벅꾸벅 조는 일이 아주 흔했다. 그러다 깜짝 놀라 깨어서는 바느질을 계속 하셨다. 밤새도록 바느질을 해도 어머닌 장정 바지 저고리 한 벌을 다 마무리하지 못했다. 그러니 열 대여섯 식구들의 바지 저고리를 언제 다 가다듬어 꿰맬 수 있을까. 참으로 어려운 때를 사시던 분이다. 그나마 바느질은 그래도 나은 편이다.

빨래를 한다고 생각해 보자. 그 추운 겨울날에…. 열 대여섯 식구의 무명 바지 저고리를 모두…, 어머닌 양잿물에 삶은 빨래를 함지박에 이고 산을 넘어 냇가(숯내)에 가 빨래를 해 오셨다. 어머니는 이 빨래를 말리고, 풀을 메겨, 다듬이질 홍두깨질을 한 다음, 이걸 발로 밟아 바느질을 하셨다. 어머니의 겨울은 이런 날의 연속이었다. 어머닌 잠시 눈을 붙였다가, 꼭두새벽에 일어나 아침밥을 준비하는 일로 또 다른 하루를 시작하셨다. 참으로 어려운 때를 사신 분이다.

지나는 비행기 소리에 놀라 감았던 눈을 떠 보니 겨울 해가 서산을 넘고 있다. 그러고 보니 내가 한참을 명상에 잠겨 있었던 듯하다. 사방을 둘러보니 그 옛날의 모습은 오간 데 없고, 희뿌연 콘크리트 건물들만이 즐비하다. 그토록 정겹던 어릴 적 마을의 모습은 어디에도 없다. 마음이 천 길 나락으로 가라앉는 듯하다. 꿈에서 벗어나야겠다는 생각이 그래서 들었다.

〈2010. 11. 30. (화)〉

빨간 고추

빨간 고추를 사다 거실 앞 베란다에 널었다. 김장을 한다며 집사람과 모란장에 가서 사온 것이다. 햇빛에 말린 고추라서 보기에 그렇게 좋을 수 없다. 빨갛고, 속이 환히 들여다보이는, 흔들어 보니 달가닥 달가닥 소리가 곱게 들린다. 이걸 들여다보고 있자니 어릴 적 어머니 생각이 그립다.

늦가을이다. 어머니가 빨간 고추를 따다 대청마루 앞 봉당에 너셨다. 할아버지가 만드신 조그만 멍석 위에…. 어머닌 이걸 하루에도 몇 번씩 뒤집어 놓으셨다. 햇빛을 고루 받게 하기 위해서다. 아니면 물러서 썩는다고 하시면서…. 어떤 땐 이걸 안채 지붕 위 끝자락에 가지런히 널어놓으셨다. 많은 햇빛을 오래 받도록 하기 위해서다. 고추는 봉당보다 지붕 위 비탈진 곳에서 더 잘 마른다.

그러나 비가 오는 날이면, 어머닌 이걸 끌어내리느라 난리 법석을 떠셨다. 사다리를 가져다 지붕에 빗대어 놓고, 오르고, 내리고…, 멍석을 끄집어 내리고…. 어머니 이마에선 어느새 굵은 땀방울이 흘러 내렸다. 늦가을 동네 지붕마다에는 이렇게 빨간 고추들이 널려 있었다.

어릴 적 학교에 갔다가 오는 날, 저 멀리 산등성이에서 이 광경을 보노라면 마음이 그렇게 편할 수 없다. 어머니가 보일 듯하고, 집에 계실 듯하고, 집에 가면 따뜻한 밥을 내주실 것 같고…. 그래서 한달음에 냅다 집으로 내달음질을 친다.

고추가 마르면 어머닌 이걸 절구에 넣고 돌공이로 빻으셨다. 그런데 고추가 잘 찌어지지를 않는다. 이리 벌렁, 저리 벌렁…, 한 곳에 가만히 있지를 않는다. 어머니는 이걸 질근질근, 쿵쾅쿵쾅, 어르고 다스리려 무진 애를 쓰셨다. 누구나 할 것 없이 대부분 홀아시로 품앗이마저 어려울 때다. 어머니는 한참 비지땀을 흘리고 나서야 간신히 고추를 다 빻으셨다. 고춧가루를 항아리에 옮겨 담으면서는 늘 그렇게 재채기를 하셨다.

늦가을, 입동을 앞두고, 김장하기 얼마 전…, 어머니는 이걸 가져다 김장을 담그셨다. 무채와 파를 썰고, 마늘과 생강을 찧고, 파란 갓을 썰어…, 고춧가루를 넣고 버물버물하여 김장속을 만드셨다. 김장속이 만들어지면, 어머니는 이걸 저린 노란 배추에 싸서 내 입에 넣어주셨다. 맵고, 짜고, 고소하고, 찡하고, 싱그럽고…, 그 맛을 어떻게 잊을 수 있을까! 언제나 군침이 입안에 그득하다. 그 옛날 그 모습이 함께 '오버랩' 되면서….

어느 날 집사람이 베란다의 고추를 다듬자며 나를 불렀다. 그 옛날, 어릴 적을 그리며 얼른 그러자고 하고는 마주 앉았다. 곁눈질로 살펴보니 집사람 하는 일이 그리 어려워 보이지 않았다. 먼저 꼭지를 따는 일, 고추를 하나씩 집어 꼭지를 잡아채 따는 일인데, 어렵다기보다는 오히려 재미가 쏠쏠하였다. 그런데 열댓 근을 이렇게 하자니 몸이 비비 틀렸다. 집사람 혼자서 이 일을 하자면 꽤 어려웠을 거라는 생각이 들었다.

꼭지를 모두 딴 다음에는 물수건으로 하나 하나를 닦는 일이 시작되었다. 말릴 때 흙먼지가 묻어 씻어야 한다는 것이다. 그 많은 고추를 하나씩 다듬고 닦자니, 일이 쉽지가 않다. 가끔은 어깨 허리가 빼근하고, 쑤시고, 뒤틀렸다. 앞에 있는 집사람도 마찬가지인 모양이다. 벌써부터 어깨, 허리를 이리저리 돌리고 두들기기를 계속 하였다. 그 사람이 이렇게 다듬고 닦은 빨간 고추를 다시 베란다에 널었다. 그래야 뒤에 방앗간에 가지고 가면 잘 빻아진다면서다. 이렇게 빨간 고추를 베란다에 가득 널어서일까…. 어쩌다 베란다 문을 열면 싱그럽고 매콤한 냄새가 코를 찔렀다. 매콤, 상큼…, 싱그럽고 시원하다. 올해에도 김장맛이 좋을 것 같다.

〈2008. 10. 5. (일)〉

이가 망가지고 있다
나이를 먹어서 그런가 보다
그렇게 튼튼하던 이였는데…
요새는 말이 아니다
물을 마셔도 음식을 씹어도 욱신거린다
참고 견디자니 그냥 한심하다
그러니 어쩌겠는가
다른 도리가 없는 걸…

이가 망가진다

이가 망가지고 있다. 나이를 먹어 가는 건가 싶다. 그렇게 튼튼하던 이였는데…. 요새는 말이 아니다. 물을 마셔도, 음식을 씹어도 시큰거리고 욱신거린다. 참고 견디자니 턱을 고이고 한참을 쩔쩔매야 한다. 이거 정말 한심하지 않은가.

병원을 찾아가니 의사가 겁을 준다. 썩었다는 것이다. 그래서 파헤치고, 신경을 치료하고, 기둥을 세워서, 금이나 사기로 덧씌워야 한다는 것이다. 내가 넋두리를 하였다.

"그렇게 좋던 이가, 어느새…, 이 지경이 되다니…! 이거 한심하지 않습니까!"

의사가 하는 말이다.

"이 정도면 그래도 양호한 편입니다."

많은 사람들이 그 나이에 틀니를 하거나 '임플란트' 를 하는 것이 보통이라는 것이다.

얼마 전 미국의 딸아이 집에 머물 때이다. 멀쩡하던 어금니가 종종 쑤셔

왔다. 턱을 고이고 한참을 쩔쩔매고 나서야 간신히 진정이 되었다. 치통의 횟수도 점점 잦아졌다. 처음엔 하루에 한두 번 그러더니 나중엔 시도 때도 없었다. 참고 견디자니 고역이 말이 아니었다.

미국이라는 곳은 병원엘 가도 금방 치료가 되는 곳이 아니다. 온갖 검사를 하고 난 뒤에야 비로소 어느 병원으로 가라고 조언을 한다. 치료도 하지 않고…, 한국 같으면 진료, 처방이 숨 가쁘게 돌아갈 텐데…. 앓느니 차라리 죽겠다 싶을 정도다.

그러던 어느날 뉴욕 '맨하튼' 에 갔을 때다. 점심을 먹는데, 치통이 몰려오기 시작하였다. 그러다 말겠거니 했으나 아니었다. 진통이 점점 심해졌다. 턱을 감싸쥐고 한참을 쩔쩔매도 가라앉지를 않는다. 물을 마셔 보고, 이를 악물어 보고, 바람을 들이마셔 보아도 마찬가지이다. 열이 나고 진땀이 흘렀다. 주위 사람들 시선이 뒤통수에 와 닿았다. 고개를 외로 꼬고, 한참을 쩔쩔맸다. 먹던 점심을 팽개치고 밖으로 나가 약국을 찾았다. 진통제를 복용하고서야 간신히 가라앉았다. 치통은 이후에도 뻔질나게 몰려왔다. 답답하기 짝이 없었다. 이를 어찌해야 하나….

뒤에 난 왜 이가 이렇게 자주 아픈지 원인을 찾아보았다. 도시 알 수가 없었다. 그러다 곰곰 생각해 보니 알 것도 같았다. 내가 무언가 지나치게 신경을 쓰고 있는 게 아닌가 싶었다. 그러니까 내가 알게 모르게 스트레스를 받고 있다는 말이다. 미국 생활이 무료하고 답답했던 모양이다. 친구도 없고, 놀 곳도 마땅찮고, 어디 갈 곳도 없고, 행동이 자유스럽지 못하고…. 그냥 답답했던 것이다.

난 귀국 후 곧바로 병원을 찾았다. 그러자 의사가 하는 말이다.

"선생님! 뭐 신경 쓰는 일이 있으셨나요? 꼭 그런 거 같네요."

그래서 이가 망가진다는 것이다. 염증이 생기고, 치근(齒根)이 녹고, 신경이 노출되어 아프고…, 그러니 신경과 염증 치료를 하고 금으로 얼른 씌워야 한다는 것이다. 의사의 뜻대로 치료가 시작되었다. 염증을 없애고, 신경을 죽이고, 금으로 씌우고…. 그러자 언제 아팠느냐는 듯 이가 멀쩡하였다. 그래서 내린 결론이다. 나 같은 사람은 답답한 데 가서는 살지 말아야겠구나….

그러고 보니 이는 신경과 관련이 많은 듯하다. 내 이가 처음으로 망가지기 시작한 것은 40대 중반이다. 어느날 깍두기를 먹는데, 아래 중간 어금니가 두 조각이 나는 거였다. 처음에는 왼쪽이 그러더니 나중에는 오른 쪽이 그랬다. 그러다 50대 후반이다. 오른쪽 윗니, 그러니까 앞에서 여섯 일곱 여덟 번째가 망가지기 시작하였다. 어쩔 수 없이 임플란트를 했다. 그리고 났는데 60대 초반에는 왼쪽 윗니, 앞에서 6~8번째가 심하게 망가졌다. 썩은 곳을 후벼 내고, 신경을 치료한 다음 덧씌우기를 하였다. 이가 망가지던 때를 생각해 보니 모두가 어려운 시기였다. 신경을 쓸 수밖에 없는 때였다. 이가 망가진 원인이 그래서였구나 싶었다.

그러고 보니 요즘 이가 성한 곳이 없는 듯하다. 아프지 않은 곳이 없다. 찬 물을 마시거나, 더운 물을 마실 때도 시리고 아프다. 의사의 말이다. 그래도 비교적 좋은 편이란다. 위로를 한다고 하는 말인 줄 내 알고 있다.

그런데 어쩐지 쓸쓸하다. 이가 어느새 이 지경이 되다니…, 정말 어이가 없다.

〈2007. 4. 15. (일)〉

건강검진

'암검진 결과통보서' …! 결론부터 말해 보자. 난 지금 이걸 받고 기분이 너무 좋아 이 글을 쓰고 있다. 결과는 '이상 없음' 이다. 나뿐만이 아니라 집사람도 같은 판정이다. 우리 두 사람, 어느새 60중반에 접어들었는데…, 결과통보서를 받고 보니 어찌나 기분이 좋은지 잔치라도 벌일 판이다. 위는 내시경과 조직검사 결과, 십이지장궤양 반흔 정도이고…, 대장은 변검사로 상황을 체크했는데, '정상' 이라는 것이다. 집사람도 위와 대장이 모두 '정상' 이라는 판정이다. 기분이 날아갈 것 같다.

3주 전 어느 날…, 우리 내외는 '특수검진' 을 받으러 병원을 찾았다. 난 위암과 대장암 검진을 받으면서 기분이 너무 울적하였다. 불안, 초조, 조바심이 밀려들어 검진 내내 불안을 감출 수 없었다. 차라리 받지 말까…, 그냥 돌아갈까…, 그런 생각을 했었다. 위 내시경검사 중 조직검사를 해야 한다는 의사의 말을 듣고는 식은땀이 흘렀다. 십이지장 궤양 때문에 조직검사를 한다는 말도 신경이 쓰였다.

검진을 받고 그 결과를 기다리는 지난 3주 동안은 불안의 나날이었다.

가끔 잠을 설치고, 밥맛을 잃고, 운동을 하려도 힘이 없었다. 잠을 푹 자고 나도 개운치 않고, 머리가 띵하고 불안하였다. 이상이 있다고 하면… 어쩌나! 불안… 초조… 우울, 그런 것들이 마음을 옥죄어 왔다. 누군가에게 기대고, 매달리고, 속 시원히 털어놓고 싶은 심정이었다. 누가 들어도 관심이 없을 이런 일을 두고, 난 혼자서 끙끙대었다.

그러다 가끔은 이런 생각도 하였다.

"그래도 특수검진은 잘 했지… 이상이 있다면 고치면 되지 뭐…!"

"암이라면 수술을 받으면 되고…, 모르고 키우는 것보다는 낫지 않은가…!"

이렇게 스스로 마음을 달래며 지난 20여 일을 지냈다. 그러다가 오늘 비로소 기분 좋은 통보를 받은 것이다. 기분이 날아갈 것 같다. 이제부터는 잠도 잘 자고, 밥도 잘 먹고, 운동도 걱정 없이 해야겠다. 식구들과 축하 외식도 하고, 가까운 친구들과 술이라도 한 잔 해야겠다.

'특수검진' 을 받기 전 일반 건강검진을 받을 때도 갈등이 심했다. 그래서 받으라는 건강검진통지서를 받고도 1년 이상을 꾸무럭거렸다. 공연히 겁이 나고, 초조와 불안이 밀려와서다. 이렇게 미적거리고 1년을 넘기자니, 드디어 독촉장이 날아왔다. 주위에서는 왜 받지 않느냐고 채근이 심했다. 신문, 방송 등에서는 종종 '조기검진' 의 예찬이 전개되고 있다. 이런 상황에 밀려 병원을 찾아가니, 그 과정은 불안 그 자체였다. 건강이 나쁘다면 어쩌나…, 수술을 받으라면 어쩌나….

1차 검진에서의 걱정은 무엇보다 폐와 혈액에 관련되는 것들이었다. 검진은 '요검사', '혈액검사', '흉부방사선검사', '심전도검사' 등이다. 이걸 받고 그 결과를 기다리는 2주간은 그야말로 불안의 연속이었다. 흉부에 질

환이 있다면…, 간, 당뇨, '콜레스테롤' 에 이상이 있다면…? 혹시 '폐암' 이라는 진단을 받으면…, 이런 불안이 내 정신을 계속 어지럽혔다.

담배를 피어 온 지 30년 이상이 되어서다. 그러나 '검진결과' 는 '정상' 이었다. 심전도 검사 결과, 고혈압, 고지혈, 심근경색에 이상이 없다. 당뇨와 '콜레스테롤' 수치도 지극히 정상이다. 일반검진과 특수검진 모두가 '정상' 이라는 것이다. 기분이 날아갈 것 같다. 나이가 들면서 건강에 더욱 신경이 쓰인다. 모름지기 주의해야 할 일이 아닌가 한다.

〈2007. 12. 25. (화)〉

생수, 샘물

산책길에 가게에 들러 생수를 찾으니 0.5리터짜리 한 병이 500원이라고 한다. 2리터짜리는 1천 원이고… 내가 뭘 잘못 들었나 싶어 다시 물으니 틀림이 없단다. 물 한 모금에 5백 원이라니…! 글쎄, 이거 너무 한 게 아닌가 싶었다.

근년 들어 물을 사 마시는 사람들이 늘고 있다. 한 세대 이전 사람으로 잘 이해되지 않는 일이다. 혹자는 이런 내 생각이 잘못되었다고 할 수도 있다. 그러나 고개가 갸우뚱해지는 소리이다.

난 아직 물을 샘에서 길어다 먹고 있다. 사서 마시는 게 비싸다는 생각이 들어서일 뿐만 아니라 생전 사먹어 보질 않아서다. 그 흔한 물을 사서 마시다니…, 아직도 그런 생각이 머리를 감싸고 있다. 살펴보면 사실은 나도 사서 마시는지 모른다. 매번 30여 킬로미터나 멀리 떨어진 곳에 가서 길어다 먹으니 휘발유 값이 적잖이 들어서다.

내 어릴 적…, 지금으로부터 오륙십 년 전이다. 물은 어디에나 널려 있었다. 아무 데서나 떠먹으면 됐다. 산, 들, 내…, 샘물이 '도처에 유청산' 이었다. 지금과는 딴판이었다. 오늘날엔 어딜 가나 마음놓고 먹을 수 있는 물이 흔하지 않다. 내 어릴 적…, 어머니는 들에 밥을 내오시고 주전자를 들고 산모롱이로 가셨다. 어머닌 그곳에서 물을 한 주전자 떠 오셨다. 주전자에는 안과 밖 온도 차이로 눈물이 송송 맺혔다. 들밥 먹기를 마친 식구들이 어머니가 떠오신 물을 벌컥벌컥 들이마셨다.

냇가에서 목욕을 하다가도 목이 마르면 시냇물을 그대로 마셨다. 육·칠월 무더운 여름…, 냇가에서 천렵을 할 때에도 시냇물에 쌀을 씻어 밥을 지어 먹었다. 좀 더 찬물을 먹는다며 냇가 풀섶 모래자갈을 헤쳐 샘을 파 마시기도 하였다.

학교를 오갈 때…, 꼴을 베러 산과 들로 다닐 때, 물은 아무 데서나 찾아 마시면 됐다. 산모롱이 바위 틈, 산골짜기 계곡마다에는 언제나 샘물이 넘쳐났다. 가랑잎으로 컵을 만들어 퍼 마시거나, 코를 박고 들이키기도 하였다. 샘물은 갈증을 풀어주기도 하고, 종종 허기진 배를 채워주기도 하였다. 이런 생수에 길들여진 나는 아직 사 먹는 것에 익숙하지가 않다. 그 흔한 물을 사서 마시다니! 살림을 어떻게 하겠다는 건가! 그냥 그런 생각이다. 어릴 적 먹던 그 물을 그렇게 또 마셨으면 좋겠다.

내 어릴 적 옛날에는 집집마다 우물이 있었다. 어머니는 아침 점심 저녁으로 그 물을 길어다 밥을 지으셨다. 동네 한 모퉁이에는 동네 사람들이 함께 쓸 수 있는 큰 우물이 있었다. 바가지로 떠서 마실 수 있는 깊고 넓은 우물이다. 이 샘은 사시사철 마르는 법이 없다. 집 우물이 마르면 아낙들은 물동이를 이고 거기 가서 물을 길어다 먹었다. 동네 잔치가 있는 때에도 이 샘물을 이용하였다. 물은 퍼도, 퍼도 언제나 넘쳐 흘렀다.

그런데 오늘날의 사정은 그렇지 않다. 그 옛날에 비해 참으로 많이 달라졌다. 어느 샘물도 마음 놓고 마실 수가 없다. 샘물마다에는 그 지역 지자체가 고시해 놓은 식수 분석표가 나붙어 있다. 그 결과의 대부분은 '식수 부적합' 이다. 대장균이 기준치 이상으로 많거나, 인체에 해로운 미생물 광물질이 많이 들어 있어 생수로 마시면 해롭다는 것이다. 가슴이 답답해지는 소리이다. 보기에는 멀쩡한데…, 산골짜기 어디에 흐르는 물도 마실 수 없기는 마찬가지이다. 공기중의 오염과 산성비 때문이다. 이제 냇물은 그냥 떠 마실 수 있는 곳이 전국 어디에도 없다.

내 어릴 적, 그 옛날엔 그렇지 않았다. 전국 어느 곳의 냇물도 그냥 마실 수 있었다. 그때처럼 아무 곳, 아무 물이나 마실 수 있는 날이 왔으면 좋겠다. 우리의 발전된 과학기술이 빨리 거기까지 갔으면 좋겠다.

〈2008. 11. 8. (토)〉

난 테니스가 좋다

난 테니스가 좋다. 나이가 들수록 더욱 그렇다. 테니스를 잘 한다는 얘기가 아니다. 재미가 있어 그냥 매일 친다는 얘기다. 이 나이에도 난 테니스 말고 별 다른 운동을 하지 않는다. 그것으로 하루의 운동량을 채우고 남기 때문이다. 의사들이 한결같이 하는 말이다.

"건강을 유지하려면 적어도 일주일에 두세 번 땀을 흘려야 합니다…."

그런데 난 이걸 테니스로 해결하고 있다. 그것으로 등과 이마에 땀을 충분히 낼 수 있어서다.

테니스는 우선 재미가 있어 좋다. 공을 쫓다 보면 어느새 시간이 훌쩍 지나가 버린다. 스코어에 연연하다 보면 호흡이 가빠지고 등허리에 땀이 흐른다. 발걸음도 빨라지고 과격해진다. 자신도 모르는 사이에 저절로 운동이 되는 것이다. '해야만 한다!' 이렇게 억지로 하는 것이 아니다. 재미에 빠져 뛰다 보면 어느새 운동이 되는 것이다.

테니스는 한 세트가 여섯 게임이다. 어느 쪽이고 여섯 게임을 먼저 따면 이긴다. 그런데 경기를 하다 보면 5 : 5, 혹은 7 : 5 이렇게 오밀조밀하게 진

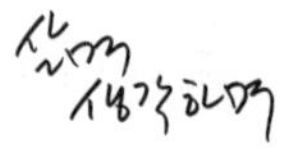

행되는 경우가 많다. 한 세트가 열 게임, 혹은 열두 게임이 되는 것이다. 이런 경기를 하루에 너댓 번 한다고 가정해 보자. 적어도 40번, 많게는 50번의 게임을 하게 되는 것이다. 글쎄 무리가 아니냐고들 한다. 그럴 수도 있다. 그러나 난 가끔 이렇게 해야만 직성이 풀린다. 하루에 사, 오십 게임…, 이걸 도보로 환산하면 과연 얼마나 될까? 2만 보는 족히 되지 않을까 싶다. 의사들이 말하는 하루 1만 보는 되고도 남는 거리이다.

테니스는 '익사이트' 하다는 것 외에 또 다른 장점도 지니고 있다. 우선 신사적인 운동이라는 것이다. 게임에 앞서 예의를 갖추어야 하고, 심판의 판단에 무조건 따르고, 상대에게 공을 넘겨 줄 때에도 앞에다 살짝 떨어뜨려 주어야 하고, 어느 경우이건 상대의 기분, 감정을 해치지 말아야 한다는 것이다. 상대와 자신의 인격을 동시에 높여주자는 의미인지 모른다. 보기에 참으로 그럴싸한 모습이다.

테니스는 나이가 들어서도 할 수 있고, 비용이 거의 들지 않는다는 장점도 지니고 있다. 코트에 나가 보면 50대는 물론이고, 60대와 70대 노인들도 젊은이들 못지않게 뛰는 모습을 아주 흔하게 보게 된다. 비용은 또 얼마나 저렴한가. 한 달에 회비 2~3만원이면 언제나 그것으로 족하다. 공용 코트라면 2만 5천 원이면 된다. 이 얼마나 저렴한가. 이 정도의 돈으로 한 달을 즐길 수 있는 곳이 어디 그리 흔하던가.

경기를 마치고 술 한 잔 하는 것도 저마다 1만원씩만 갹출하면 그것으로 언제나 넉넉하다. 기분 좋고, 비용이 적게 들고, 건강까지 지킬 수 있으니 이보다 좋은 일이 세상에 또 어디에 있을까. 가끔 부부가 함께 뛰는 걸 보면 차라리 부럽기까지 하다. 테니스를 치러 나가면서 내가 늘 혼자 하는 소리이다.

"나가서 보약 한 사발 먹고 와야지…."

사실이 그렇다. 내 나이 어느새 칠십에 가깝다. 그런데 난 아직도 이렇게 건강하게 뛰고 달린다. 종종 이 · 삼십대들 하고도 경기를 한다. 가끔은 그래야 존재의 의미를 느끼기도 한다. 그래서일까. 코트에서 만나는 사람들이 내게 하는 소리이다.

"선생님! 혹시 50대가 아니세요…!"

내가 웃을 수밖에 없다.

내가 테니스를 시작한 것은 70년대 초이다. 대학교를 졸업하고 취직해 사회생활 시작, 이 · 삼 년이 지났을 무렵이다. 벌써 40년 전의 일이다. 그즈음에 한참 테니스가 붐을 일으키기 시작하였다. 라켓을 메고 거리를 나서 보면 기분이 꽤 그럴싸하던 기억이 새롭다. 남들이 안 하는 고급스러운 운동을 하고 있다는 생각이 들어서였는지 모른다.

구력 40년…, 이 정도면 꽤 잘 쳐야 하는데, 사실은 그렇지 못하다. 그래서 가끔 창피를 느끼기도 한다. 선뜻 구력을 밝히지 못하는 이유가 바로 여기에 있다. 많은 세월 테니스를 하다 말다 한 것이 원인이 아니었나 싶다. 나이가 들면서 순발력이 떨어져서일 수도 있다. 이런 상태는 시간이 지나면서 더욱 심해져 요즘은 아예 짜증이 날 때가 많다.

"어…!!" 하는 순간 공이 벌써 앞을 지나간다. 즐긴다는 생각으로 쳐야 되겠다는 생각이 그래서 든다.

'테니스 망년회!!', 이런 말을 들어 본 적이 있는지 모르겠다. 난 지금껏 들어 본 적이 없다. 그런데 한 해를 넘기는 지난 12월 28일(일), 난 동호인들과 더불어 '테니스 망년회'를 가졌다. 한 해를 뜻 깊게 보내자고 하면서다. 오후 2시서부터 7시까지 게임을 하고, 저녁에는 밥과 술로 회식을 즐겼다. 경비는 게임에서 진 사람이 질 때마다 5천 원씩을 내서 쓰기로 하였다. 경기가 더없이 흥미진진한 것이 바로 그 때문이다. 회원들은 저마다 지지 않으려고 안간힘이다. 사력을 다하는 모습이 그래서 오후 내내 계속되었다. 망년회 기분을 제대로 내고 있구나 싶었다. 테니스 망년회가 이렇게 재미있는 줄, 난 예전에 미처 몰랐다. 마시며 웃고 떠드는 소리가 그래서 밤새 계속되었다. 집에 돌아올 때에는 대리운전을 불러야 했다.

그런데 이실직고할 게 하나 있다. 요즘 내 테니스가 말이 아니다. 한 마디로 예전 같지가 않다. 코트에 들어서면 얼떨떨하고, 몸이 움직이질 않는다. 내 딴엔 빨리 뛴다고 하는데 옆에서 보기엔 '슬로비디오' 보는 것 같다고 한다. 공 다루는 솜씨 또한 말이 아니다. 발리, 스매싱, 서비스, 어느 것 하나 잘 되는 게 없다. 발리는 네트에 걸리고, 스매싱은 코트 밖으로 나가고, 서비스는 힘이 없어 코트 안에서 바운드를 거듭한다. 이게 뭔가 싶을 정도로 말이다. 예전엔 그래도 그렇지는 않았는데…. 발리와 스매싱, 스트로크가 대충은 됐는데….

그런데 요즘은 아니다. 시합을 해 보면 이기는 수 보다 지는 횟수가 훨씬 더 많다. 나이가 먹어서 그런가? 너무 오래 쉬어서인가. 이제 한동안 열심히 연습을 해야겠다. 그래서 젊었을 때 수준을 대충은 되찾아야겠다. 그것으로 재미를 삼고, 건강을 지키기 위해서 말이다.

〈2008. 12. 30. (화)〉

펄펄…, 우리의 배구

2008 배구 월드리그 A조 2차 예선전이 27일 천안 유관순 체육관에서 열렸다. 세계 최강을 자랑하는 브라질에 맞서 싸우는 우리 선수들의 모습이 자랑스럽다. 인플레이의 긴장감, 이어진 긴장 속의 1세트, 체격과 신장 등 어느 모로 보나 우리가 열세이고, 세계 최강 브라질이라는 타이틀이 우리 팀에겐 버거워 보였다. 그러나 경기가 시작되는 순간, 우리 팀의 플레이가 너무 멋져 보였다. 져도 괜찮다는 생각이 들 정도로 훌륭한 경기를 했다.

우리 선수들의 경기 모습이다. 총알 같은 강서브, 용틀임 치듯 솟구쳐 받아 연결하는 날렵한 패스, 용수철처럼 튀어 올라 내려 꽂는 스파이크…, 스코어는 1:1, 2:2로 호각지세였다. 질 수밖에 없는 경기라고 생각하고 보는 경기여서 그런지, 마음이 느긋하고 경기가 더욱 흥미를 불러 왔다.

우리 배구가 어떻게 여기까지 오게 되었나, 가슴 뿌듯하였다. 브라질 선수들의 경기모습은 질풍과도 같았다. 펄펄 날고 뛰고 내려꽂는데, 마치 애니메이션을 보는 듯하였다. 이걸 받아 연결하고 때리는 우리 선수들의 모습 또한 그에 못지 않았다. 어쩌면 이길 수도 있다는 생각에 흥미가 증폭되었다.

첫 세트의 경기 내용, 용호상박(龍虎相搏) 접전이었다. 22:22, 그러나 승리의 여신은 우리에게 미소를 보냈다. 이경수(11)의 강스파이크, 문성민(4)의 기지 넘치는 연타…, 스코어가 순식간에 25:23, 우리 팀의 승리였다. 승패를 점치기 어려운 경기를 이긴 것이다. 우리 선수들의 얼굴에는 패기와 웃음이 가득하였다. 불안감이나 지리라는 생각은 아예 없는 듯하였다. 그래서인지 모른다. 우리 팀이 아슬아슬 승리를 한 것이다.

"아 멋집니다. 믿어지지 않습니다. 우리가 세계 최강 브라질에 첫 세트를 이겼습니다."

아나운서의 흥분된 목소리가 고막을 울렸다. 강스파이크가 브라질 코트에 꽂히고, 연타가 성공으로 이어져 첫 세트를 마무리하는 순간, 관중석의 응원단은 자리를 박차고 일어나 박수로 환호했고, 누군가는 대형태극기를 이리저리 흔들며 겅중거렸다. 우리의 배구가 이 정도로 발전했는가 싶은 게 등골에서 전율이 흘러내렸다. 이곳 저곳에서 우리의 힘이 막강하다는 생각에 이르러선 기분이 정말 상쾌하였다.

우리 민족이 세계에서 빼어난 민족이라는 것은 이미 널리 알려져 있다. 무역규모 세계 10위, GNP 세계 12위, 2002 월드컵 세계 4위, IT산업 세계 1위, 컴퓨터 이용 인구수 세계 1위, 세계인이 부러워하는 한글을 가진 나라, 600여 년 전 그렇게 과학적이고 독창적인 문자 한글을 가질 수 있었던 나라, 생각할수록 자랑스럽고 흐뭇하기만 하다. 세계에는 200여 개 국가와 수백의 인종(人種)이 존재하고 있다. 그 중에서 우리나라의 국력이 여러 곳에서 10위 권 안에 있다는 건 진정 자랑이 아닐 수 없다.

2세트는 다소 밀리는 경기였다. 6:10, 18:22, 이렇게 4점씩 끌려 다녔다. 결국 18:25로 2세트를 내주고 말았다. 실력에선 밀리지 않는데, 순간의 실수가 그런 결과를 가져왔다. 그러나 우리 선수들의 패기는 결코 주눅 들지 않았다. 오히려 기운이 넘치고 의욕이 용솟음치듯 생기가 있었다. 마치 지고도 이긴 것 같은 착각에 빠질 정도다. 어떻게 보면 세계 최강 브라질을 이 정도 끌고 온 게 자랑스러울 수 있다. 브라질 선수 임원들은 이기고도 진 분위기였다. 침통하고 고민하는 분위기가 역력했다. 잘못하다간 풀세트접전에서 질 수도 있다는 분위기였다.

3세트에서는 우리가 2:0으로 가벼운 스타트를 끊었다. 조짐이 좋았다. 경기는 계속 2점차 리드였다. 이경수의 스파이크로 스코어가 10:8, 순간 브라질 감독 '베로나르도' 의 한숨이 터져 나왔다. 이러다간 질 수 있다는 걱정 섞인 한숨인 듯하였다. 브라질의 스파이크 실수로 스코어가 14:10이 되자, 노기에 찬 브라질 베로나르도 감독이 코트를 향해 선수들에게 질책을 퍼부었다. TV화면이라 토키는 잡히지 않았지만 그의 행동, 제스쳐로 '야!! 이 멍청이들아 그렇게 하면 되냐!!' 이렇게 나무라는 듯하였다. 이때 아나운서의 흥분된 중계가 더욱 흥을 돋구었다.

"아~! 우리가 이렇게 잘 하고 있어요. 세계 최강 브라질이 쩔쩔 매고 있습니다."

3세트 스코어 15:14 앞집 뒷집에서 브라질의 올림픽 주역 '앤더슨' 의 서비스 미스로 16:14가 되었다. 순간 '앤더슨' 의 얼굴이 일그러지고, 자책의 입놀림 혀를 앞으로 내미는 모습이 TV 화면에 잡혔다. 문성민의 강서브, 이경수의 다이렉트 밀어 넣기, 스코어는 17:14, 순간 '베로나르도' 감독의 작전타임, 선수들을 꾸짖고 화를 벌컥 내는 모습이 시청자들을 민망하게 하였다.

브라질 감독의 호령이 효험이 있었나 보다. 이 후 3세트의 종반은 24:24 막상막하의 열전, 한 치 앞을 예측하기 힘든 상황으로 접어들고 있었다. 여기서 문성민의 강스파이크, '앤더슨' 의 손 끝 터치, 스코어는 25:24, 1점차 한국 리드, 그러나 브라질의 맞스파이크로 스코어가 25:25, 손에 땀을 쥐게 하는데, 다시 문성민의 스파이크 26:25, 그러나 브라질의 시간차 공격 스코어가 다시 26:26, 경기는 예측불허의 엎치락뒤치락이었다. 여기서 이경수의 강력한 백어택, 이경수의 또 다른 스파이크로 경기는 순식간에 28:26, 3세트 한국의 승리였다. 전체 경기 세트 스코어는 2:1 아슬아슬한 리드였다. 그러자 아나운서의 흥분된 목소리가 또 고막을 흔들었다.

"아! 기적 같은 일이 벌어지고 있습니다. 이 정도의 기량이면 세계 최강 브라질을 이길 수도 있습니다. 400개가 넘는 프로팀을 가진 브라질을 단 4개의 프로팀이 있는 우리나라가 이길 수 있다는 말입니다. 기적입니다."

아나운서의 흥분된 허스키한 목소리가 등줄기의 전율을 몇 번이고 불러냈다. 세트스코어 2:1 믿기 어려운 일이 현실로 벌어지고 있는 것이다.

문성민 선수의 경기 모습을 잠시 살펴보자. 강스파이크가 브라질 코트에 박히자 쑥스럽다는 듯 혀를 낼름 내밀고, 밀어넣기로 또 점수를 따자 멋쩍은 듯 고개를 움찔하며 히죽히죽 천진하게 웃었다. 21세의 어린아이 같은 행동이다. 4세트는 10:6, 17:14로 끌려 다녔다. 브라질의 서브는 공이 보이지 않을 정도로 빨랐다. 순간 저걸 어떻게 받을 수 있을까 싶은데, 공이 사뿐히 올라와 세터를 거쳐 스파이크로 이어진다. 혀가 내둘러질 정도이다. 져도 좋다는 생각이 그래서 든다.

4세트 중반, 문성민의 강스파이크가 브라질 코트에 그대로 꽂히자 흥분

한 아나운서의 목소리가 또 화면으로 튀어 나왔다.

“저 선수를 누가 21세의 나이 어린 선수라고 할 수 있겠습니까. 경기대에 재학중입니다.”

문성민의 강서브는 스코어 21:17을 단숨에 22:21로 끌어 올렸다. 그러나 4세트는 25:23으로 한국이 패했다. 세트스코어 2:2. 그야말로 죽기살기 혈전이었다. 이제 남은 경기는 5세트, 누가 15점을 먼저 따느냐이다. 끈기와 패기 인내심, 체력이 가름할 것이라는 생각이 들었다.

마지막 라운드 5세트, 15:15, 16:15, 숨막히는 접전이 벌어지고 있다. 그런데 끝내 17:15 두 점차로 지고 말았다. 순간 주장 이경수 선수가 코트에 벌렁 눕고, 거포 신예 문성민은 고개를 떨구고, 세터 권영민은 코트에 누운 이경수를 손으로 끌어 일으켰다. 보기에 너무 안타깝고 흐뭇한 장면이 교차되고 있었다. 대한민국의 배구, 이 정도면 정말 너무 잘 한 것이 아닌가. 우리 관중들의 입장에서 그렇다는 말이다. 우리 배구 정말 잘했다. 대한민국의 배구 만세 파이팅이다. 이튿날 신문에 어제의 배구기사가 실렸다. 살펴보니 보도 겸 상황설명이었다.

‘한국 배구 큰 일 낼 뻔’

‘최강 브라질에 풀세트 듀스 끝 역전패’

대표팀 지휘봉을 처음 잡은 감독, 대학생이 포함된 20대 선수들로 새 팀을 꾸린 한국 남자배구 대표팀이 세계 최강 브라질을 상대로 인상적인 데뷔를 했다. 유중탁(47세) 감독이 이끄는 한국은 27일 천안 유관순체육관에서 열린 월드리그 A조 2차전에서 브라질에 세트스코어 2대3(25-23, 19-25, 29-27, 23-25, 15-17)으로 역전패했다. 26일 1차전에서도 0-3으로 지긴 했지만 2, 3세트 내용은 대등했다. 1989년 이후 브라질과의 경기에서 11연패를 기록했지만 세대교체 성공 가능성을 보여줬다.

후인정, 신진식 등 작년 아시안게임 우승 주축이 빠진 한국(세계19위)에 브라질은 벅찬 상대였다. 하지만 젊은 선수들은 기대 이상의 활약을 펼쳤다. 여오현(29) 다음으로 나이가 많은 이경수(28)는 자신감 넘치는 스파이크와 블로킹(2)으로 21점을 올리며 주장 몫을 했다. 박철우(22)도 물오른 공격력으로 20득점했고, 14득점을 딴 막내 문성민(21)은 브라질 못지 않은 강서브로 서브 3개를 상대 코트에 꽂았다.

한국은 3세트 24:21에서 3점을 내줘 24:24로 쫓기며 위기를 맞았지만 문성민, 이경수의 과감한 공격으로 29:27을 만드는 집중력을 보였다. 강팀과 싸운 경험이 적은 평균나이 24.4세의 '어린 팀' 같지 않았다. 한국은 5세트에서도 11:14에서 3점을 내리 따내 듀스 접전까지 펼치는 뒷심을 보였다.

브라질의 베르나르도 감독은 "오늘 한국 선수들은 전사 같았다. 공격, 수비, 서브, 모두 훌륭해 우리는 경기 내내 힘들었다"고 했다. 신치용 삼성화재 감독은 "높이가 세계 어느 팀에도 밀리지 않게 됐고, 나이가 젊은 만큼 국제 경쟁력이 충분하다"고 평가했다.

이번에 출전한 12명중 여오현을 뺀 11명의 평균키는 1m 98로 브라질(1m 95)보다 크다. 신 감독은 특히 "김요한과 문성민이 서브 리시브 수비 능력을 보완하면 대표팀의 왼쪽 공격은 역대 최강이 될 것"이라고 했다. 한국은 이번 대회 A조에서 브라질, 캐나다, 핀란드와 12경기(홈 6경기, 어웨이 6경기)를 치른다. 다음달 2, 3일에는 전주 실내체육관에서 세계 12위 캐나다와 2연전을 벌인다.

〈2008. 9. 28. (일)〉

의사와 티격태격…

'생애전환기건강검진 2차 건강상담' 을 받으러 갔다가 의사와 싫은 소리를 주고받았다. 너무 소홀히 취급한다는 생각이 들어서다. 1차 검진결과를 놓고 벌이는 2차 건강상담에서 내가 의사와 승강이를 벌인 것은 두 가지 이유에서다. 하나는 음주문제, 또 하나는 당뇨병 때문이다. 난 원래 음주나 당뇨와는 거리가 먼 사람이다. 그런데 병원에서 내게 '통보서' 를 보내면서 음주와 당뇨에 문제가 있다고 했다. '상담통보서' 에는 도표와 더불어서 이런 끔직한 설명이 붙어있었다. '음주 위험' , '당뇨, 평균치보다 3.4배 높음…위험' 이런 내용이다. 이런 결과에 난 한참동안 어안이 벙벙하였다. 이럴 수가…, 뭐가 잘못돼도 한참 잘못된 게 아닌가! 내가 상담실에서 의사에게 조심스럽게 물었다. "선생님! 전 음주나 당뇨와는 관계가 없습니다. 검진 결과에도 이상이 없는 것으로 나와 있습니다. 문진표에 응답할 때에도 난 음주가 문제 된다는 것을 기록한 적이 없습니다." 그러자 의사가 하는 말이다. "아! 이건 어디까지나 참고사항입니다. 별거 아닙니다. 이 아래 설명이 그렇게 쓰여있지 않습니까? 신경 쓰지 마십

시오." 난 울화가 치밀었다. 음주와 당뇨병이 위험하다고 통지를 하고선 별거가 아니라니…, 참고사항일 뿐이라니…, 고민했을 사람은 안중에도 없다는 말이 아닌가. 대수롭지 않다니…!! 신경 쓰는 사람이 이상하다니…. 이럴 수가…, 차라리, "뭐가 잘못되었나 보군요. 가끔 그런 수가 있습니다." 하면 얼마나 좋을까. 별거 아닌 걸 왜 신경 쓰느냐 는…, 그 안이한 태도와 자세, 정말 알다가도 모를 일이다. 건강검진을 무슨 의례적인 통관절차쯤으로 아는 것인지…. 현행 의료체계가 그러니까, 그냥 이름 짓기 식으로 한다는 것인지?

내 생각엔 누군가 결과 '통보서' 를 잘못 작성한 것이 분명하다. '건강검진 결과통보서' 에는 당뇨의 수치가 '89 정상' 이다. 음주에도 아무런 이상이 없다. 그런데 이걸 누가 '상담통보서' 에 음주와 당뇨가 모두 위험하다고 기록을 바꾸어 놓은 것이다. 의사가 이런 사실을 확인했다면 잘못을 인정하는 것이 당연한 순리이다. 그런데 의사는 이걸 자꾸 뒤집으려 하고 있다. 아마도 자기네의 잘못을 인정하기 싫었던 모양이다. 아니면 한 낱 비전문인에게 그런 소릴 듣는 것이 자존심이 허락하지 않아서였는지 모른다.

의사는 끝내 실수를 인정하지 않았다. 그러면서 얼른 자리를 떴으면 하는 눈치를 보였다. "다음 환자를 봐야 하기 때문" 이란다. 대기실에는 단지 환자 한 명이 앉아 있을 뿐이다. 상담을 마치고 돌아 나오는 마음이 영 개운치 않았다. "누군가 입력을 잘못했다" 고 넉넉하게 대답을 할 수는 없었을까? 여유가 있는 자만이 그런 대답을 할 수 있는 것인가…. 안타까운 생각이 들었다. 교직에 있을 때…, 난 그런 걸 가끔 인정하기도 했는데…. "그렇지, 내가 잘못 생각했지…!" 그래야 더 미덥지 않은가?

〈2009. 1. 7. (수)〉

금연

담배를 끊은 지 4년이 되었다. 대학교 입학 때부터 피웠으니 40년 간 피워 오던 담배다. 끊기가 얼마나 어려웠을까…. 안 해 본 일이 없다. 사탕을 씹어 보고, 쵸코렛을 먹어 보고, 침을 맞아 보고, 냉수를 마시고, 금연 스티커 '니코틴엘'을 붙여보고…. 끊은 지 어언 4년, 이제 참을 만하니 비로소 끊을 수 있겠다는 생각이 든다. 그래도 가끔은 피우고 싶어 어쩔 줄을 모른다. 저만치서 누군가 담배를 피우면 나도 모르게 발걸음이 그쪽으로 간다. 구수한 냄새에 이끌려서다. 이런 유혹은 술자리에서 더욱 심하다. 한 대 피우고 싶은 생각이 너무 간절하다. 그런데 꾹꾹 눌러 참는다. 한 대 피웠다간 당장 내일부터 다시 피우게 될 것이 뻔해서다. 예전 같으면 어림도 없는 소리이다. 벌써 한 대 얻어 피웠을 것이다.

담배를 끊게 된 이유는 여러 가지이다. 무엇보다 건강이 염려되어서다. 정년을 전·후해 난 신체검사를 받으며 늘 불안했다. '이거 이상한 소리를 듣는 거 아냐…? 폐가 나쁘다면 어쩌지! 위가 나쁘다면…!' 늘 그런 걱정을 했었다. 검사를 받고서는 결과가 나올 때까지 또 불안해 어쩔 줄 몰랐다.

그러다가 정상판정을 받으면 그렇게 좋을 수 없고, 이걸 기회로 다시는 피우지 말자고 다짐을 거듭했다. 그러나 헛수고였다. 그러기를 수도 없이 반복했으니 말이다.

또 다른 이유는 주변에서 하나둘 담배를 끊는다는 것이다. 직장동료, 동창, 친구들…. 어느 날 보니 그 골초가 벌써 담배를 끊었고, 동창녀석들도…, "아직도 담배를 피우느냐…! 지금이 어느 때인데…"라며 조롱 섞인 핀잔이었다.

그러던 어느 날이다. 살펴보니 아직 나 혼자만이 담배를 피우고 있었다. 창피하고, 자존심 상하고, 울화가 치밀었다. 어느 샌가 숨어서 몰래 피우는 신세가 되었다. 직장에서도 문제였다. 동료들이 자꾸만 대화를 피했다. 여자 선생님들이 더욱 그랬다. 아까 벌써 밖에서 피웠는데…, 그것도 화장실에서 몰래, 그런데 소용이 없다. 선생님들이 계속 대화를 꺼렸다. 냄새가 진동을 해서다. 나만 냄새를 모르고 있는 것이다.

또 다른 이유는 집사람이 자꾸 자존심을 건드린다.

"끊긴 뭘 끊어…, 차라리 스티커나 붙이지 말지…. 그건 왜 자꾸만 붙이고 난리야…!"

베란다에서 몰래 피우고 있는 나에게 멸시에 찬 눈으로 바라보며 하는 소리이다. 들키지 않으려고 몰래 숨어서 피웠는데…. 울화가 치밀고 속이 상한다. 그렇다고 대거리를 할 수도 없다. 금연을 하겠다고 그 난리를 피운 게 어디 한두 번이어야지…. 그 때마다 이 사람 하는 소리이다.

"그냥 피우다 죽지 뭐…. 또 필 걸…."

머리가 욱신거리고, 등에서 식은땀이 흐른다. 이 사람 정말 한 대 쥐어박고 싶다. 며칠을 두고 아플 정도로 말이다.

끊고 나니 좋은 게 한두 가지가 아니다. 우선 주머니가 깨끗하고 간편하다. 냄새가 나지 않고, 손녀딸이 달려와 뽀뽀를 하잖다. 냄새가 나지 않아서 그런가 보다. 더 좋은 게 또 하나 있다. 그 사람이 잔소리를 하지 않는다. 눈을 흘기지도, 자존심을 건드리지도 않는다. 남의 속을 그렇게도 뒤집어 놓더니…. 거리낌 없이 남 앞에 설 수 있는 것도 장점이다. 입맛이 좋고, 밥맛이 나는 건 따라오는 덤이다. 아침에 일어날 때, 테니스를 칠 때, 거의 지치지를 않는다. 젊은이들처럼 줄기차게 뛰고 점프를 하며 운동을 한다. 주위에서 부럽다고 한다.

한동안 금단현상으로 참 많은 고생을 했다. 무얼 잊어버린 것 같고, 일이 손에 잡히지 않고, 밥맛이 없고…, 매사에 의욕이 없고…. 출근을 하다가, 운전을 하다가, 일을 하다가, 그냥 멍하니 먼 산을 바라보게 되고, 정신을 차리고 보면 어느새 딴 생각을 하고 있다. 일을 하다가도 정신을 놓고 무의식 속에서 한참을 헤맨다. 담배 때문에 그런 것이다. 밥맛이 없어 굶기도 여러 번 했다. 그러자니 힘이 빠지고 매사 의욕을 잃게 된다. 한 대 피우고 싶은 생각이 너무 간절해서다. 그럼 마구 날아갈 것 같은데….

그 고비를 넘기고 나니 이젠 제법 참을 만하다. 이러기를 한두 달, 일년 이년…, 벌써 4년이 지났다. 이젠 끊을 수 있겠다는 생각이 든다. 간절한 생각도 없어졌다. 돌이켜 보면 참으로 잘 견뎌냈다는 생각이 든다. 아직까지 담배를 끊지 못했다면 어쨌을까…, 아찔한 생각이 든다. 이 나이 들어 한 일 가운데 가장 잘 한 일이 아닌가 싶다.

〈2009. 4. 5. (일)〉

더치페이

요즘 내가 즐겨 애용하는 것이 하나 있다. '더치페이'(Dutch pay)이다. 비용을 계산할 때 각자가 자기 몫을 따로 계산하는 것을 말한다. 영어권에서는 'Going dutch' 라고 해서 개인부담이란 말로 쓰고 있다. 혹자는 일본말에서 따 온 속어 '붐빠이' 라는 말을 쓰기도 한다.

내가 '더치페이' 를 애용하기 시작한 것은 정년 이후부터다. 어느 날 테니스를 치러 코트에 나갔다가 생긴 일이다. 경기를 마치고 식사를 하는데, 식사비용을 멤버 수로 나누고 해당 금액을 각자가 내는 거였다. 이른바 '더치페이' 이다. 모임에 처음 나간 나로서는 당연히 내가 내야 한다는 생각을 가지고 있었다. 그런데 멤버들이 반대였다. 내가 내면 자기들도 내야 하고, 그렇게 되면 일이 복잡해진다는 것이다. 간편하게, 부담 없이, 그때그때 각자가 내는 것이 최선의 방법이라는 것이다.

내가 이 모임에 나간 지도 어느새 3년째가 된다. 우리는 별 일이 없는 한 일주일에 4번씩 테니스를 친다. 화, 목, 토, 일요일 오후 2시부터다. 경기 때마다 우리는 거의 매번 식사며 술을 한 잔씩 한다. 그 모든 때의 비용을 '더치페이' 로 한다. 각자 부담이 이 모임의 불문율로 되어 있다. 혼자의 부담은 애시당초 금물이다. 특별한 날을 제외하고는…. 가정에 경사가 있다든지, 좋은 일로 여러 날 해외 나들이를 했다든지, 그런 거 말이다. 그것도 어디까지나 자발적으로, 스스로 알아서…. 그러나 멤버들은 이마저도 원치 않는 경우가 많다. 서로에게 부담이 우려된다면서다.

'더치페이' 에 대해 내가 가끔 가지는 생각이다. 참으로 편하고, 공평하고, 부담이 없고, 합리적이라는 것이다. 무엇보다 부담이 없어 좋다. 대개의 경우 가까운 사이에도 자주 만나지 못하는 이유가 비용 때문일 수 있다. 먼저 전화를 해서 만나자고 하고 싶어도, 우리네의 관례가 전화를 건 쪽이 비용을 부담해야 되기 때문에 그러지를 못한다. 혹자의 생각이 아니라, 대개의 경우 그렇다. 막역한 사이라고 하더라도 관계가 자연히 소원해 질 수 밖에 없다. 그래서 어쩌다 만나게 되면 그간 소식을 전하지 못한 것이 미안하고 쑥스럽게 여겨진다. 죄를 지은 것 같은 생각이 들기도 한다.

'더치페이' , 이것은 전통적으로 우리의 정서는 아니다. 우리의 정서는, 누군가가 혼자서 비용을 부담하는 것이다. 각자 내자고 했다간 자칫 욕을 먹기 십상이다. 점잖지 못한 행동이라고…, 째째한 사람이라고…. 그래서다. 체면을 차려야 할 자리에 나갔다가, 비용 때문에 서로 눈치를 보게 되는 경우가 종종 빚어진다. 난처한 일이 벌어지기도 한다. 서로 얼른 자리를 뜨지 못하는 넌센스가 생기기 때문이다. 참으로 딱한 일이다.

'더치페이' 가 정말로 좋은 또 다른 이유는, 모임이 오래 가고 활성화 된다는 것이다. 눈치 안 보고, 부담이 없고, 공평하고, 편리해서일 것이다. 무엇보다 부담이 없어 좋다는 중론이다. 술을 한잔하거나, 식사를 하거나, 회식을 하거나, 가까운 데 놀러를 가거나…, 모두 그렇다. 부담이 없고 편리하기 때문에 모임이 오래 갈 수밖에 없다. 뿐만이 아니라, 멤버도 자꾸 늘어난다. 모임이 활성화되는 것이다. 분위기마저 화기애애하고, 언제나 웃음꽃이 만발한다. 이맛살을 찌푸려야 하는 일은 찾아보기 힘들다.

한 가지 예외가 있다. 이것은 늘 자주 만나는 사람들 간의 일이다. 어쩌다 만나거나, 가까운 친구, 예를 차려야 할 사이의 일은 아니다. 자칫 분위기를 망칠 수 있기 때문이다.

평생 직장생활을 한 사람들의 경우, 대개는 주위에 지인들이 많다. 당연히 퇴직 후에도 모임과 왕래가 잦게 된다. 그런데 주변을 둘러보면 그렇지 못한 경우가 흔하다. 이야기를 들어보면 그런 저런 일들로 모임이 이루어지지 않는다는 것이다. 우리 정서는 아니지만 시속에 따르는 것이 좋을 듯하다. 그러고 보니 나도 어느새 시속을 따르는 사람이 되어 버렸다.

〈2010. 8. 18. (수)〉

내가 골프를…

내가 요즘 골프를 치고 있다. 아니, 연습장에 나가 연습을 하고 있는 중이다. 벌써 3개월째다. 도시 팔자에 없는 일을 하고 있는 것이다. 내가 골프를 치다니….

일은 지난 5월 사위 혜리 애비가 저질렀다. 내가 하기 싫다는 골프를 이 친구가 자꾸만 졸랐다. 한 번 해 보라는 것이다. 아무리 말려도 이 친구 막무가내다. "연세가 들면 이제 골프를 쳐야 한다"는 것이다. 테니스는 너무 과격해 더 이상 할 수 없다면서다. 그래도 난 이를 한사코 말렸다. 이 나이에 새로운 운동을 한다는 것도 그렇고, 돈도 적잖이 들기 때문이다.

골프채만 해도 줄잡아 2백여 만원, 한 달 연습장 사용료 2십여 만원, 레슨비도 문제다. 대충 대여섯 달은 받아야 하는데, 그 비용이 만만한 게 아니다. 적어도 매월 20여 만원씩 들어가야 한다. 그 뿐만이 아니다. 연습을 마치고 필드에 나갈 때도 문제다. 돈이 너무 많이 들어서 한 번 나갈 때마다 20여 만원씩 들어간다. 그러니 그걸 어떻게 감당할 수 있겠는가.

그러고도 문제는 또 있다. 한 달에 한두 번 정도 필드에 나가서는 운동이 되지 않는다는 것이다. 그렇다고 자주 나갈 수도 없고…, 이래저래 난 골프를 할 수 없는 상황이다. 무엇보다 비용이 너무 많이 들어서다.

내가 골프를 하지 않으려는 데에는 또 한 가지 이유가 있다. 테니스 때문이다. 현재 난 일주일에 4번씩 테니스를 치고 있다. 화, 목, 토, 일요일이다. 매번 오후 2시부터 밤 7시까지 5시간씩을 친다. 벌써 30여 년째 해 오는 일이다. 그간 일 때문에 한 10여 년 쉬기는 했어도…. 현재의 테니스 멤버도 더 없이 좋다. 대개 30~40년 간씩 테니스를 해 오던 사람들이다.

테니스는 무엇보다 비용이 적게 들어 좋다. 월 회비 2만원, 여기에 라켓 하나만 있으면 그것으로 언제나 족하다. 테니스를 친 뒤에는 막걸리며 저녁 식사를 하는데, 그래봐야 매번 1만원을 조금 왔다 갔다 한다. 이 정도는 언제든지 상관 없지 않은가. 일주일에 끽해야 4, 5만원이 들어가니 말이다.

이런 이유들로 골프를 하지 않겠다고 한사코 버티고 있는데…, 어느 날 혜리 애비가 일을 저질렀다. 이 친구, 어느 날 3개월 짜리 멤버쉽 카드와 골프채, 그리고 골프 신발까지 사 들고 온 것이다. 그러면서 하는 말이다.

"아버님! 무조건 3개월만 해 보십시오. 그 다음엔 알아서 하십시오."

애원이었다. 옆에서 지켜보던 혜리도 답답한지 한 마디 하였다.

"할아버지! 그래요. 3개월만 해 보세요. 그리고 나서…, 난 이제 절대로 못한다!! 그렇게 말하세요. 그리고 하지 마세요."

입장이 난처했다. 한다고 할 수도, 안 한다고 할 수도 없는 노릇이다. 장고 끝에 우선 3개월만 해 보기로 하였다. 그리고 나서 지금 연습장엘 나가고 있는 중이다. 그간 주제넘게 나인 홀, 필드에도 두 번 다녀왔다. 모두 혜리 애비 충동질 때문이다. 그런데, 이상한 일이다. 골프가 생각보다 무척 어렵다는 것이다. 무엇보다 공이 맞지 않는다. 아니, 아예 맞을 생각을 하지 않는다. 가끔 TV를 보면서 가졌던 생각이다.

"아니, 왜 저렇게 못 치지! 그냥 휘두르면 되는 걸…, 참으로 이상하다…."

늘 그런 생각을 했었다. 그런데 실제로 해 보니 그게 아니었다. 도대체 맞지를 않는다. 백 스윙도 불안하고, 팔로우 스윙도 불안하고, 임팩트, 허리, 무릎, 모두가 불안하다. 뭐 하나 불안하지 않은 게 없다. 골프라는 게 이런 건가 싶다. 매번 비지땀이 흐르고 은근히 성질이 치민다. 나중엔 오기가 난다. 그래 어디 한 번 해 보자. 지까짓 게 언젠가는 되겠지…!

시간이 보름, 한 달 이렇게 지나 갈 때다. 조금씩 뭔가 맞기 시작하였다. 옆의 어떤 사람은 그 정도면 상당히 빠른 거라고 하였다. 오랜 기간 테니스를 해서 기본 폼이 잡혀서라는 것이다. 기본 동작과 스타일이 좀 다르기는 하지만…. 골프를 시작한 지 두 달이 지날 즈음, 이젠 제법 공이 맞는 것 같다. T샷의 경우 150m, 세븐 아이언의 경우 130m, S클럽의 경우 30, 50, 60m를 대충 생각대로 칠 수 있게 되었다. 공의 비상도 포물선을 그으며 멋지게 떨어지고, 런도 잘 이루어지고 있다. 시작할 때와 비교해 보면 미꾸라지 용이 된 듯한 기분이다. 연습에 재미가 붙을 수밖에 없다.

그런데 골프를 치면서 문제가 생겼다. 골프를 시작한 뒤로 테니스가 잘 맞질 않는다. 스트로크, 발리, 스매싱, 어느 것 하나 잘 되는 게 없다. 전에도 잘 한 건 아니지만, 요즘에는 그마저 되지 않는다. 무엇보다 스트로크가 문제다. 잘 맞지 않고 파워가 없다. 정확한 임팩트도 되지 않는다. 주위에서는 골프 때문이라고 한다. 쓰는 근육이 다르고 힘의 균형이 헷갈려서라는 것이다. 그러니 하루 빨리 골프를 집어치우라고 야단들이다. 한 가지만 하면 됐지, 뭐 그 나이에 두 개씩이나 하려 드느냐는 것이다.

어쨌거나 이러는 중에 골프를 시작한 지 어느새 3개월이 훌쩍 지나고 있다. 이제 당초 생각했던 대로, 골프를 접어야 할 시간이다. 그래서 그만두려는데, 혜리 애비가 또 문제를 제기했다.

"아버님! 시작하셨으니까 한 6개월은 더 하셔야지요. 그래야 정말 필드에 마음놓고 나가실 것 아니겠습니까."

그렇게 말려도 이 친구 말을 듣지 않는다. 그러던 어느 날 휴대폰으로 문자가 왔다. '다일락 멤버로 6개월 연장하신 것을 환영합니다.' 이게 또 일을 저질렀구나 싶었다. 말려도 소용이 없다. 환불을 하려 해도 되지 않는다. 어쩔 수 없이 얼마간 더 해야 할 모양이다.

팔자에 없는 골프를 그래서 하고 있다. 집사람은 "사람이 맺고 끊는 데가 없어 그 모양"이라고 잔소리이다. "어떻게 감당하려고 그러느냐"는 것이다. 글쎄 난 모른다.

〈2010. 9. 3. (목)〉

매미가 울어요

2010년 여름, 비가 참 많이 내린다. 하루 걸러 한 번씩, 어떤 땐 며칠씩 계속 내린다. 그래서다. 이번 여름은 지리한 장마로 밝은 날을 거의 볼 수 없다. 7~8월 두 달, 한 달에 20일 이상 비가 내리니 매일 비가 내린 셈이다. 내 평생 비가 이렇게 많이 지리하게 내리는 건 처음 보는 듯하다.

테니스를 좋아하는 나는 비가 달가울 리 없다. 일주일에 몇 번은 쳐야 하는데, 비가 계속 내리니…, 어디 실내 코트라도 있으면 좋으련만, 그런 곳도 없고, 하루종일 몸이 근질근질하다. 좀이 쑤셔 계속 앉아 있을 수도 없고…, 그러니 어쩌겠는가. 다른 운동을 할 수밖에, 비가 와도 상관이 없는…. 그래서 가끔 찾는 곳이 골프연습장이다.

내키지 않는 마음으로 골프장으로 차를 모는데, 갑자기 어디선가 매미 우는 소리가 들려왔다. 그렇게 반가울 수가, 꼭 구세주를 만난 기분이다. 드디어 테니스를 칠 수 있겠구나…. 매미라는 놈, 참으로 기이한 놈이다. 햇빛만 나면 이내 울어댄다. 특유의 박력 있는 울음이다. 매에앰…, 맴….

한 놈이 울기 시작하면 옆의 놈도 덩달아 목청을 돋군다. 순식간에 매미 소리로 온 동네가 시끄럽다. 이럴 때 내 기분이 어떠하겠는가. 테니스를 칠 수 있으니 이건 정말 너무 좋지 않은가. 내가 차를 몰면서 한 멤버에게 전화를 걸었다.

"네…! 정 고문님! 매미가 우네요…."

그랬더니 이 양반 벌써 알아 듣고 하는 소리이다.

"네! 알았어요. 알아볼게요."

얼마 뒤 전화벨이 울렸다. 정 고문이다. 이 양반, 내가 전화를 받자마자 하는 소리이다.

"네, 윤 선생님! 3시간 뒤에는 칠 수 있답니다. 이따가 오후 3시부터 칩시다. 그때 모두들 나온다고 했어요."

기분이 여간 좋은 게 아니다. 찌뿌드드하던 마음이 확 풀리는 기분이다.

이 날 우리의 테니스는 저녁 7시까지 계속되었다. 모두 서너 세트씩을 하였다. 한 세트가 여섯 게임이니 모두 30게임 이상씩을 한 셈이다. 이마엔 구슬땀이 흐르고, 티셔츠가 몇 번씩 젖었다 말랐다 하였다. 노친네들이 힘도 좋다. 서너 세트씩을 하고도 지치는 기색이 없으니…. 모두 구력 30년 이상이니 그럴 법도 하다.

게임을 하고는 막걸리며 저녁식사를 하였다. 갈증 뒤의 시원한 막걸리 한잔 그야말로 꿀맛이다. 모두들 "어이…! 시원하다!!"를 연발하였다. 여기에 잘 구워진 그럴싸한 해물파전과 녹두전이 있으니, 이건 정말 제격이 아니던가. 입맛이 돌지 않을 수 없다. 두어 잔씩 잔을 기울이니 이내 취흥이 돈다. 모두의 얼굴이 벌겋다. 말수도 늘고, 웃음소리도 잦고 높아진다. 주위의 시선에도 고성과 웃음이 계속된다. 할 수 없을 것 같던 테니스를 했다는 즐거움이 무엇보다 크다.

멤버들의 테니스는 긴 장마에도 평소만큼을 친다. 오전에 비가 오면 오후에, 오후에 비가 오면 다음 날 아침에 쳤다. 게임을 하다가 비가 오면 일단 멈추었다가 그치고 땅이 마르면 다시 쳤다. 비가 오지 않을 때에는 화, 목, 토, 일요일에 쳤으나, 비가 매일 오니 이 날짜를 지킬 수 없다. 그래서 비가 그치기만 하면 언제든 전화를 걸어 게임을 하였다. 멤버들 중에는 유별난 테니스 매니아가 한 사람 있다. 젊었을 때는 선수 생활, 한 때는 경영을 하고…, 테니스로 많은 세월을 보낸 사람이다.

우리들의 테니스는 이 양반 때문에 가능하다. 코트 앞에 거주하는 이 양반, 하루에도 몇 번씩 코트를 들락거린다. 비가 오다가 그쳤다 할 때에도 늘 그런다. 코트사정을 살펴 게임을 조절하자는 것이다. 게임을 할 수 있겠다 싶으면 전화를 걸어 모두를 나오게 한다. 할 수 없을 듯하다 싶을 때에도 코트에 모래를 뿌려 칠 수 있도록 정리한다. 이 양반 정말 우리의 호프다. 지리한 장마가 계속 되는 날, 어디선가 갑자기 들려오는 귀익은 매미소리, 난 그 매미 소리가 그렇게 좋다.

요즘 내가 가끔 하는 생각이다.

"역시 취미는 같아야 하는구나…."

그래야 자주 만날 수 있지 않은가. 취미가 같지 않으면 그럴 수 없다. 내가 정년을 한 지도 어느새 5년이 지났다. 그런데 재직 때 함께 하던 교우들은 기껏 한 달에 한 번 정도를 만난다. 고등학교 동창들도 마찬가지이다. 초등학교 동창들은 분기별로, 기타의 모임도 대부분 분기별이다. 한 달에 한 번 만나는 것도 따지고 보면 자주 만나는 셈이다.

그런데 취미가 같다면 어떻게 될까. 수시로 만나게 된다. 내 테니스 모임이 그렇다. 정기모임은 일주일에 4번이지만 이건 어디까지나 규정이고, 시간만 나면 만난다. 어느 때는 일주일 내내 만나기도 한다. 개근이다. 취미가 같다는 이유 때문이다. 테니스만 하는 게 아니다. 자주 이곳 저곳 놀러도 다닌다. 미식가처럼 맛집을 찾아다니기도 한다. 나이가 들어 이런 모임을 갖기가 어디 그리 쉬운 일인가.

우리들 테니스 멤버 여덟 명의 면면들이다. 전 · 현직 교수, 사장, 회사 중역, 은행 본부장, 그리고 나 같은 교직자도 하나 있다. 살펴보면 이 양반들 참으로 대단한 사람들이다. 그 나이에 모두 대학을 나오고, 높은 사회적 지위에 있거나, 있었으니 빼어난 사람들일 수밖에 없다. 이 양반들 승부욕, 테니스 기술 또한 대단하다. 게임을 할 때의 일이다. 인이냐 아웃이냐, 라인에 걸쳤느냐 아니냐로 끝없는 시비가 오간다. 그때 뿐이긴 하지만…. 이 사람들 발리 스매싱 슬라이스 로빙 못 하는 게 없다. 어떤 멤버가 가끔 슬라이스를 넣고 하는 소리이다.

"어이, 김 선생! 내 사시미 맛 어때…! 그거 아무나 못 받아, 복 사시미야…!"

로빙을 하면서도 하는 소리이다.

"다쳐! 뛰지 마, 그거 맞히기만 해도 잘 하는 거야!"

짧은 슬라이스를 넣고 또 한 마디 한다.

"어…! 그거 잘못 맞았어, 주의할게…."

말이나 못해야 밉지나 않지…. 그래도 좋다. 난 오늘도 매미 소리가 들려오기를 기다리고 있다.

〈2010. 9. 10. (금)〉

1996년 8월 9일, 섬진강변 바위 위에서…

아무리 보아도 섬진강 물은 맑고 깨끗하다.
멀리서도 물 속 모래알이 보일 듯하다.
피서객들이 쳐 놓은 텐트가 백사장에 줄지어 있고,
재첩 잡는 아낙들의 손길이 한참 바쁘다.
은어를 잡는 강태공들의 모습,
천렵꾼들의 모습이 어릴 적 고향 냇가를 보는 듯하다.
물로 뛰어들어 수영을 즐기고 싶은데…
친구의 재촉으로 이내 자리를 떠야 했다.

형수님의 병문안 · I

병원에 입원해 계신 형수님 병문안을 다녀왔다. 분당 '트리폴리스' 맞은편 산기슭 '보바스' 기념병원 405호실…. 형수님은 다른 대여섯 환자들과 더불어 한 평 남짓 침대에 누워 있다.

"서방님! 이게 얼마 만이유! 정말 오래 간만이유! 그 동안 보고 싶었어요. 정말이유…!!"

이 양반 시동생을 보자. 이렇게 어쩔 줄 몰라 하신다. 그리고는 몸을 일으키려 안간힘을 쓰고, 반갑다는 말을 계속하신다. 보름에 한 번은 찾아뵙는데, 이 양반 늘 오래 간만이라고 한다. 지내기가 그만큼 어렵고 힘이 드신 모양이다. 한 평 남짓, 침대에 누워 계신 형수님은 그 모습이 너무 초라해 보인다. 몸이 불어나 50킬로쯤 나가야 하는 몸이 80킬로가 넘는 듯하다. 얼굴은 평소보다 훨씬 커 보이고, 머리는 거의 백발이다.

거기다 눈이 조금 사시가 돼 있어 보기에 여간 딱한 게 아니다. 말은 어눌해서… 잘 알아들을 수 없는데, 치매기가 있으신지, 한 말을 자꾸만 반복하신다. 가끔은 헛소리까지 하신다.

"서방님! 나 어제 복우물(福井洞) 다녀왔다우…. 가서 어머니도 뵙고, 물도 긷고, 밥도 지었어요."

이게 어디 될 법이나 한 소리인가…!! 어머니도 뵙고, 밥도 짓다니…! 당신은 단 한 발자국도 걷지를 못하면서…! 아마도 이 양반 그 옛날 새색시 때를 생각하는 모양이다. 그런데 가끔 내 집 걱정까지 하신다.

"서방님! 요새는 쉬시지요? 학교에 안 나가지요. 지내기는 괜찮으세요? 아무개는 장가 안 보내요? 색시는 있다면서요?"

이렇게 괜한 걱정이시다. 뵙기에 딱하기만 하다. 아프지만 않으면 저렇게 누워 계실 분이 아닌데, 여기저기 놀러나 다니실 텐데…. 가엾고 안타깝기 짝이 없다. 좋은 날들만 남았는데…. 병원에 입원하기 전에는 여기저기 여행만 다니셨는데….

형수님이 우리 집으로 시집온 것은 50여 년 전이다. 스물 한 살 어린 나이에 새아기 며느리로 들어와서 그 많은 세월을 층층시하에서 고생만 하셨는데…. 시할아버지, 시부모, 시숙과 숙모, 올망졸망 다섯 명 시동생과 시누이…, 이렇게 열두 명 식구 뒷바라지에 몸 고생 마음 고생이 말이 아니었다. 시골부자 일부자라고 하지 않던가.

이 양반 일년 열두 달, 한 시 반 시 쉬는 날이 없다. 남들처럼 잘 먹고 잘 지낸 것도 아니다. 1950년대 대부분 시골 사람들이 그러하듯 굶지 않을 정도의 삶을 살았다. 남편 복이라도 있으면 좋으련만…, 그마저 여의롭지 못했다. 당신의 나이 마흔 여섯, 한참 재미있게 살 나이에 그만 남편을 잃고 말았다. 얼마나 황당하고 기가 막혔을까?

앞날은 또 얼마나 부담스럽고 걱정스러우셨을까? 슬하에 막내 딸 하나, 아직도 짝을 지어 주지 못하고 있는데…. 당신의 시아버지는 또 어떤 분이던가? 그 많은 잔 말씀, 간섭, 어느 것 하나 곱게 넘어가지 않는 분이다. 남편 사별 후 이런 시아버지를 20여 년이나 모셨으니, 그 속이 얼마나 탔을까? 욕심 없이, 어린 것들 때문에, 그냥 그러려니…, 하고 사셨으니까 그렇지…, 아니면 보따리를 몇 번 쌌을지 누가 알 일인가? 다행히도 이 양반 성격이 모나지 않아서…, 가타부타 시시비비를 가리지 않아서…, 주변 사람들과 잘 어울리는 성격이어서…, 그런 대로 세상을 잘 살아왔다.

나는 이런 형수님이 그간 별 어려움 없이 살 수 있도록 여러 가지로 신경을 써 드렸다. 형님 별세 후 지난 20여 년 동안을 늘 그랬다. 그래서였을까? 형수님은 지난 그 숱한 세월을 남의 눈치 보지 않고, 비교적 여유 있는 삶을 살아오셨다. 그러다가 이 양반 운명이 바뀌게 된 것은 4년 전의 일이다. 2004년 12월 4일 오전 6시…, 혈압이 높아 매일 혈압약을 복용했는데, 그만 기회를 놓치고 말았다. 이런 실기(失機)가 며칠 계속되었다. 아마도 별 일이야 있겠나…, 싶었던 모양이다. 이게 탈이 되어 결국 어느 날 새벽 화장실에서 쓰러져 정신을 잃고 말았다. 종합병원으로 긴급히 옮겨 수술을 받았으나 절망적이었다. 의식을 회복하지 못한 채 여러 날을 중환자실에서 혼수상태로 보내야 했다. 이러다가 이 양반 어떻게 되는 게 아닌가…, 한 걱정이 들었다.

형수님의 혼수상태는 한 달간이나 계속 되었다. 퇴근 때마다 들러 보지만 가망이 없어 보였다. 깨어날 기미도 보이지 않았다. 형수님의 머리에는 흰 붕대가 감겨져 있고, 얼굴에는 인공 호흡기, 코와 목에는 긴 고무 호스가 늘어져 있었다. 팔과 손 여기저기에는 주사바늘이 꽂혀 있었다. 보기에 여간 답답한 게 아니다. 저러다 깨어나지 않으면…, 불길한 생각이 종종 머리를 어지럽혔다.

이렇게 한 달여가 지나자 형수님이 조금씩 의식을 되찾기 시작했다. 손과 팔다리에 힘이 돌아오고, 조금씩 움직이기 시작하였다. 가끔은 눈을 떠 여기저기 주위를 살폈다. 그러나 아직도 의식은 없어 보였다. 사람을 알아보지도, 소리를 듣지도 못하는 듯하였다. 참으로 큰 일이 아닌가…. 식사는 링겔주사와 목에 구멍을 뚫어 삽입한 고무 호수로 해결하는 상태였다. 중환자실에서 일반병실로 옮긴 것은 이러고도 한 달여가 지난 뒤였다. 그러나 일반병실로 옮기면서 알게 된 사실은 왼쪽 팔다리에 마비가 와서 거의 쓰지 못한다는 것이다.

현재 형수님은 이 병원 저 병원을 전전하며 입원을 계속 하고 계시다. 한 병원에서 오래 머물 수 없는 것은 현행 의료체계 때문이다. 두 달여를 있다가 다른 병원으로 옮기자니 그 노릇도 못할 노릇이다. 환자도, 보호자도 고생스럽기는 마찬가지이다. 입원비, 간병비도 큰 부담이다. 하루 이틀도 아니고, 벌써 4년을 저러고 계시니…. 병실을 찾는 일도 어렵기는 매 한 가지이다. 날로 어려워지는 환자를 보는 것도 차마 못할 노릇이다.

형수님이 오늘은 다른 때보다 훨씬 측은해 보였다. 몸의 상태가 그렇고, 행동이 그렇고, 병의 상태가 그렇다. 가져간 과일을 깎아 드리니 잡수시지 못하겠다고 하신다. 과일로 만든 죽 같은 '요플레' 를 드리니 좀 잡수시겠다고 하신다. 그러면서 하는 말이다.

"서방님! 난 '요플레' 는 잘 먹어요. 그것 밖에 먹는 게 없어요."

병만 아니면 함께 여행도 다니고, 맛있는 음식도 잡수시러 다니실 텐데…. 안타깝다. 좋아질 날이 있을 것 같지도 않다. 여생을 좀 더 편안히 보낼 방법은 없는 건지! 답답하기만 하다.

〈2008. 11. 23. (일)〉

형수님의 병문안 · II

요즘 형수님의 병환이 말이 아니다. 그야말로 악화 일로다. 말도 못하고, 식사도 못하고, 움직이지도 못하신다. 뇌졸중으로 쓰러져 병원과 요양원을 전전한 지 벌써 6년째다.

며칠 전 요양원으로 찾아뵈었을 때다. 형수님은 침대에서 움직이지를 못하셨다. 누군가 이리저리 밀거나 옮겨 주어야 간신히 몸을 움직였다. 뵙기에 여간 딱한 게 아니다. 식사는 호수를 통해서 하고 계셨다. 눈은 초점을 잃고, 몸 이곳 저곳은 피멍으로 얼룩져 있다. 설상가상으로 심한 피부병까지 앓고 계시다. 이걸 어쩌나 싶은 게 한숨이 절로 나왔다.

형수님은 나를 알아보는 것 같지가 않았다. 아무리 눈을 맞추려 해도 표정이 없으시다. 얼굴을 가까이 들이대도 마찬가지이다. 얼굴을 이리저리 돌리며 아는 체를 해 봐도 묵묵부답이시다. 내가 답답해서 물었다.

"내가 누군지 아세요?"

대답이 없다. 혹시 속이 상해서 그러시나 싶어 다시 여쭈었다.

"내가 누구예요! 누구냐고요? 아세요?"

그러나 반응이 없다. 멀뚱하니 쳐다만 보고 계시다. 너무 답답해 내 가슴을 툭툭 치며 다시 물었다.

"내가 누구예요~? 누구냐고요, 아세요?"

그 때다. 이 양반이 머리를 끄덕였다. 너무 반갑다. 알아보는 게 틀림없다. 그러나 표정은 여전히 없으시다. 잠시 뒤, 조금 전의 대답이 우연이 아니었나 싶어 다시 물었다.

"내가 누군지 아시냐고요?"

조금 전과는 달리 대답이 없다. 자꾸 대답하기가 싫으신 모양이다. 옆에서 지켜보던 간병인들이 답답한지 대바쳐 물었다.

"할머니! 이 분이 뉘신가요. 맞혀 보시기요."

역시 대답이 없다. 화가 나신 모양이다. 자꾸 물으니까…. 간병인들이 전하는 말이다. 형수님이 가끔 말을 한다는 것이다. 오늘 아침에도 "아이 춥다"라고 했다고 한다. 그러고 보면 이 양반 화가 나서 말이 없으신가 싶기도 하다. 자주 찾아오지 않는다고…. 이번엔 한 달이 넘도록 찾아뵙지를 못했다. 그간 두 주에 한 번은 늘 찾아뵈었는데…. 편편치 못한 종친간 송사, 조상님들 묘소 벌초, 그런 일들이 겹쳐서 찾아뵙지를 못했다.

잠시 뒤 내가 다시 여쭈었다.

"왜 화가 나셨어요?"

그래도 말이 없으시다. 단단히 삐지신 모양이다. 뚫어져라 쳐다만 보신다. 방안에는 중증 요양인들이 꽤 많다. 열 명쯤 되는 듯하다. 모두가 간병인의 부축을 받고 있다. 도움이 없으면 움직이지 못하는 분들이다. 보기에 여간 딱한 게 아니다. 저 양반들도 그럴싸한 젊은 날들이 있었을 텐데…, 삶을 주도한 날들이 있었을 텐데…, 안타까운 생각이 들었다. 형수님도 그런 분들 중 한 사람이다. 젊은 날에는 맏며느리로 동네를 껴안고 사시던 분이다. 어느 것 하나 부러울 것 없이 잘 사시던 분이다. 노년에 들어서는 솔가(率家)와 여행을 하면서 생을 즐기기만 하면 되는 분이었다. 그런데 지금은 한낱 보잘것 없는 환자가 되어 초라한 몸으로 저렇게 침대에 누워 계시다. 안쓰럽고 서글프기 짝이 없다. 건강관리에 조금만 신경을 썼더라면 저 지경이 되지는 않았을 텐데….

침대에서 무슨 생각을 하고 계실까…, 형수님의 입장에서 세상을 바라보았다. 이게 누구인가. 그토록 보고 싶던 시동생이 아닌가. 그런데 왜 이제서야 나타나는 것인가. 얄밉지 않은가. 저는 멀쩡하고 나는 이렇게 누워 있는데…. 당신의 상태는 또 어떠한가. 모두가 불편하지 않은가. 먹을 수도, 움직일 수도, 말을 할 수도 없다. 뭘 어찌 할 수 있는 게 없지 않은가. 정말 속이 상한다. 도대체 이게 뭐냔 말이다. 왜 내가 이렇게 누워 있어야 하나. 아느냐고 자꾸만 묻는데, 왜 모르겠는가. 말이 잘 나오지 않아 그러는 걸 어쩌겠는가. 묻고 또 묻는데 딱하기만 하다. 머리를 끄덕였으면 됐지….

그나저나 세상이 참 야속하다. 이렇게 누워 있으니…, 찾는 이가 아무도 없다. 평소엔 주위에 그렇게 사람들이 많았는데…. 얼마를 있자니 배식(配食) 차가 방으로 들어왔다. 점심시간이란다. 이내 환자들의 상이 펼쳐지고 밥상이 차려진다. 형수님에게는 멀건 죽이 닝겔팩에 넣어져 식사가 시작되었다. 이제 가야 할 시간이다. 그래서 병원 문을 나서려는데 공연히 마음이 뒤죽박죽이다. 속이 상하고 울화가 치밀고, 무얼 어떻게 할 수 없다는 것이 더욱 화가 난다. 뭔가 도와 드렸으면 싶은데 방법이 없다. 더 없는 무력감이 자꾸만 밀려온다. 허무하지 않은가. 잘 살아야 하는데….

〈2010. 9. 21. (화)〉

1986년 서울 길동 한길회 테니스클럽

테니스를 좋아하는 내겐 비가 달가울 리 없다.
일주일에 몇 번은 쳐야 하는데 비가 계속 내리니…
어디 실내 코트라도 있으면 좋으련만,
그런 곳도 없고, 하루종일 근질근질하다.
어쩔 수 없이 골프연습장으로 차를 모는데…
어디선가 말매미소리가 요란하게 들려 온다.
그렇게 기분이 좋다.
비로소 테니스를 칠 수 있겠구나…

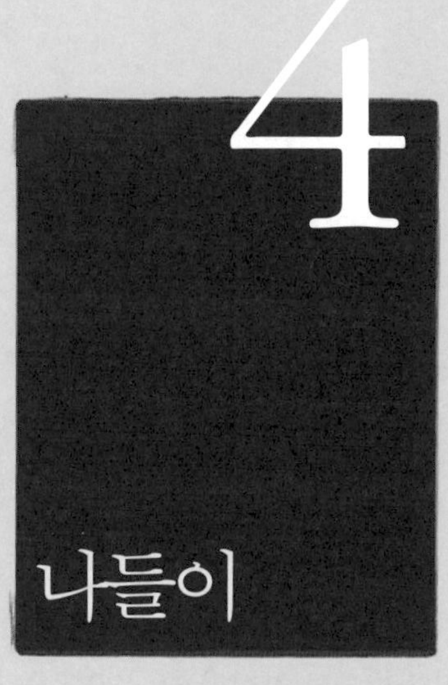

월매의 집은 얼른 보아도 내 어릴 적 시골집이다
성큼 들어가 보니 그 옛날 고향집이 틀림없다
안채며 행랑채 마루며 부엌 안방이며 건넌방…
지붕으로 뽑아 올린 널빤지 굴뚝 개구멍 울타리…
보리밥에 된장 열무김치 바가지 밥이 그립다
툇마루에 앉아 막걸리 한 사발 들이켰으면 좋겠다
하룻밤 묵어 갔으면 싶다

창령의 우포늪

벼르고 벼르던 '우포늪' 답사에 나섰다. 차일피일 미루다 여름방학을 맞아 비로소 용기를 낸 것이다. 내가 이곳을 찾기로 한 것은 어느 날 신문에 실린 '우포늪 그대 영원하라'(1996. 5. 30, 「경향신문」)는 기사를 읽고서다. 이 글이 내 호기심을 자극해 나를 길로 몰아 세웠다.

물도 뭍도 아닌 늪, 국내 최대 규모 51만평. 온갖 풀 나무 곤충 물고기 새, 그리고 인간을 품에 안은 자애로운 곳. 1억4천만 년 전의 모습을 그대로 간직한 마지막 자연의 늪. 산으로 둘러싸여 개발이란 탐욕의 칼날을 피할 수 있었던 생태계 박물관, 그곳에 여름이 왔다.

광활한 늪지에는 수많은 물풀들이 머리를 내밀고 있다. 부들, 창포, 갈대, 줄, 올방개 붕어마름, 벗풀, 연꽃 등이 무더기로 자라고 있다. 늪에 반쯤 밑둥을 담그고 있는 나무가 원시의 분위기를 자아낸다. 물도 뭍도 아닌 늪, 태초에 생명이 탄생한 곳, 시간은 흘렀지만 공간은 그대로이다.

연록색 개구리밥이 융단처럼 깔려 있는 늪의 가장자리에는 벌써부터 잠자리가 무리지어 맴돈다. 멀리서 큼직한 날갯죽지를 푸드득거리는 백조,

열심히 고개를 박고 물고기를 건져 올린다. 이렇게 수많은 수생식물과 곤충, 새들이 살고 있는 우포늪에는 원초적인 먹이사슬과 생명의 신비가 고스란히 남아있다. 우포늪에서는 지금까지 수생식물 34종, 수서 곤충 35종, 조류 350종이 확인됐다. 고추잠자리는 지천으로 깔려 있고, 밀잠자리, 실잠자리가 온통 하늘을 뒤덮는다. 잠자리 종류만도 10여 종이 넘는다. 360여 마리의 백조도 날아다닌다. 겨울에 떠나지 못한 태극 오리는 아예 눌러앉아 곳곳에서 솟구쳐 오르며 터줏대감 노릇을 하고 있다.

겨울이면 이곳은 철새들의 천국, 철새가 가장 많이 찾던 주남저수지 인근에 건물들이 들어서면서 우포늪으로 둥지를 옮겼기 때문이다. 쇠기러기 큰기러기 물닭 댕기 물떼새 쇠오리 청머리 오리 흰 비오리가 우포의 식구. 웬만한 큰 산에서조차 찾아보기 힘든 매도 곧잘 눈에 띈다. 우포늪은 1억4천만 년 전 한반도의 생성과 함께 태어났다. 이 땅에 사람이 살기도 전에 낙동강 일대의 지반이 내려앉고 그 위에 물이 차 늪이 됐다.

이제 늪이 모습을 제대로 갖추고 있는 곳은 국내에 단 한 곳, 바로 우포늪이다. 우포가 개발을 피할 수 있었던 것은 천혜의 요새 같은 지리적인 여건 때문이다. 주위가 온통 산으로 둘러싸여 있어 개간이 어려워서다. 언뜻 보기에 우포의 물은 더럽다. 그러나 지렁이 한 마리 살기 어려운 오염된 강줄기와는 크게 다르다. 스스로 완벽한 자정작용을 한다. 물가에 뿌리를 박고 사는 줄 갈대, 버들이 인과 젖산 등 오염물질을 빨아들이고 산소를 뿜어낸다. 1헥타 아르에 들어가는 환경정화 비용이 40만 달러, 따라서 150헥타아르에 달하는 우포는 모두 480억 원 어치의 가치를 지니고 있는 자연정화조인 셈이다.

우포늪에도 여름이 다가오고 있다. 여름이면 공해를 모르는 물풀은 더욱 무성해지고 벌레들은 살찌고 철만난 개구리의 울음소리는 더욱 요란해진다. 1억 년 전 태고의 신비를 그대로 보여주는 살아있는 박물관에서는 모든 생명들이 생명답게 살고 있다.

이 기사를 읽고 느낀 것이다. 어릴 적 뛰어 놀던 고향 산천, 산과 들, 내와 연못, 웅덩이가 머리를 어지럽혔다. 순간 그때 그 정취를 꼭 한 번 느껴 보고 싶은 마음이 강하게 머리에 와 박혔다.

어릴 적 시골, 고향 동네의 모습이다. 논에는 연못과 웅덩이가 여기저기 널려 있었다. 수리 시설이 안 된 때라서 여름철 논에 물을 대기 위해 만들어진 것들이다. 이 웅덩이들에 내 어릴 적 꿈이 빼곡이 들어차 있다. 웅덩이에는 갈대 버들 창포 말풀 등 수서식물과, 송사리 미꾸라지 방개 버들붕어 새우들이 널려 있었다. 어느 여름 날 굵은 체를 들고 웅덩이를 뒤져 보면 송사리 붕어 새우 등 물고기들이 금세 한 사발 잡혔다. 저녁에는 이것으로 맛있는 찌개를 끓여 밥상에 올렸다.

이른 봄의 개구리, 늦은 봄의 잠자리는 어느 곳엘 가나 지천이었다. 모를 내기 위해 쟁기로 논을 갈고 물을 가두어 두면 개구리들이 하루종일…, 그리고 밤새도록 짝을 찾느라 소리 높여 노래를 한다. 개구리들은 앞마당, 뒷마당, 울타리 밑, 왕골 논, 풀섶, 보도랑, 냇가…, 어디엘 가나 널려 있었다. 비 오는 어느 여름 날 낚시에 밥알을 꿰어 녀석들의 코앞에 얼씬거려 보면 어느새 뛰어 올라 밥알을 먹으려다 낚시에 걸린다. 낚시에 매달려 발버둥치는 녀석들의 모습이 참으로 우습다.

잠자리는 또 어떠한가. 온통 세상 천지에 녀석들이 널려 있다. 쌀잠자리, 밀잠자리, 좁쌀잠자리, 말잠자리…, 어릴 적 댑싸리 빗자루를 들고 앞마당,

뒷마당, 집 근처 논두렁을 돌아다니며 잠자리를 잡던 추억이 아직도 생생하다. 손에 한 움큼 잡아들고 더 쥘 수 없어 날개를 포개 입에 물고 다시 잠자리를 잡던 기억들도 머리에 어른거린다.

땅거미질 무렵, 논과 밭, 들에서 일을 마치고 집으로 들어올 때다. 메뚜기들이 허공을 날며 푸드득거리고, 하루살이들이 떼지어 몰려다니며 비상을 하고, 개구리들이 물 속과 뭍을 첨벙대며 넘나들고, 백로와 황새들이 짝을 지어 집을 찾고, 풀섶 반딧불이 섬광을 발하고, 물꼬를 넘는 물소리가 시장기를 더해 주는데, 주변에서 들려오는 이 모든 소리들이 자연의 합창인양 조화를 이뤘다. 반세기가 흘러 버린 오늘에 이런 자연의 합창을 어디에서 들을 수 있을까. 너무 그립다. 그 땐 한밤중, 늑대와 여우들의 울음소리가 집 주위 산등성이 여기저기서 들려오기도 했다.

내가 우포늪을 찾은 것은 어릴 적 이런 추억들을 다시 한 번 더듬어보기 위해서였다. 원래의 자연을 있는 그대로 느껴 보기 위해서…. 오후 2시 서울을 출발하여 밤 8시 창령 우포늪에 이르니 벌써 날이 어두워 아무것도 볼 수 없었다. 그러나 밤의 늪이라도 보겠다며 헤드라이트를 켜고 차를 모는데, 한밤중의 우포늪은 그 형체가 잘 보이지 않았다. 그나마 다행인 것은 늪 주변에서 그 옛날 자연의 합창을 들을 수 있었다는 것이다. 개구리들이 뛰어노는 소리, 물고기들이 공중을 박차고 올랐다 다시 물 속으로 뛰어드는 소리, 물새들이 비상하는 소리들이 여기저기서 들렸다. 어릴 적 땅거미질 무렵 들판에서 듣던 바로 그 소리이다.

헤드라이트에 비춰진 우포늪은 물고기들이 술래잡기라도 하듯 첨벙대며 노는 모습이 역력해 보였다. 트렁크에서 족대를 꺼내들고 한 번 그물질을 했더니…, 아! 이게 어찌 된 일인가! 붕어며 송사리 피라미들이 한 그득

올라오는 거였다. 아직도 이런 곳이 있다니! 가슴이 쿵쾅거렸다. 늪 전체를 헤아려 볼 수 없는 것이 큰 아쉬움이었다. 밝은 날 다시 오기로 하고 차를 돌렸다.

다음 날 아침, 눈앞에 펼쳐진 우포늪은 신비 그 자체였다. 입이 다물어지지 않았다. 넓이 51만 평, 참으로 거대하다는 생각이 들었다. 산 저 쪽의 늪, 그 끝이 보이지 않았다. 우리나라에 과연 이렇게 큰 습지가 있었던가! 이런 곳이 지금까지 왜 알려지지 않았단 말인가. 늪은 생태계 박물관 그 자체였다. 넓은 늪은 수많은 물풀들로 물의 표면이 거의 보이지 않았다. 부들, 창포, 갈대, 붕어마름, 연꽃, 벗풀들이 물을 뒤덮고, 백로, 왜가리, 백조, 오리, 물닭 기러기들이 여기저기서 물질을 하다 하늘을 박차고 올랐다.

수건을 둘러 쓴 아낙네들이 양푼에 우렁이를 잡아 담고 있다. 그 옛날 시골 아낙들의 모습 그대로이다. 하루 빨리 생태계 보전지역으로 지정되었으면 하는 마음 간절하였다.

〈1996. 8. 8. (목)〉

섬진강, 쌍계사, 남원…

여름방학 중 어느 날이다. 친구가 잡아끌어 호남 나들이에 나섰다. 창녕을 돌아 구례로 접어들었을 때다. 어쩐지 호남은 때가 묻지 않고 자연 그대로 남아 있구나 하는 생각이 들었다. 지난 30여 년 간 개발의 칼날에서 한 발 벗어나 있어서 그런 게 아닌가 싶었다. 영남이 공해에 찌들어 있다면 호남은 자연을 그대로 간직하고 있다. 산야가 우아 단아 깨끗하고, 들판 곡식들이 이들이들 살쪄 있고…. 개발을… 외쳐대던 주민들의 목소리가 그래서 오늘에 와서 오히려 어리석은 주장이었다는 소리가 여기 저기서 흘러 나오고 있다.

아무리 보아도 섬진강 물은 맑고 깨끗하다. 멀리서도 물 속 모래알이 보일 듯하다. 피서객들이 쳐 놓은 텐트가 백사장에 길게 줄지어 늘어서 있고, 재첩 잡는 아낙네들의 손길이 마냥 바쁘다. 은어를 낚는 강태공들의 모습, 투망에 고기를 건져 올리는 천렵꾼들의 모습이 어릴 적 고향 냇가를 보는 듯 가슴이 방망이질이다. 마음 같아서는 물로 뛰어들어 수영을 즐기고 싶은데, 친구의 재촉으로 강가 바위에 올라앉아 사진 몇 장 찍고는 이내 길을 재축하였다.

섬진강과 이웃한 쌍계사…. 일천 오백여 년 전 신선 스님에 의해 건축되었다는데, 장엄하면서도 단아함과 조화로움으로 건축미의 진수를 보는 듯하였다. 살펴보면서 등골에 전율이 몇 번이고 흘러내렸다. 그 많은 세월 이전에 이런 아름다운 건축을 할 수 있었다는 것이 그저 신비스럽기만 하다. 세상에 어느 민족이 그 옛날 저같이 아름답고 예술적인 건축을 할 수 있었던가? 그 많은 세월동안 중수 보수 개축이 있었다고는 하나 원래의 건축양식과 구조를 거듭했을 것으로 건축미의 극치를 보는 듯하다.

쌍계사로 접어드는 길목, 그 옛날 영 · 호남 사람들이 한 데 어우러져 풍성한 장마당을 이루었다던 화개장터, 그러나 지금에 와서 보니, 전해 내려오는 그 옛날 그 모습은 아닌 듯하다. 왁자지껄 떠들썩했을 시골장터의 옛모습은 오간 데 없고, 조그마한 상가들이 길을 따라 오밀조밀 길게 늘어서 시골 읍내 장터를 연상케 한다.

장터 주막집의 은어회…, 소주 한잔을 곁들이니 그 맛이 정말 일품이다. 새곰새곰 초고추장, 비껴 썬 은백색 선비은어, 보기만 해도 입 속에 군침이 돈다. 여기에 방금 끓인 재첩국을 한 사발 들이키니…, 세상에 기분이 이렇게 좋을 수가…. 정말 행복한 순간이 아닐 수 없다. 평소 써서 마시지 못하던 소주 맛이 오늘은 왜 이렇게 좋은 건지….

지리산을 넘고 넘어 남원골에 이르니, 마침 광한루가 손님 맞을 채비로 새 단장을 하고 있다. 광한루 앞 연못, 우글거리는 잉어며 피라미들로 교통사고가 날 지경이다. 못 주위, 방자루며 춘향각, 월매의 집을 둘러보니 '글쎄, 남원골 춘향이가 실제의 인물이었나…?' 하는 생각이 든다. '춘향전'은 조선 영 · 정조 전후의 작품으로 작자와 연대가 모두 미상인데…. 어쨌거나 광한루에 이런 건물들이 존재하고 있으니, 글쎄…, 실제 인물을 소설화한 것도 같고…, 어쩌면 광한루를 배경으로 소설을 쓰고 이것이 인구에 회자하자 소설에 맞춰 시설을 꾸민 듯도 하다.

월매의 집은 얼른 보아도 내 어릴 적 시골집이다. 호기심이 동해서 성큼 안으로 들어가 보니 그 옛날 고향집이 틀림없다. 안채며 행랑채, 마루며 부엌, 안방이며 건넌방, 뜰 밑 마당이며, 나뭇광, 그 뒤 부엌 궁둥이, 처마 밑 서까래며, 볏짚으로 엮어 얹은 초가지붕, 마당 한 편의 무쇠 가마솥, 지붕 위로 뽑아 올린 널빤지 굴뚝, 얼기설기 나뭇가지로 엮어 두른 개구멍 울타리…. 이건 그냥 내 고향집이 틀림없다. 보리밥에 된장, 풋고추며 열무김치, 고추장, 바가지밥이 그리워지는 그런 집이다. 툇마루에 걸터앉아 막걸리 한 사발 들이켰으면 하는 마음 간절하다.

월매집 한 편의 그네는 내 어릴 적 집 뒤 소나무에 매어놓은 동앗줄 그네를 보는 듯하다. 하룻밤 묵어 갔으면 하는 마음 간절하다. 나도 언젠가는 고향으로 돌아가야지….

〈1996. 8. 10. (토)〉

백담사

형수님의 성화로 2박 3일 피서 길에 나섰다. 행선지는 강원도 인제 진부령 '알프스 리조트'…, 우리 내외와 형수, 조카와 조카사위, 그 가족들, 가만히 헤아려 보니 열세 명이나 되는 대가족이다. 숙소를 진부령 리조트에 정하고, 이곳과 이웃해 있는 속초며 백담사(百潭寺) 같은 곳을 돌아볼 생각이다.

차는 나와 조카, 조카사위가 몰고, 열세명의 가족이 여기에 나누어 탔다. 행선지 진부령까지는 성남 복정동의 형수 집을 출발, 팔당, 양평, 홍천, 철정을 지나 인제 리조트에서 모이기로 하였다.

광주 분원과 팔당, 양평을 거쳐 홍천 인제에 이르는 옛날길이다. 찌는 듯한 무더위, 강을 따라 달리는 시골길은 기분이 매우 상쾌하다. 차창으로 들이닥치는 시원한 바람, 오곡백과 즐펀한 넓은 들녘, 녹음으로 뒤덮인 장엄한 산과 계곡, 목놓아 짝을 찾는 매미며 여치들의 합창경연, 계곡을 내리달려 한강으로 거푸 뛰어드는 명경의 계곡 물들, 명사십리 백사장에 줄지어 서 있는 비치파라솔이며, 형형색색 텐트들…. 이런 모든 것들이 길손의 마음을 황홀경으로 몰아간다.

차 속 가족들의 대화는 부담이 없어 좋고, 차창을 넘나드는 시골의 향기는 저마다의 가슴에 한가함을 주어 기분이 상쾌하다. 심심유곡 강원 길을 달리는 마음은 언제나 그러하듯 한가하기만 하다. 차창 밖 경관은 산골에 이르면서 더 많은 감흥을 가져다 준다. 깎아지른 듯 하늘로 솟은 바위산들, 경외심을 자아내게 하는 장엄한 산과 골짜기들, 그 밑 협곡 아래로 가로질러 흐르는 짙푸른 물줄기들…, 산을 뒤덮은 지체 높은 전통 소나무 적송군…. 이런 것들을 대하고 있노라니 몸과 마음이 차분하고 몽롱해진다.

창문을 열어젖힌 8층 리조트의 밤바람은 한기를 몰고 왔다. 수도권 같으면 열대야로 잠을 이룰 수 없을 터인데…, 30평 남짓 리조트는 얼마나 넓은지 열세 명 식구가 딩굴고 허우적거려도 조금도 문제가 없다. 여장을 풀어 버섯찌개며 밥을 짓고, 불고기를 구워 곁들이니 이건 그저 꿀맛이다. 언제 이렇게 맛있는 식사를 해 본 적이 있던가. 아무리 되새겨 뇌어 봐도 그런 것 같지가 않다. 모처럼 가족들이 한데 모여 오순도순 이야기며 식사를 나누자니 가슴이 벅차기도 하고…. 보잘것 없는 시동생, 삼촌을 따라 이렇게 함께 해 준 형수며 조카들, 조카사위와 그 가족들이 고맙기도 하다.

이튿날 아침이다. 백담사로 오르는 길은 이른 아침인데도 절을 찾는 사람들로 벌써부터 만원이다. 산사 오르기가 멀고 힘들다며 십리길을 버스가 다니는데, 정거장은 이미 장사진이다. 마음 같아서는 걸었으면 좋겠는데, 예닐곱 살 어린 것들이 달렸으니 이를 어쩌겠는가? 줄을 서서 버스를 기다리는데, 말복 햇살이 이마를 벗길 듯 쏟아져 내린다. 옆으로 흐르는 백담계곡에 뛰어들어 땀이라도 식히고 싶은데, 물 옆 한 쪽 구석에 '수영금지' 팻말이 버티고 서 있다.

버스 창으로 내다보이는 백담계곡은 그 모습이 참으로 신비요 절경이다. 계곡을 돌아들어 머물며 흘러내리는 담(潭)이 대충 일백 개는 될 듯해서 백담계곡이라고 했을 터인데, 글쎄 아무리 살펴봐도 몇 백 개는 족히 되리라는 생각이다. 물과 바위가 어우러져 겁의 세월을 감고 휘돌며 연을 맺어서일까? 옥수에 빗긴 바위가 섬세한 기계로 빚어낸 듯 걸작의 예술품들을 만들어 내고 있다. 가깝고 먼 곳 파란 계곡, 그 물줄기, 빼곡이 둘러선 붉은 솔의 비경이 보는 이의 마음을 설레게 한다. 천하의 절경, 이 아름답고 신비한 자태를 감히 어떻게 그려 낼 것인가.

백담사를 앞두고 3킬로부터는 버스에서 내려 걸어야 했는데…, 눈에 들어오는 비경이 차창에 비쳐진 그것과는 비교가 되지 않는다. 맑고 깨끗한 계곡, 짙푸른 산야, 가파르고 골 깊은 협곡, 인간의 손길이 닿지 않은 곳, 안개며 운무(雲霧), 매미며 쓰르라미들의 합창이 심심유곡 산골을 아름다운 선율로 장식하고 있다. 산자락을 휘돌아 경사를 오르는데 평지인 듯 분지에 불현듯 나타나는 고즈넉한 산사…, 백담사는 그 위치며 작은 규모에 놀라게 된다. 있을 것 같지 않은 작은 분지가 발 아래 펼쳐지고, 그 분지를 가로질러 섬섬옥수가 흐르는데, 산사는 물 건너 저만치 장대 솔밭을 뒤로 하고 자리해 있다. 천군만마가 에워싸 보호하고, 도도한 망망대해가 섬을 휘감아 싼 듯하고, 여의주를 문 비룡(飛龍)이 물을 박차고 나는 듯도 하다.

고요와 적막이 사람의 마음을 사로잡았음인가. 그 옛날 인간의 손길이 닿지 않았을 시간, 그 얼마나 적막했으랴. 인간의 발길이 닿지 않는 산골, 그 속에서 마음을 다스리려는 스님들의 속마음이 보일 듯하다. 구도의 길이 이렇게도 어려운 것인가. 허기진 탁발 스님, 시주 자루 걸쳐 메고 지친 모습으로 산을 오르는 모습이 산 아래 저만치에 가물거린다.

산사에 들자니 새로 놓인 다리 하나가 시선을 끄는데, 살펴보니 '회심교(悔心橋)' 라 이름하였다. 시대의 원한과 여론의 화살을 피해 지난 1980년대 후반 이곳에 몸을 맡겼던 한 구도자의 시주(施主)에 의한 건설, 작명이었다니 무소불위의 권력이 옛일이던가. 천심을 달래야 했던 듯, 남의 마음을 다스리려 한 흔적이 역력해 보인다. 화무십일홍이요 권불십년을 왜 몰랐던가. 인생무상 삶의 허탈이 마음을 짓누르는 듯하다.

극락보전으로 향하는 쪽문을 들어서니 대자보와 시비, '만해와 백담사', '나룻배와 행인'이 눈길을 끈다. 이걸 살펴보고 있자니 독립 염원을 목놓아 기다리는 한용운(韓龍雲) 선사의 애끓는 마음이 곳곳에서 보일 것만 같다.

나는 나룻배
당신은 행인
당신은 흙발로 나를 짓밟습니다.
나는 당신을 안고 물을 건너갑니다.
나는 당신을 안으면 깊으나 옅으나
급한 여울이나 건너갑니다.
만일 당신이 아니 오시면
나는 바람을 쐬고 눈비를 맞으며
밤에서 낮까지
당신을 기다리고 있습니다.
당신은 물을 건너면
나를 돌아보지도 않고 가십니다 그려
그러나 당신이

언제든지 오실 줄만은 알아요
나는 당신을 기다리면서
날마다, 날마다 낡아갑니다.
나는 나룻배
당신은 행인

만해(萬海) 한용운은 이 시에서 독립과 민족을 '당신, 행인' 으로 부르며 피를 토하는 심정으로 절규하고 있다. 민족의 독립 행인을 이제나 저제나…, 목놓아 기다리면서 자신의 생이 덧없이 흘러감을 안타까워하고 있다. 안고 건너야 하는 당신이 언제 올지도 모르면서…, 그러나 언젠가는 꼭 올 것을 굳게 믿으면서…. 만해는 그것이 오지 않으면 온갖 역경을 다 겪더라도 언제까지라도 기다리겠노라고 결연한 의지를 보이고 있다.

그러나 그렇게 그리던 민족의 염원 독립을 보지 못한 채 그는 1944년 6월 서울 성북구 심우장(尋牛莊) 냉돌 위에서 한 많은 생을 마치게 된다. 그의 끝없는 염원이 하늘에 닿았음인가. 2천만 동포가 꿈에도 그리던 '행인과 당신' 이 그가 가고 없는 다음해에 우리 곁을 찾아온다. 그러나 이를 어찌하랴! 만해는 이미 이 땅의 사람이 아닌 것을…. 생전에 '당신' 을 만날 수만 있다면, 꿈에서라도 볼 수만 있다면 얼마나 좋았을까! 영혼이라도 있어 오늘의 이 기쁨을 함께 했으면 좋겠다. 그러면 우리 모두의 마음이 조금이나마 편안해질 것이 아니겠는가…! 정말 아쉽다.

〈1996. 8. 16. (토)〉

백령도를 다녀오다

장산곶을 바라보다

1995년 8월 2일 오전 9시 30분…. 텐트며 코펠, 버너를 짊어지고 친구와 인천 연안부두를 향해 길을 나섰다. 방학을 맞아 우리나라의 최북단 섬 백령도(白翎島)를 다녀오기 위해서다. 가는 날이 장날이라고 했던가. 인천 연안부두에 도착하니 백령도까지 4시간이 걸리는 급행 '데모크라시 호'는 표가 매진되고, 9시간 반이 걸리는 완행 '새경기호'만이 표가 남아 있다. 그러니 어쩌겠는가, 이거라도 탈 수밖에….

인천 연안부두에서 백령도까지는 물길로 190여 킬로미터…, 친구와 관광객의 꽁무니를 따라 배에 올라 선미 갑판 난간에 비스듬히 기대어 출발을 기다리는데, 잠시 뒤 배가 슬그머니 뒷걸음질을 하더니 물갈퀴를 되돌려 박차고 나가며 바아앙… 방, 출발을 알렸다. 드디어 출발이다.

바닷길로 들어서니 보이는 모든 것이 신비하다. 밀려오는 파도, 끈적이며 얼굴을 스치는 바닷바람, 선미를 뒤쫓는 갈매기 떼, 파도에 일렁이는 배의 몸통, 물살을 가르며 앞으로 내닫는 뱃머리, 안개 속에 묻혔다 가끔 모습을 보이는 점 점 점 섬들…, 모두가 낯설고 이색적인 풍경들이다. 바닷물을 가르며 질주하는 즐거움, 선체에 부딪쳤다 뺨을 때리는 파도의 첨병들, 물갈퀴에 뒤틀려 용솟음치는 물보라, 선미를 따라 그림처럼 펼쳐지는 넓고 긴 뱃길이 황홀감을 더해 준다. 정녕 백령도로 가고 있구나….

부두를 떠난 지 2시간이 지났을 때다. 머리가 어질거리고 속이 미식미식하더니 이내 토할 것 같다. 곧 괜찮겠거니 했으나 아니었다. 구토증이 시간이 갈수록 심해졌다. 견디다 못해 머리를 쓰레기통에 처박고 토악질을 시작하였다. 그리고는 견디려 안간힘을 쓰다가 갑판에 쓰러져 잠을 청했다. 그 뒤 얼마의 시간이 흘렀을까? 얼굴이 차가워 눈을 떠보니 부슬비가 내리고 있다. 오후 5시 반, 인천 연안부두를 떠난 지 8시간이 지나고 있다. 사방은 아직도 온통 망망대해다. 지루한 시간이 계속되고 있다. 이때다. 누군가 목청을 높여 소릴 질렀다.

"어…! 저기 소청도다!"

고개를 들어보니 안개속 저만치에 무언가 희뿌연 게 가물거리고 있다.

소청도가 제 모습을 드러낸 것은 이러고도 10여 분이 지난 뒤였다. 눈앞에 펼쳐진 소청도는 평소 머리에 그려보던 기암괴석의 험한 바위섬이 아니었다. 육지의 어느 곳에서나 볼 수 있는 야트막한 민둥산이다. 어릴 적 안방 사진틀 속에서 바라보던 파도가 바위에 부서지고, 소나무들이 절벽에 비껴 서 있는 그런 섬이 아니다.

산등성이에는 황소 한 마리가 이내 바다로 미끄러 떨어질 듯 아슬아슬하게 풀을 뜯고 있다. 해안가에는 마을이 보이지 않고, 산등성이 너머로 뻥 뚫린 오솔길이 섬의 정취를 느끼게 한다. 지척의 대청도는 소청도에서 10여 분이 지난 뒤 그 모습을 드러냈다. 목놓아 부르면 들릴 것도 같고, 성난

시어미 부지깽이 들고 쫓아오면 냉큼 뛰어 건널 듯도 싶다. 두 섬의 산봉우리에 동앗줄을 연결하면 타고 건너도 좋을 듯하다. 포구에는 닻을 내린 십여 척의 고깃배들이 파도에 일렁이며 낮잠을 자고 있다. 산자락 그 아래에는 길게 펼쳐진 백사장이 나그네의 발길을 잡기에 넉넉해 보인다. 배가 대청 부둣가에 도착하자 섬사람인지, 관광객인지 20여 명의 손님들이 배에서 내렸다.

대청도를 떠나 40분이 지났을까? 가물가물 수평선 저 너머 안개 속에 무언가 형체가 보이기 시작했다. 백령 섬이다. 멀리서 보기에도 백령 섬은 대청 섬보다 그 규모가 훨씬 커 보였다. 용기포 부두에 접안하며 살펴보니 오른쪽에는 깎아지른 듯 바위가 바닷물에 떠 있고, 조금 떨어진 왼쪽 저만치에는 활인양 초승달인양 흰모래 밭이 얌전하게 길게 누워 있다. 얼른 보기에 얌전하고 수줍은 시골 색시의 바로 그런 모습이다. 이태리의 세계적인 미항 '나폴리'에 비견할 만한 '사곶해수욕장' 이라고 한다. 멀리서 바라보니 밀고 밀리는 은백색 물거품 파도가 모래밭을 엄습했다가 다시 바다로 밀리는 물장난이 계속되고 있다.

배에서 내려 부두를 밟으니, 오후 6시 반, 인천 연안부두를 떠난 지 9시간 반만이다. 접적지역이어서 경찰관의 검문을 마치고 해병초소를 지나 어촌마을에 들어서니 기운이 기진맥진 힘이 하나도 없었다. 친구와 난 얼른 북한 땅 '장산곶' 을 바라보자며 지나는 택시를 잡아타고 용기포의 맞은편 '두무진' 으로 떠났다.

그런데 이상하다. 지척이라던 장산곶이 보이지 않는다. 희뿌연 안개가 시야를 가려서 그런 모양이다. 친구와 난 '장산곶횟집' 에 여정을 풀고 하루를 묵기로 하였다. 장산곶이라는 이름이 그럴싸해서다.

저녁을 먹고서다. 바람도 쐬고, 파도소리도 들을 겸 횟집 뒤 포구로 산책길에 나섰다. 날은 이미 어두워 지척 분별이 어려운데, 해안 초소에서 비추는 보안등이 주변을 환하게 비춰 밤의 산책길을 도와주었다.

바다 건너 저편 장산곶에서 불어올 것 같은 시원한 바람이 나그네의 마음을 설레게 하였다. 끊임 없이 밀려와 부서지는 파도 소리…, 그 기세가 자못 등등하다. 해안을 따라 한참을 걷자니 무언가 발 밑에서 잽싸게 움직이는 놈이 보인다. 살펴보니 어린아이 주먹만한 바닷게다. 도망치다 멈추기를 반복하는 녀석의 행동이 재미있어 손으로 덥석 잡으니 녀석이 내 손을 깨물고 놓아주질 않는다.

피가 찌르르 흐른다. 재미있다 싶어 잡아떼려는데, 녀석이 제 발을 자르며 놓아주질 않는다. 저항을 하고 있는 것이다. 친구와 난 밤이 늦도록 바닷바람을 쐬며 장산곶을 찾은 흥분된 마음에 자정이 넘도록 잠을 이루지 못했다. 백령도의 하루가 이렇게 지나가고 있다.

〈1995. 8. 2. (수)〉

무명의 바닷가, 절경을 보다

장닭 우는 소리에 잠에서 깨어 보니 장산곶 횟집이다. 눈을 비비고 일어나 세수를 하고, 서둘러 두무진 포구로 나가니 아침바람이 차갑다. 날씨는 여전히 흐려서 지척같이 느껴진다는 장산곶이 어렴풋이 그 형체만을 가늠할 수 있었다. 저 멀리 북서쪽으로 검고 길게 뻗어 내린 장산곶, 그 모습을 선명하게 볼 수 없으니 공연한 안타까움이 밀려온다.

우리가 걷고 있는 포구 양쪽 산봉우리에는 해병 벙커가 자리하고 있다. 이로써 이곳이 접적지역임을 새삼 느끼게 한다. 그 산 바위 모퉁이를 돌아드니 깎아지른 듯한 기암괴석이 줄지어 장관을 이루고 있다. 그 바위에 산더미 같은 파도가 밀려와 부서지고 섬 돌며 물거품을 만드는데, 마치 용이 승천하려는 듯 바닷물이 요동치고 물보라가 무성하다.

해안이 험난해 더 이상 나가지 못하고 돌아 나오려는데, 때 마침 벌어지는 바다의 아침 축제가 눈앞에 펼쳐졌다. 걷고 있는 해안에서 불과 10여 미터 떨어진 바닷물에서 팔뚝만한 고기들이 하늘로 솟구쳐 올랐다 다시 물속으로 곤두박질하는 장관이 연출되고 있었다. 고기들이 시샘이라도 하듯 공중으로 뛰어 올랐다 다시 물 속으로 곤두박질을 하고 있는 것이다. 생전 처음 보는 이런 광경에 난 한동안 정신을 차릴 수 없었다. 꼭두새벽부터 녀석들이 왜 이런 행동을 보이는지 알 수 없으나, 카메라를 들고 나오지 않은 것이 꽤 안타까웠다.

근처 음식점에서 놀래미 매운탕으로 아침을 마친 친구와 나는 오늘은 용기포 근처 '무명의 바닷가' 를 보자며 그곳으로 발길을 돌렸다. 아침 10시경이다. '무명의 바닷가' 는 어촌에서 도보로 불과 10여 분 거리에 위치해 있다. 용기포 부두 뒷산, 해병 초소를 몇 발짝 지나 깎아지른 듯한 오솔길을 비틀거리며 내려가노라면 바로 코앞에 바다와 해안의 절경이 장관을 이룬다.

뜻하지 않은 곳에 이런 비경이 숨어 있다니…, 경탄을 금할 수 없었다. 이런 장관을 보노라니 자연에 대한 예찬이 자신도 모르게 튀쳐 나왔다. 이런 비경을 어떻게 설명해야 할까? 마음 속에 담아 두었다가 뒤에 어떻게 글로 쏟아 낼지, 비좁은 마음이 초조함으로 끓어 올랐다.

눈앞에 펼쳐지는 장관에 찬사를 토해내지 않고는 감히 바라볼 수 없었다. 끊임 없이 밀려드는 파도가 바위에 부서져 소용돌이치고, 검푸른 바닷물이 저 멀리 수평선에서 발 밑까지 넘실대며 일렁이고, 눈 앞 창공에는 갈매기들이 상승기류를 타고 날개를 펴 몸을 가누고, 여기저기 솟구쳐 오른 웅장한 바위들이 당장이라도 그 도도한 바닷물에 휘말려 물 속으로 잠길 듯…. 눈을 돌려 바라보는 곳마다 새로운 그림이 펼쳐져 경이롭기만 하다. 어떤 바위는 계속 밀려드는 파도에 구멍을 내주고, 바닷물을 멋대로 들락이게 하여 물보라를 만들고 있다.

콩자갈로 유명한 중화동을 가다

점심을 먹고는 황해도 장연이 고향이라는 한 60대 남자의 말대로 콩자갈로 유명한 '중화동'을 찾았다. 이 양반…, 6.25가 끝나면 곧 집으로 돌아가리라 했으나, 아직까지 가지 못하고 있다고 한다. 6.25 전까지 백령도는 황해도 장연군에 속해 있었으나, 정전이 이루어진 뒤에는 경기도 옹진군에, 그리고 지난해에는 인천광역시에 편입되었다고 한다. 전쟁을 며칠 피해 있다가 곧 돌아가리라던 것이 반세기가 넘도록 아직 돌아가지 못하고 있다는 것이다. 이 양반, 하루에도 열두 번씩 헤엄이라도 쳐 고향 장산곶을 가고 싶은데, 그러지 못하고 있다고 푸념이다. 빤히 바라보면서 가지 못하고 있으니 마음이 여간 혼란스러운 게 아니라고 한다.

이 양반의 계속된 말이다. 해방 이전, 소청 대청 백령 장산곶은 한 어로구역이었다. 이곳에서 잡은 조기, 간재미, 홍어 같은 것은 모두 군산이나 목포로 보내졌으며, 큰 홍어 한 마리는 쌀 두 말 값으로 특별 대접을 받았다고 한다. 오늘날 실한 홍어 한 마리가 30만원 정도 하는 것과 비교되지 않을 정도로 쌌다는 것이다. 연평 앞 바다에서는 조기가 얼마나 많이 잡히던지 제 때 판매가 어려워 소금에 절이고 말려 굴비를 만들어 1년 내내 두고 팔거나 먹었다고 한다. 굴비의 기원을 알려 주고 있는 것이다.

중화동은 용기포 부두에서 택시로 30분 거리에 있다. 가는 길은 비포장 도로로 울퉁불퉁 꼬불꼬불 전형적인 시골길이다. 중화동에 이르는 차창 밖 풍경은 여느 시골길과 비슷하다. 논, 밭, 얕은 산, 염전, 그리고 해수가 들어와 있었던 듯 풀 한 포기 보이지 않는 넓은 모래밭이 여기저기에 널려 있었다.

눈앞에 펼쳐진 중화동은 마치 동해안의 한 포구를 보는 듯했다. 만의 입구를 가로질러 웅장하게 뻗어 있는 거대한 방파제, 그 안에 파도를 피해 얌전하게 들어서 있는 어선들, 만 안쪽에는 배가 접안할 수 있는 작은 부두가 바위산과 방향을 나란히 줄지어 자리잡고 있다.

중화동 해안의 자갈을 어떻게 설명해야 할지 모르겠다. 팥알, 콩알, 구슬, 진주, 바둑알, 은행알, 골프공, 비누조각…, 어느 것이라고 해도 좋을 듯 싶은 멋진 자갈들이 발 아래 널려 있다. 색채도 형형색색, 마치 돌 진주들이 아무렇게나 널려 있는 듯한 그런 모습이다.

"도대체…, 이럴 수가…!"

경이로움에 감탄이 절로 나온다. 한 움큼 덥석 집어 아무리 살펴봐도 어느 것 하나 흠잡을 데 없는 진주 같은 보석들이다. 못본 체 지나치려 해도 감히 눈을 돌릴 수가 없다. 이렇게 멋지고 아름다울 수가…. 한두 개 챙기다 보니 어느새 주머니가 불룩하였다. 이젠 그만…, 하면서도 자신도 모르게 몇 개를 더 집어들었다. 이런 돌들을 보면서 문득 가지게 된 생각이다.

얼마나 많은 세월이 마구잡이 돌을 이렇게 아름다운 진주로 만들어 놓았을까! 파도가 밀렸다 밀리기를 몇 천 겁(劫)이나 했을까? 불가에서는 한 겁을 천지가 한 번 개벽하고, 또 다시 개벽할 때까지의 긴 세월을 말한다고 하는데…. 그렇게 많은 세월동안 밀리고 밀려간 파도가 돌을 이렇게 만들었겠지…! 이런 생각을 하는 중에도 파도는 계속 해안을 드나들며 깔려 있는 자갈들을 굴리고 있다. 역시…! 그렇지 않고서야…!

중화동에서 용기포로 돌아오는 길은 차편이 없어 지나는 트럭을 잡아타고 돌아와야 했다. 그런데 저녁을 먹고서다. 아무리 찾아봐도 여관방을 구할 수가 없다. 풍랑으로 여객선이 들고나지 못해 관광객이 섬을 빠져 나가지 못해 생긴 일이다. 그러니 어쩌겠는가. 친구와 난 어느 다방의 의자를 잇대어 놓고 하룻밤을 보내야 했다. 모든 게 날씨 때문이다. 파도가 심해 배가 뜨지 못해 생긴 일이다.

〈1995. 8. 3. (목)〉

나폴리에 버금가는 사곶해수욕장을 찾았다

풍랑이 심해 백령도를 빠져 나갈 수 없다. 당초 계획은 오늘쯤 뭍으로 돌아가려고 했는데…. 파고가 심해 배가 뜨지 못하니, 하루를 더 묵을 수밖에…. 용기포 근처 어느 허술한 음식점에서 아침을 먹으며 오늘의 일정을 짚어 보았다. 용기포에서 진촌으로 향하는 길목의 백사장, 세계 3대 미항 중 하나라는 나폴리 항에 버금간다는 '사곶해수욕장' 을 찾기로 하였다.

용기포 뒤통수쯤에 위치한 백사장은 찾기가 꽤나 어려웠다. 안내판을 따라 묻고 물어 갔는데도 찾지를 못해 애를 먹었다. 안내판에는 '백사장' 이라고 쓰여 있는데, 상세한 설명이 없어 찾기가 꽤 어려웠다. 가까스로 찾은 백사장은 해수욕장보다 만으로서의 여건이 좋을 듯 싶었다. 입구가 넓고, 초승달 모양 안으로 깊숙이 파여 있어 풍랑을 피해 배를 숨기기에 좋을 듯하다.

그런데 자세히 보니 꼭 그렇지만도 않을 듯 싶다. 수심이 얕아 배가 들어올 수 없을 거라는 생각이 들어서다. 지나는 나그네 한 사람이 바다 저편을 바라보며 저곳이 황해도 장연의 '장산곶' 이라고 귀띔을 해 주었다. 날씨가 좋으면 그 모습을 헤아릴 수 있으나 그렇지 못해 안타깝다는 것이다.

오후에는 용기포에서 마주 보이는 '사곶해수욕장' 을 찾았다. 사곶의 모래는 차라리 모래 앙금이라는 말이 좋을 듯 싶다. 어찌나 고운지 모래를 밟는다기보다 진흙을 밟는 것 같았다. '사곶' 은 이런 모래가 한 2㎞쯤 뻗어 있었다. 사납게 밀려오는 파도가 백사장에 가까워지면서 게걸음으로 살금살금 걸어오다가 슬그머니 뒷걸음질을 친다. 무심코 해변을 걷다가 소리 없이 밀려드는 파도에 발을 적시기 일쑤다.

잔잔한 파도가 밀려 올 때면 조그마한 고동들이 잽싸게 자리를 이동하는데, 잡아 보니 그 안에 손톱만 한 게들이 꼭꼭 숨어 있다. 요놈들, 몸을 웅크리고 발을 움직이는 게 앙증맞다. 이걸 잡아 끄집어 내려는데, 요것이 재빨리 발을 끌어들인다. 관광객인 듯 어느 아낙은 막대기로 모래를 긁어 조개를 잡고 있다.

한참동안 해변을 걷는데, 갑자기 먹구름이 몰려와 소나기를 퍼부었다. 우산으로 몸을 가렸으나 비바람이 워낙 심해 금세 몸이 젖었다. 달리 피할 길을 찾아보았으나 백사장뿐이다. 그대로 맞을 수밖에…. 우산을 머리에 이고 몸을 웅크려 살금살금 걸어 보았으나 바닷바람이 몰아치니 이 또한 소용이 없다.

얼마쯤 시간이 흘렀을까…? 한동안 몰아치던 폭우가 서풍과 함께 바다 저 편으로 물러났다. 갈매기들도 심한 비바람이 무서웠던 모양이다. 파도

한 쪽 끝에 떼지어 날개를 접고 조용히 앉아 있다가 비바람이 멈추자 서서히 비상을 시작하였다.

'사곶해수욕장' 한편에는 늠름한 우리의 해병들이 훈련을 하고 있었다. 구릿빛 얼굴에 당당한 체구, 훈련하는 모습이 보기에 너무 좋았다. 검붉게 그을린 근육질의 피부, 이글거리는 눈빛, 일당백, 대한 남아의 기백을 보여주려는 듯하였다. 해병들의 일사불란한 행동은 멋스럽기까지 하였다. 이들이 지르는 기합소리, 하늘을 찌를 듯하고, 비바람을 가르며 달리는 모습이 마치 맹수의 내달음을 보는 듯 긴장감을 더해 주었다. 31년 전 나의 군생활도 저렇게 당당했을까…. 내일은 뭍으로 나가야 하는데, 글쎄 풍랑이 어떨지 모르겠다.

〈1995. 8. 4. (금)〉

홍천에서 1박 2일

첫째 날

토요일 오후 열두 시 반…. 수업을 마치고 무조건 강원도로 길을 나섰다. 성남여고 전 선생, 강 선생, 정자고등학교 우 선생, 나, 이렇게 넷이서다. 차 트렁크 속에는 캠핑이며 취사도구, 끼니마다 해 먹을 꺼리를 잔뜩 싣고서…. 어제 저녁에 벌써 준비를 해 둔 것이다. 벌써부터 한 번 다녀온다고 하면서 차일피일 미루다 비로소 떠나게 된 것이다. 내일이 일요일, 모레가 제헌절…, 모처럼 황금연휴를 맞아서다.

7월의 한낮은 후텁지근하고 끈적거렸다. 많은 비를 뿌릴 거라던 기상청 예보는 예상을 빗나가 종일 오지 않았다. 광주산업도로, 곤지암, 양평대교, 청평, 홍천으로 내닫는 길은 오후 내내 비를 뿌릴 듯 무거운 구름이 짙게 깔려 있었다.

홍천에 이르는 길…. 차창 밖 정경들이 모두의 마음을 들뜨게 하였다. 싱그러운 자연을 만끽하려는 여행은 그 자체가 즐거움이었다. 비 개인 한낮처럼 세상은 온통 맑고 싱그럽다. 차창 밖의 시골 풍경이 길을 나선 이들의 마음을 설레게 하였다.

언제 보아도 도도하게 흘러내리는 한강, 그걸 감싸 안듯 장엄하게 우뚝 비껴 서 있는 산들의 행렬, 가지런히 정리되어 늘어선 짙푸른 논과 밭, 시샘하며 합창하듯 울어제키는 여름의 화신 매미며 여치들의 장엄한 합창소리, 공해에 찌든 도심에서는 감히 상상조차 할 수 없는 자연의 모습들이다.

한강으로 흘러드는 지천들의 물이 여느 때와는 달리 꽤 맑아 보인다. 벌써 많은 비가 내려서인지 물의 양도 평소보다 훨씬 많이 흐르고 있다. 낚시를 드리운 강태공들의 한가한 모습이 여기저기 눈에 들어왔다. 그 모습이 무척이나 한가롭고 편안하다.

차 속 길손들의 마음도 한결 들떠 있다. 창 밖의 풍경을 바라보며 저마다 한 마디씩 하는 소리이다.

"아…! 이거 정말 얼마만이냐! 정말 참 좋다!! 그렇지 않아요? 일년에 몇 번은 시골 냄새를 맡아야 하는 거 아닙니까? 인생은 즐겁게 살아야 돼요…, 스트레스도 풀고…."

달리는 차 속이 장터 아저씨들의 대화인양 시끌시끌하다.

여행길의 가락국수 한 그릇은 허기도 채워주고 여행의 맛도 더해 준다. 도심을 빠져 나가야 한다는 생각에 미처 점심도 잊고 서둘다 휴게소를 보고서야 비로소 시장기를 느꼈다. 뜨끈뜨끈한 우동에 고춧가루를 듬뿍 넣고, 단무지를 몇 쪼가리 넣어 휘휘 저어 후후 불며 먹는 그 맛…, 그 모습들, 이것이야말로 여행의 즐거움이 아니고 무엇이겠는가. 그간 틀에 박힌 찌든 도심생활에 지쳐서일까…, 넉넉한 자연을 대하는 마음이 여느 때보다 가슴 뿌듯하고, 형언할 수 없는 즐거움으로 다가온다.

홍천으로 가는 길은 예상과는 달리 종일 붐비지 않았다. 매년 이맘때면 상습적으로 밀리곤 했는데…. 검문으로 한 차례 지체가 있었을 뿐, 거의 막히지 않았다.

일행 중에는 '내친 김에 진부령을 넘어, 속초 강릉을 돌아 대관령으로 넘어오자' 는 주장도 있었으나, 1박 2일 가지고는 무리라는 생각에 차를 홍천 공작산 쪽으로 방향을 틀었다. 목적지 수타사에 이른 것은 오후 5시가 가까워서였다.

홍천에 접어들면서 느껴 본 것이다. 싱그럽고 깨끗하고, 옛날 그 모습 그대로라는 생각이 들었다. 마치 고향에 온 것 같은 들뜬 기분…. 맑고 깨끗한 물, 신선한 공기, 잘 정리된 논과 밭, 너울대며 싱그럽게 올라오는 갖가지 농작물, 언덕배기에 줄지어 나란히 서 있는 장대숲 옥수수 나무, 머리를 저으며 바람을 피하는 다랑치의 벼 포기들…, 어느 것 하나 다정하고 친근하지 않은 게 없다.

우리가 행장을 푼 것은 '수타사' 3킬로미터 전방, 길 옆 조그마한 초가집, 구멍가게가 하나 있고 몇 발짝을 걸어 신작로를 지나면 맑고 깨끗한 시내가 흘러내리는 곳, 그 냇가를 따라 하얀 모래가 길게 펼쳐진 곳, 백사장이었다. 멱감고 물장구치고, 또래들과 천렵하기에 정말 좋은 곳, 내 어릴 적 집 뒤 고개 너머 숯내와 꼭 닮은 곳이다. 어머니와 아버지, 할아버지가 사시던 시골 동네 그 냇가 말이다.

여장을 풀고 제일 먼저 한 일은 냇가로 달려가 놀 자리를 마련하는 것이었다. 텐트를 치고, 돗자리를 펴고, 취사 준비를 하고…. 이러는 사이 일행 중 누군가 어느새 발을 둥둥 걷어붙이고 물로 뛰어들었다. 순간 옆의 일행도 덩달아 뛰어들어 마치 망아지 놀듯 이리저리 뛰어다녔다. 유리알같이 맑은 물, 그 아래 바닥을 구르는 흰 모래알이 훤히 들여다보였다. 물은 또 얼마나 차가운지, 발을 담그고 단 몇 분을 서 있을 수조차 없었다.

참으로 오랜만에 냇물로 쌀을 씻어 밥을 지었다. 어릴 적 고개 너머 냇가에서 늘 하던 일이다. 준비해 온 대합으로 오글오글 찌개를 끓이고, 집에서 가져 온 고추장과 멸치조림을 반찬으로 내놓았다. 일행의 저녁식사 모습이 마치 걸신들린 귀신들 같다. 네 명이 열 명분의 밥을 눈 깜짝할 사이에 다 먹어치웠다. 모두들 비지땀을 흘리며 정신이 없다.

이즈음 냇가에 부슬비가 내리는가 싶더니, 어느새 땅거미가 내려오고 있었다. 갑자기 주위에 물안개가 퍼져 마치 하늘의 선녀가 금세 땅의 세계로 내려오려는 듯 신비한 광경이 연출되었다. 모두의 입에서 자연의 신비함을 경탄하는 소리가 흘러 나왔다.

"참으로 멋진 저녁입니다. 붉은 저녁 노을과 물안개를 함께 보게 되다니요! 여기에 비까지…!"

저녁을 먹고서다. 텐트 앞에 램프를 밝히고 심심파적으로 고스톱을 시작하였다. 냇가 백사장, 돗자리를 펴고, 자연에 안겨 이런 놀이를 하는 즐거움이 별스럽다. 대여섯 번의 판이 돌아갔을까, 빗줄기가 점차 굵어지더니 이내 소나기로 바뀌었다. 우린 어쩔 수 없이 자리를 정리하고 서둘러 민박집으로 쫓겨 들어와야 했다.

심심파적 화투놀이는 여기서도 계속되었다. 그런데 날씨가 문제였다. 얼마나 무덥고 후텁지근하던지…, 어쩔 수 없이 방문을 모두 열어젖히고 그 놀이를 계속하였다. 그랬더니, 이게 어찌된 일인가. 하루살이며 풍뎅이들이 몰려들기 시작하였다.

방문을 열고 불을 훤하게 밝혀서 그런 모양이다. 홍천에 사는 모기, 하루살이, 풍뎅이, 딱정벌레들이 단체로 방안으로 꾸역꾸역 몰려들었다. 갑자기 방안이 이들 벌레들의 단체 집합장소가 되어 버렸다. 얼마나 많이 몰려들었는지 도대체 정리가 되지 않았다. 잡을 수도, 빗자루로 쓸어낼 수도 없었다. 모기향을 몇 군데 피워 놓았으나 소용이 없다. 하루살이 모기들이 계속 밀려들었다.

얼마나 많이 몰려들었는지, 발과 엉덩이를 옮겨 놓을 수조차 없다. 발과 엉덩이에 밟히고 깔려 마구 터지기 때문이다. 철없는 풍뎅이들은 전깃불을 향해 마구 돌진을 해서 방안이 온통 비행기들의 공중 포격전이 시작된 듯 요란하였다.

상황이 이런데도 일행의 놀이는 새벽 3시를 넘어서도 계속되었다. 그러다 4시를 넘겨 간신히 잠에 들려는데, 이번엔 방안의 그 침입자들이 문제였다. 얼마나 많이 들어왔는지, 그냥 놔두고는 잠을 잘 수 없었다. 궁리 끝에 자동차의 털이개를 가져다 쓸어내기로 하였다.

방안을 둘러보니 천정, 벽, 방바닥 할 것 없이 온통 녀석들이 도배질을 하고 있었다. 이걸 털이개로 쓸어내는데, 참으로 기가 막히는 일들이 벌어졌다. 쓰레질을 할 때마다 벌레들이 터져 천정과 벽에 검은 먹칠을 하였다. 쓰레받기에는 벌레들로 한 가득이 되고…, 이거 기가 막히는 일이었다.

쓰레질을 마치고 자리를 펴고 누우려는데, 이번엔 풍뎅이 잔당들이 설치고 돌아다녀 잠을 이룰 수 없었다. 아직 쓸려 나가지 않은 딱정벌레들도 등 밑을 헤집고 다니며 잠을 방해하였다. 그러니 어찌하겠는가! 다시 일어나 쓸어내고 잠을 청할 수밖에…. 그래서 몽땅 쓸어내고 잠을 자려는데, 이번엔 그놈의 열대야가 문제였다.

어찌나 더운지 잠을 잘 수가 없었다. 문을 다시 열면 홍천의 모기들이 또다시 단체로 들이닥칠 테고…. 얼마를 뒤척이다가 눈을 떠 보니 어느새 아침 7시였다. 문 밖에는 부슬비가 내리고 있다. 지나고 보니 이런 일들이 모두 추억으로 남을 듯하다. 언제 다시 이런 날들이 올 수 있을지…. 그리움으로 남을 것만 같다.

〈1995. 7. 15. (토)〉

둘째 날

다음 날 아침이다. 산골의 아침이 더없이 맑고 상쾌하다. 일행은 맑은 공기, 시원한 바람을 쏘인다며 아침 산책길에 나섰다. 수타사로 오르는 길 옆 냇물이 간밤에 내린 비로 많이 불어나 있다. 산 중턱에 걸린 짙은 안개를 바라보며 아스팔트 길을 따라 걷자니 소용돌이쳐 흐르는 급류소리가 자연의 음률인양 장엄하게 들려온다. 짙은 구름 위에 연이어 우뚝 솟은 봉우리들은 한층 더 푸르고 싱그럽다.

어디서 날아들었는지 백로 한 마리가 글 읽던 선비 아침 산책하듯 얌전히 냇가 바위에 사뿐히 내려앉았다. 물끄러미 바라보노라니 신령의 전령인 듯 품위 있고 고귀하면서도 어쩐지 쓸쓸해 보인다. 이즈음 어디선가 물새 소리가 아련히 들려오는데, 아무리 둘러봐도 그 모습이 보이지 않는다.

산길을 따라 얼마를 걷자니 저만치에 촌로 한 분이 족대를 둘러메고 터덜터덜 걸어오는데 한 쪽 손에는 고기 바구니가 들려 있다. 들여다보니 냇가 흙탕물에서 방금 잡은 듯 물고기들이 펄떡펄떡 싱싱하였다. 족대가 있으면 우리도 잡았으면 좋겠다 싶어 단숨에 민박집으로 달려갔다. 구하면 얻는다고 했던가. 조그마한 족대 하나가 민박집 베란다 밑에 덩그마니 매달려 있었다. 오호 쾌재라…! 당장 둘러메고 냇가로 달려갔다. 그런데 난 민박집에 남아 아침밥을 짓기로 하였다. 설마 고기를 잡을 수 있으랴 싶은 생각에서였다.

냇가로 나간 일행이 한 시간이 넘도록 돌아오질 않는다. 밥은 다 지어 놓았는데…. 고기는 잡히는 건지? 아니고서야 이렇게 오래 머물 수가…? 이로부터 얼마 뒤 일행이 돌아왔는데, 바구니에 물고기들이 넘쳐났다. 내가 깜짝 놀라 시비를 걸었다.

"이거 어디서 났어? 샀어? 이실직고 해…!"

설마 이렇게 많이 잡을 수 있을까 하는 생각에서였다. 그런데 이 사람들이 하는 소리이다.

"이거 왜 이러세요! 사람 잡지 마세요. 당장 냇가로 나가 보실래요!"

얼마나 많이 잡히는지 직접 보여주겠다는 것이다. 그러고 보니 잡은 게 분명하기는 한가 보다. 내가 잘못 짚었나? 설마했는데…. 나가지 않은 게 후회스러웠다.

일행이 잡아온 고기, 조금 전 산책길에서 만난 촌로의 바구니에서 본 것과 똑 같다. 우린 당장 매운탕 끓일 준비를 하였다. 남의 고기 맛을 보려는 묘한 웃음들이 행복해 보였다. 고기를 잡아온 일행은 잡을 때의 모양을 흉내내 보이며 자랑이 이만저만이 아니다. 휜소리를 치는 것도 잊지 않았다. 즐거워 함께 웃는 모습이 보기에 참으로 행복해 보인다. 살아가면서 이렇게 즐거운 날들이 그리 흔치 않을 듯 싶다. 매일 이렇게 살아갈 수만 있다면 얼마나 좋을까!

물고기를 얼마나 많이 잡았는지 우리의 코펠로는 모두 끓일 수 없었다. 이런 걸 해결하는 건 해결사 우 선생의 몫이다. 우 선생이 민박집 아주머니에게 아양을 떨고서 커다란 무쇠솥을 하나 빌려왔다.

매운탕에는 여러 가지 양념을 무자비하게 집어넣었다. 간장, 된장, 고추장, 파, 양파, 풋고추, 애호박…. 여기에 미원을 슬쩍 뿌리니…, 그 맛이 정말 없을 리 있겠는가! 매운탕의 냄새가 모두의 미각을 흥분시켰다. 무쇠 솥에서 설설 끓는 빨건 그 모양이, 남의 군침을 한껏 돌게 하였다. 서둘러 소주 한 병을 따고 매운탕을 기다리는데, 시간이 도대체 가 주질 않는다.

왁자지껄 떠들어대던 일행이 매운탕 앞에서는 모두 꿀 먹은 벙어리가 되었다. 대합 껍질에 소주를 그득 부어 '지화자' 를 외치며 한 잔씩 들이키니 신선의 세계가 어디 따로 있다던가! 그 맛, 그 정취, 그 즐거움을 달리 설명할 도리가 없다.

손수 잡은 물고기 매운탕…, 이게 도대체 얼마만인가? 어릴 적 이웃집 개똥이와 집 너머 냇가에서 즐겨보고 처음이 아니던가. 족히 30년은 넘을 듯하다. 어찌 흥분하지 않을 수 있겠는가. 이런 게 우리 촌놈 모두의 정서인걸…. 일행은 믿기지 않을 정도로 무지하게 먹었다. 불면증에 시달리는 전선생이 더욱 그랬다. 모두는 세 공기 이상의 밥을 먹었다. 남아서 누군가에게 퍼 주어야겠다는 생각은 애시당초 기우였다.

무쇠솥에 그득했던 매운탕이 어느새 동이 나 버렸다. 서로는 얼굴을 바라보며 믿기지 않는다는 표정들이었다. 그 많은 걸 눈 깜짝할 사이에 다 해치웠으니…! 먹기를 마치고는 심심초 한 대씩 피워 물고 매운탕의 참맛을 다시 한 번 떠들어댔다.

정오가 가까워서다. '이제는 돌아가야 한다' 는 주장과, '다시 한 번 잡아 끓여 먹고 가야 한다' 는 주장이 맞서 한동안 격론이 벌어졌다. 결국 '잡아 먹고 가야 한다' 는 의견이 우세해서, 우린 족대를 둘러메고 다시 냇가로 몰려갔다. 아침에 뒤진 곳을 다시 뒤졌는데도 고기들이 또 잡혔다. 우리는 멍텅구리(구구리)라서 또 잡혔다며 배를 움켜쥐고 웃었다.

어떤 놈은 작은 피라미를 반쯤 삼키다 잡혔는데, 식사 중인 놈을 어떻게 잡느냐며 우 선생이 자비를 베풀어 놓아주었다. 그 멍텅구리, 장난기 어린 우 선생 때문에 용궁으로 환생한 셈이다. 우 선생, 언젠가 그 멍텅구리가 한 번쯤 신세를 갚을 거라며 묘한 웃음을 지어 보였다.

우리는 매운탕을 다시 끓여 먹고 저녁나절 귀경길에 올랐다. 모두는 돌아올 생각이 추호도 없었다. 돌아오는 차안에서 모두가 한 마디씩 하였다. '한 달 이상 푹 쉬다 돌아가는 기분' 이라는 것이다. '개학이 돼서 돌아가는 기분' 이라고도 하였다.

나도 한여름을 몽땅 즐기다 돌아가는 그런 기분이었다. 민박집 아주머니는 비가 오면 꼭 전화를 하겠다고 몇 번이고 손을 흔들어 보였다.

〈1995. 9. 16. (일)〉

변산을 다녀오다

가는 길 내내 눈이 펑펑

2박 3일 일정(2010. 12/26~28)으로 변산을 다녀왔다. 연말을 맞아 가는 해를 기념하자며 가족이 모두 함께였다. 집사람, 혜리, 아들 며느리, 나, 이렇게 다섯 명이서다. 지난 해 며느리를 맞은 뒤 벌써 세 번째 나들이이다.

변산을 오가는 길은 날씨가 좋지 않아 무진 애를 먹었다. 판교집에서 변산으로 내려갈 때다. 망향휴게소에서 잠시 쉬는데 눈발이 비치더니 변산에 이르기까지 계속 눈이 내렸다. 도대체 마음이 편치 않았다. 변산에 도착할 때까지 계속 그랬다. 가는 길 내내 눈이 펑펑 쏟아지니, 한 시 반 시 마음을 놓을 수 있겠는가. 차라리 집에서 출발을 하지 말았더라면 하는 후회가 막심하였다.

가는 길 내내 운전 조심을 당부하였으나 불안은 가시지 않았다. 변산 근처 해안에 이르러서는 짙은 안개로 지척 분간이 어려워 또 애를 먹었다. 차가 바닷물로 기어 들어갈 듯 아슬아슬 가슴이 조였다. 목적지에 도착하니 한숨이 절로 흘러 나왔다.

집에서 오후 1시 출발했는데, 변산 대명리조트에 이르니 6시가 되었다. 아직도 해가 있을 시간인데 날이 어둡고 짙은 안개 때문인지 지척 분간이 어려웠다. 숙소 리조트는 시설이 그럴싸하였다. 며칠 전 호주 시드니를 다녀왔는데, 그곳 특급호텔에 못지 않았다.

숙소에 짐을 풀고 리조트 주변을 돌아보았다. 문을 열고 밖으로 나가니 사방천지가 온통 눈이다. 훤하게 밝은 가로등 사이로는 아직도 흰 눈이 펄펄 휘날려 내리고 있다.

바다에 접한 호텔정원은 몰아치는 겨울 바람으로 나무들이 몸을 가누지 못하고 휘청거렸다. 엄청나게 세찬 바람은 나뭇가지와 솔잎 사이를 빠져나가느라 아름다운 선율의 가야금 뜯는 소리를 계속하고 있었다. 몇 발짝 더 나가니 해안선인데, 엄청난 파도가 밀려와 부서지고 밀리는 소리가 폭풍과 천둥소리를 연상케 하였다.

오후 7시, 리조트 식당. 이곳의 저녁 식탁은 집에서와는 또 다른 분위기였다. 식탁에 둘러앉아 마주한 식구들의 표정이 마냥 훤하고 밝다. 혜리 녀석, 벌써부터 옆자리 할머니에게 응석을 부리느라 시간 가는 줄을 몰랐다. 가지 말라는 제 에미에 맞서 따라 가겠다고 그 난리를 치더니…, 헤헤 호호…, 그 모습과 웃음소리가 보기에 너무 좋다.

저녁 메뉴를 살펴보니 먹음직한 음식들이 즐비하다. 혜리는 떡갈비정식, 아들 내외는 불고기 뚝배기, 집사람과 나는 불낙전골을 주문했는데, 반주 한잔을 곁들이니 세상이 온통 내 것만 같다. 세상 사는 재미가 오늘만 같았으면 하는 마음 간절하였다. 혜리 녀석 분위기가 좋은지 할머니 얼굴을 빤히 들여다보며 하는 소리이다.

"할머니! 우리 내년에 여기 또 와요!!"

졸라대듯 칭얼거렸다. 빙판 길의 피곤한 먼 여행에도 혜리와 할머니, 지친 기색이 없이 밤새 그렇게 두런거렸다.

격포해수욕장 옆에 해넘이 채화대가…

이튿날(27일) 새벽, 변산의 아침을 구경한다며 새벽 산책길에 나섰다. 리조트를 벗어나 해안선을 끼고 걷는 산책길, 강한 바닷바람과 심한 파도소리가 한 데 어우러져 마치 뇌성벽력을 듣는 듯 귀가 멍멍하였다.

리조트에서 200여 미터를 걸었을까, 그렇게 가까운 곳에 격포해수욕장이 길게 누워 자태를 뽐내고 있었다. 백사장은 파도가 밀려와 잠시 머무는 듯 밀려가는데, 경사가 완만해서인지 까치발 종종걸음으로 얌전한 새 색시 걸음으로 조용히 물러났다. 해수욕장 바로 옆, 커다란 바위에는 큰 돌비 하나가 서 있는데, 다가가 보니 '해넘이 채화대' 라고 쓰여 있다. 그 말이 생소해 자세히 살펴보니 그 밑에 이곳 풍광에 대한 설명이 쓰여있다.

육당 최남선이 이곳의 경관을 그의 기행문 〈심춘순례〉에서 감탄하듯 토해내고 있다. "조선의 풍광 열 개 중 변산의 낙조가 그 중 하나"라는 것이다. 바다 저쪽을 살펴보니 과연 그럴 거라는 생각이 들었다.

해수욕장 저 편에 펼쳐지는 고군산열도, 잇대어 늘어선 야트막한 섬들, 그 너머로 붉게 물든 해무리 낙조, 이런 장관을 그 어떤 절경과 비길 수 있겠는가. 해넘이를 한 번 보았으면 싶은데, 하늘이 온통 구름에 가려있으니 아쉽기만 하다.

내소사 대웅전서 가족건강 기원

아침식사 뒤에는 근처 능가산 '내소사'를 찾았다. 리조트에서 20㎞ 거리, 눈 내린 내소사의 풍경이 천상의 화원처럼 보였다. 일주문에 들어서니, 1㎞에 이르는 백설에 뒤덮인 전나무 숲길이 길게 뻗어 있다. 눈을 밟으며 걷는 다섯 식구의 발걸음이 너무 가볍다. 뽀드득, 뽀드득…, 차갑고 향기로운 능가산 바람이 코를 스쳐 지난다.

일주문에서 경내에 이르는 전나무 숲길에는 스피커를 통한 스님의 법어가 은은히 울려 퍼져 행인의 마음을 푸근하게 해 주었다. 내소사 경내 제일 높은 곳에 위치한 대웅전 큰 법당, 나는 집사람의 뒤를 좇아 부처님에 절하고 가족의 건강과 행운을 빌었다. 특히 어린 혜리의 건강을 기원하였다. 집사람, 혜리, 아들 며느리도 함께 절하고 부처님께 무언가를 비는 듯 보였다. 내소사를 둘러 나오는 발걸음이 왠지 가볍고 상쾌하다.

곰소항에 들려 갖가지 젓갈 구경

내소사를 둘러 나오는 길목에 곰소항이 있다. 일제 말 일인들이 착취한 농산물과 군수물자를 실어 나르기 위해 일제에 의해 만들어진 항구라고 한다. 하루에 130여 척의 배들이 드나들고, 항구 주변에는 상가와 마을이 늘어서 있으며, 수 헥타에 이르는 염전이 길게 자리하고 있다. 항구는 광활하고 끝없는 갯벌들에 에워싸여 있다.

곰소항에는 근해에서 잡히는 갖가지 해산물을 재료로 각종 젓갈을 생산하는 대규모 젓갈단지가 조성되어 있다. 그래서인지 모른다. 주말이면 젓갈쇼핑을 즐기는 관광객들로 붐빈다고 한다. 우리도 젓갈의 유혹을 떨치지 못해 항구에 들러 낙지젓이며 청어 알젓, 창란젓을 한 병씩 사 들고 항구를 물러났다.

격포항 '대장금' 서 조개구이 점심

이날의 백미는 격포항 근처 음식점 '대장금' 에서 먹은 조개구이 점심이었다. 큰 걸 하나 주문하였더니, 다섯 식구가 못 다 먹을 정도로 넉넉하였다. 바다에서 갓 잡아온 이놈 저놈을 참나무 숯불에 구워 소주 한잔을 곁들이니 기분이 정말 좋다. 집사람 혜리 아들 며느리도 모처럼 무아지경에 빠진 듯 정신이 없었다. 맛이 없을 거라던 키조개가 그렇게 맛이 있을 줄이야…, 큼지막한 녀석을 숯불 위에 올려놓고 지글거리며 초고추장을 발라 먹는데, 그 맛을 어디에 비유할 수 있을까. 거듭되는 한잔 술에 조개 한 점을 입에 넣으니 행복이 따로 있는 것 같지가 않다.

변산에서 이틀을 보내고 돌아오는 길도 날씨 때문에 무진 애를 먹었다. 내려갈 때에는 서해안과 충청, 전북지방이 대설이라고 해서 가슴을 조이게 하더니, 올라올 때에는 충청지방과 수도권 전체가 대설이라고 해서 또 애를 먹었다. 어쩔 수 없이 아침 일찍 출발, 길을 서둘지 않음으로써 마음을 가다듬으려 하였다.

다행인 것은 날씨가 의외로 따뜻해 내리는 눈이 모두 녹아 귀경이 어렵지 않았다는 것이다. 참으로 다행한 일이다. 어느 여름날, 마음이 한가한 날에 식구들과 다시 한 번 들러야겠다.

〈2010. 12. 29. (수)〉

호주 나들이

13시간을 날아 미항 시드니에

경인년(2010) 마지막 달 초, 혜리 애비가 저녁식탁에서 봉투 하나를 내밀었다. "아버님! 한 번 다녀오시지요." 열어보니 호주 나들이 여행권이었다. 혜리, 집사람, 나, 이렇게 세 사람 몫이다. 이걸 본 혜리 할머니가 난리를 쳤다. "왜 남의 말을 들어보지도 않고 일을 저질렀느냐"는 것이다. "비행기를 타기 싫다면서, 난 가지 않겠다"고 법석을 떨었다. "큰 맘 먹고 한 일을 왜 그러느냐"는 잔소리를 듣고서야 이 사람 간신히 마음을 고쳐 먹었다. 일정을 보니 12월 15일부터 20일까지 4박 6일, 기내에서 이틀, 시드니에서 4박을 하는 여행이었다. 관광지는 ▷블루마운틴 ▷시드니 타워 ▷시드니 북부 해양휴양지 포트스테판 사막 ▷넬슨 베이의 돌핀 크루즈 ▷호주의 전통목장 ▷본다이 비치 ▷시드니의 골목골목을 걸어보는 '발라' 투어 그런 것들이었다.

떠나기 전날 밤이다. 가지 않겠다고 그 난리를 피우던 그 사람, 상황이 어쩔 수 없었던지 짐을 꾸리는데, 마치 몇 년 나가 살 사람처럼 준비를 하였다. 큰 가방 3개에 무언가를 꾸역꾸역 담는데, 그냥 하품이 날 지경이다. 옆에서 할머니를 돕던 혜리 녀석, 그래도 아무 소리 말라고 내게 눈을 찡긋해 보였다. 공연히 긁어 부스럼 만들지 말라는 제스추어였다.

그러던 녀석도 제 짐을 싸는데, 가방이 틑어져라 잔뜩 챙겨 담았다. 말려도 듣지를 않는다. 여자들은 어쩔 수 없는 모양이다. 나는 입던 그대로 가겠다고 미리 선언을 해 두었다. 카메라와 무비 카메라만 메고서다.

여행을 하자면 짜증나는 일이 하나 있다. 비행기를 타는 일이다. 한두 시간도 아니고, 그 많은 시간을…. 호주여행이 그렇다. 인천에서 시드니까지는 무려 11시간 이상이 걸린다. 그런 시간을 무얼 하며 어떻게 보낸단 말인가. 운동을 할 수도, 누구와 술을 마실 수도, 담소를 나눌 수도 없다. 말뚝처럼 그냥 처박혀 있어야 한다. 잘 움직일 수도 없다. 의자가 좁아서다. 그러니 잠을 자거나, 책을 읽거나, 폐쇄회로를 보거나 하는 것 외에 달리 할 수 있는 게 없다.

비행 내내 앉아 있자니 답답하고 피곤하고…, 때로는 짜증이 난다. 어떤 땐 마치 보일러 속에 들어앉아 있는 양 온갖 소음과 굉음에 시달린다. 비행기 공포증도 종종 몰려온다. 이거 떨어져 죽는 거 아니야. 언제 땅에 내리지…, 비행 내내 불안하기 짝이 없다.

오후 8시 인천공항을 이륙, 다음날 아침 9시가 되니 시드니였다. 기내에서 저녁과 아침식사를 했는데 어느새 새벽이다. 하룻밤을 비행기 속에서 보낸 셈이다. 잠을 한숨도 자지 못하고 뜬눈으로 새웠는데…. 비행기에서 내려다본 시드니는 듣던 대로 아름다웠다. 시가지가 온통 산 속에 묻혀 있는 듯, 지붕이 울긋불긋 아름답고, 고층 건물들이 보이지 않았다. 중심가인 듯 고층 건물들이 보이긴 했으나, 그 것 말고는 거의가 단층이다.

블루마운틴, 웅장한 모습이 장관

시드니 공항에 도착하자마자 우리는 가이드에 이끌려 국립공원 '블루마운틴' 을 찾았다. 벌써 관광 일정이 시작된 것이다. 셔틀버스를 타고 산 정상에 이르니 발 저 아래에 산들이 펼쳐지는데 장엄하고 웅장한 모습이 장관이다. 황갈색 바위산의 연속, 그 꼭대기에 자리하고 있는 울창한 나무숲, 그 너머로 펼쳐지는 희미한 산들의 연속, 그것들을 짙게 가리우고 있는 희뿌연 운무, 이러한 모습들이 경외와 신비감을 가져다 주었다. 이렇게 광활하고 웅장할까…, 신의 조화가 아닌가. 감탄이 절로 터져 나왔다. 이렇게 잠시 산을 둘러보고 있는데, 어디선가 세찬 바람이 몰려오더니 갑자기 소나기와 우박이 쏟아져 내렸다.

"호주에서는 일생에 단 한 번 볼까 말까 한 현상입니다."

가이드가 신기하고 놀라운 듯 눈을 부릅뜨고 히죽거렸다. 그러니 어쩌겠는가, 은신처를 찾을 수 밖에…. 그러다 밤톨 굵기의 우박 몇 대를 얻어맞으니 단박에 머리가 욱신거렸다. 우박에 쫓겨 찾아간 곳, 시드니 중심가에 위치한 '시드니 탑' 이었다. 100m 높이의 탑에 오르니 아름답고 황홀한 시드니의 전경이 한눈에 들어왔다. 탑을 한 바퀴 돌며 시내를 살피자니, 시드니는 인간과 자연이 조화를 이루어낸 천상에 아름다운 도시라는 생각이 들었다. 어느 한 곳도 자연스럽지 않은 곳이 없다.

오렌지 모양의 오페라 하우스, 그 위를 가로질러 하늘에 걸려 있는 그림 같은 하버브리지, 영화 속에서나 봄직한 크루즈 여객선들, 그 옆 해안선을 끼고 길게 촘촘히 들어서 있는 환상적인 요트들…, 이런 모든 것들이 마치 그림이나 영화를 감상하고 있는 듯한 환상에 젖어 들게 하였다.

간밤에는 남태평양을 건너오느라 꼬빡 날밤을 샜는데…, 종일 이렇게

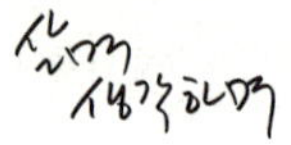

강행군이니…. 시드니에서 저녁을 먹고, 이곳에서 남쪽 약 20㎞지점 '스템포드 노스 라이드 호텔' 에 이르니 오후 8시, 짐을 풀고 서둘러 샤워를 하고 호텔 스탠드바에 나가 맥주 몇 잔을 기울이니 어느새 졸음이 밀려왔다. 혜리와 집사람이 종일 피곤했던지 잠자리에 들자마자 코를 골았다.

포트스테판 사막에서 모래썰매 즐겨

이튿날 아침, 모닝콜, 호주에서의 둘째날이다. 샤워를 하고 호텔식당에 나가니 호주 사람들의 전통적인 아침식사가 준비되어 있었다. 빵, 토스트, 버터, 치즈, 소시지, 베이컨, 햄, 버섯, 프라이, 콘…, 그리고 과일과 쥬스, 따끈한 커피까지…. 한국 사람들을 의식했음인지 식단 한쪽에 김치, 된장국, 쌀죽, 그런 것들도 놓여 있었다. 어쩌다 먹는 서양음식, 혜리와 나는 아주 맛있게 먹는데, 집사람은 아니었다. 이것 저것을 뒤적이더니 무언가를 자꾸 옆으로 미루어 놓았다.

식후에 달려간 곳, 시드니 북동쪽 220㎞ 지점, '포트스테판' 사막. 시드니 동북부 휴양지로 '아나베이' 바닷가 해안선을 따라 40㎞를 끝없이 뻗어 이어진 모래사막이다. 호텔에서 셔틀버스로 3시간 30분 거리…, 가도 가도 끝이 보이지 않는다. '포트스테판 사막' 으로 가는 셔틀버스 안에서의 생각이다. 차창 너머로 보이는 모든 것들이 부럽다는 생각이 들었다. 끝없이 넓은 땅, 누구의 손도 타지 않은 있는 그대로의 자연, 무엇보다 마냥 느긋한 이곳 사람들의 표정, 이런 모든 것들이 마냥 부러웠다. 국민소득 4만 달러라는 가이드의 말이 더욱 남의 심경을 건드렸다. 소득원은 농업, 광업, 목축업, 관광사업, 교육사업이라는 것이다. 굴뚝산업은 어디에도 없다. 모든 것이 1차 산업, 청정사업, 문화사업이다. 어찌 부럽지 않은가.

'포트스테판' 사막으로 가는 길, 시드니에서 1시간 거리, 우리는 '렙타일' 공원에 잠시 들려 호주를 상징하는 동물들을 구경하기로 하였다. 캥거루, 코알라, 악어 같은 호주를 상징하는 동물들을 보기 위해서다. 머나먼 호주까지 왔다가 이런 것들을 보지 못하고 간대서야 말이 되느냐는 일행의 생각에서였다. 이곳 공원에서 혜리 녀석…, 코알라를 만져보고, 캥거루에 먹이를 주고, 앵무새에 말을 걸고, 함께 사진도 찍고…, 이렇게 시간 가는 줄 몰랐다. 나는 녀석의 이런 행동을 동영상에 담느라 여념이 없었다.

'포트스테판' 사막에 이르기 바로 전, 시드니발 200㎞지점, 우린 '포트스테판 와이너리' (포도주 시음장)에서 점심을 먹었다. 메뉴는 비프스테이크와 이곳에서 직접 생산한 백포도와인. 야외식당에서 막 구운 스테이크에 와인을 한잔 곁들이니 그 맛, 그 분위기가 정말 그럴싸하였다. 이곳에서 직접 만든 맥주 또한 그 맛과 향이 일품이었다. 한 팩, 4병을 사서 일행과 한잔씩 나누어 마시니 여행의 홍취가 절로 솟는 듯하였다.

점심을 먹은 뒤 잠시 달리니, 드디어 '포트스테판' 사막이다. 이곳 사막의 첫 인상이다. 참으로 광활하고 장엄하다. 해안선을 따라 사막이 펼쳐지는데, 그 끝이 보이지 않았다. 모래사장 옆으로 넘실대는 남태평양도 저 멀리 수평선 외에는 보이는 게 아무것도 없다. 그냥 망망대해다. 바람이 워낙 세차서일까. 그 흔한 갈매기도 한 마리 보이지 않았다. 선박도 마찬가지이다. 한 척도 보이지 않았다. 보이는 건 오로지 바다와 사막뿐이다.

가이드의 설명이다. 이곳 사막은 40㎞가 넘게 계속되고 있다. 그래서인지 모른다. 아무리 그 끝을 찾으려 해도 보이지 않는다. 사막에는 여기저기 모래 산이 솟아있는데, 높이가 100m쯤 되어 보였다. 현지 호주인 관광업자의 말이다.

"강풍으로 대륙에서 모래가 날아와 쌓여 아무리 퍼내도 그 흔적을 찾을 수 없습니다."

매년 엄청난 양의 모래가 하와이로 수출된다고 하였다. 하와이 백사장의 하얀 모래가 모두 이곳 모래라는 것이다. 우리는 이곳에서 모래썰매를 탔다. 4개의 바퀴가 달린 백사장 전용 짚차를 타고 모래 산으로 달려가 썰매 하나씩을 들고 100m 높이의 모래 산에 올라, 타고 내려오는 거였다. 70° 경사의 모래 산, 내려올 때의 속도는 시속 20㎞ 정도, 썰매타기에 나선 일행이 비명을 지르느라 정신이 없다. 균형을 잡지 못하고 넘어지고 뒹굴고 난리들이다. 이를 지켜보던 혜리 녀석, 저도 얼른 썰매 하나를 집어 들고 모래 산으로 오르는데, 뒤에서 보기에 너무 걱정스럽다. 그래서 쫓아가 돌봐 주려는데 이게 어느새 타고 내려오는 거였다. 저 아래서 지켜보던 사람들이 난리였다. 혜리 할머니도 괴성을 지르고 손뼉을 치느라 여념이 없다.

나도 썰매 하나를 들고 언덕으로 올라갔다. 위에서 내려다보니 그 아래가 까마득하다. 타고 내려오다 잘못되지 않을까? 그러나 설마 넘어지기야 하겠나 싶어 무작정 타고 내려오는데, 그렇게 신바람이 났다. 어릴 적 동네 뒷산 구렁텅이에서 솔가지를 타고 놀던 기억이 생생하다. 혜리와 나는 주위의 시선도 아랑곳하지 않고 대여섯 번의 모래 썰매를 탔다. 혜리 녀석 어느새 이마에 땀방울이 맺히고, 얼굴이 홍당무가 되었다.

모래사막에서 버스로 20분 거리에 '넬슨만' 이 있다. 이곳은 바다가 내륙으로 깊숙이 들어와 있어, 마치 산들이 바다를 에워싸고 있는 형상이다. 그래서일까. 바다가 아주 잔잔하고 고요하다. 이따금 배가 지날 때에만 물결이 잔잔히 일렁인다. 이 바다에 돌고래들이 떼지어 몰려다녀 우리가 '돌핀 크루즈' 를 타고 구경에 나섰다. 배를 타고 얼마를 나가니 과연 돌고래들이 모습을 보였다. 머리를 들어 하늘로 솟구쳐 올랐다가 다시 물로 잠기는 모습이다. 지켜보던 사람들이 탄성을 지르고, 사진을 찍느라 여념이 없다.

그 배에서 사방을 둘러보니 주변 경치가 너무 아름답다. 만을 둘러싸고 있는 산들 속에 집들이 점점이 박혀 있는데, 그 모습이 한 폭의 그림같다. 집 사이사이에 나무들이 있는 게 아니라, 숲 속에 집들이 숨어 있다. 자연 속에서 자연과 더불어 살아가는 그들의 생활문화가 정말 부러웠다. 난 이 광경을 무비카메라에 담느라 정신을 차리지 못했다.

전통목장 찾아 부메랑 던지기, 양몰이 체험

호주 여행 3일째, 우린 호텔에서 버스로 1시간 반 거리의 전통 호주 시골농장을 찾았다. '투브럭 쉽 스테이션' (Tobruk Sheep Station)이다. 농장은 언젠가 영화 속에서 본 듯한 그런 모습이다. 허허벌판의 구릉 목초지, 양떼를 가두어 놓은 목책(木柵) 울타리, 농장 입구에 세워진 통나무 기둥, 그 위에 새겨진 목장 이름…, 이런 것들이 마치 OK 목장에 와 있는 듯한 느낌을 가지게 하였다.

혜리와 집사람 나, 우린 여기서 전통적인 호주농장의 여러 가지 일들을 체험하였다. 허허벌판 농장 목초지 위에서다. 그 옛날 호주 원주민들(에버리진)이 날아다니는 새를 잡았다는 '부메랑' 던지기, 양몰이 채찍 휘두르기, 양몰이 · 양털 깎기 쇼, 템퍼 빵과 빌리티 맛보기…, 그런 것들이다. 내겐 이런 모든 것들이 신기하게 보였는데, 그 중 양몰이가 백미였다.

그 옛날 말을 탄 카우보이 차림의 목동이 무슨 소리인지 휘파람을 불자 주위에서 맴돌던 딩고(양몰이 개)들이 바람을 가르며 풀을 뜯는 양떼들에게로 달려가, 이들을 바람처럼 몰고 오는 거였다. 딩고들은 카우보이의 눈치를 살피며 양들이 흐트러지지 않게 양떼의 주위를 빙빙 돌며 단속을 벌였다. 그 행동이 정말 일사불란하였다. 그 많은 양들이 딩고의 생각에 따라 한 치의 어긋남도 없이 카우보이 앞에 차례로 정렬하였다. 참으로 신기하였다. 일을 마친 딩고들이 카우보이 말에 뛰어올라 주인의 쓰다듬으로 보상을 받았다.

이곳에서 또 다른 체험, '덴버 빵과 빌리 티' 마시기, 양털 깎기 쇼였다. '덴버 빵과 빌리 티'는 그 옛날 영국인들이 호주로 이주했을 때, 막노동을 하며 허기를 채웠던 빵으로 거칠기 이를 데 없다. 이런 걸 먹고 어떻게 견뎠을까 싶을 정도다. 덴버 빵과 함께 마셨던 '빌리 티'도 마찬가지이다. 우리네 보리차와 비슷한 것으로 그 맛이 밍밍하고 텁텁하였다. 그 옛날 영국에서 호주로 건너온 이주민들의 어려웠던 삶을 보여주려는 듯하였다. 양털 깎기는 5분 정도 걸렸는데, 다 깎고 난 뒤 이걸 땅바닥에 펼치는데 한 조각도 떨어져 나가질 않는다. 참으로 숙련된 기술이라는 생각이 들었다.

본다이 비치, 시드니를 돌며 발라 투어

호주여행 나흘째, 마지막 날이다. 모닝콜, 전통적인 호주인들의 아침식사, 그리고 찾아간 곳이 '본다이 비치'와 호주 시내를 구석구석 누비는 '발라' 투어였다.

'본다이 비치'는 시드니 동쪽 7㎞ 지점, 도시 외곽에 위치한 해변으로, 원주민 에버리진 말로 '바위에 부딪혀 부서지는 파도'라는 뜻을 담고 있다. 남태평양과 맞닿아 있어 파도가 높고 바람이 세차, 매년 세계 여러 나라에서 관광객들이 몰려와 서핑을 즐기는 곳으로 유명하다. 우리가 이곳을 찾았을 때는 초여름인데 건조하고 싸늘한 날씨 때문인지 서핑과 수영을 즐기는 이들이 많지 않았다. 맨 몸으로 수영과 선팅을 즐기는 모습들도 볼 수 없었다. 여름 크리스마스를 즐기려는 젊은이들이 가끔 눈에 띌 뿐이었다.

시드니 '발라' 투어는 이곳 사람들의 일상생활을 직접 볼 수 있어 좋았다. '발라' 는 원주민 말로 '걷는다' 라는 뜻으로, 우리나라 제주도의 '올래' 와 비슷한 모습이라고 할 수 있다. 우리가 다녀 본 곳은 오페라하우스, 하버브리지, 뉴사우스 웨일즈 아트갤러리, 하이드 파크, 미들 가든, 그리고 시드니 항을 떠돌며 관광을 즐기는 트와일라잇 크루즈 선상에서의 저녁 만찬이었다. 이렇게 시드니의 유명 관광지들을 돌아보면서 느낀 것이다.

"시드니는 참으로 아름답다. 미항이다. 사람들의 생활이 너무 부럽다. 모두가 잘 먹고 잘 산다. 생활이 활기에 넘치고 역동적이다. 개성이 넘치고 남을 의식하지 않는다. 어쩌면 모두 이렇게 넉넉할 수가…."

크루즈 선상에서의 저녁만찬은 참으로 호화스러웠다. 비프스테이크에 갖은 해물 스낵요리, 싱싱한 야채, 와인, 누구에 구애 받지 않는 자연스러운 말과 행동, 이런 분위기를 또 언제 만끽할 수 있을지. 미들 가든을 걸으면서는 앵글로섹슨족들이 참으로 조직적이고 빈틈없는 민족이라는 생각도 가져 보았다. 시드니 항 주변공원을 걷고 있을 때, 야생 앵무새들이 날아와 머리와 어깨에 앉아 먹이를 달라는 것도 인상적이었다. 들고 있던 스낵 한 봉지를 모두 줄 수밖에 없었다.

여행에서 오랜 시간 비행기를 타는 것은 아연질색이다. 안전사고에 대한 공포도 계속 머리를 어지럽힌다. 집엘 돌아오니 마음이 홀가분하다. 언제 호주를 다시 한 번 여행했으면 좋겠다.

〈2010. 12. 25. (토)〉

2010년 12월 21일. 집사람과 손녀딸 혜리, 오페라하우스가 보인다.

시드니는 참으로 아름답다.
미항이다.
사람들의 생활이 너무 부럽다.
활기가 넘치고 역동적이다.
크루즈 선상에서의 저녁 만찬
참으로 멋지고 호화스러웠다.
이런 분위기를 언제 또 즐길 수 있을지…

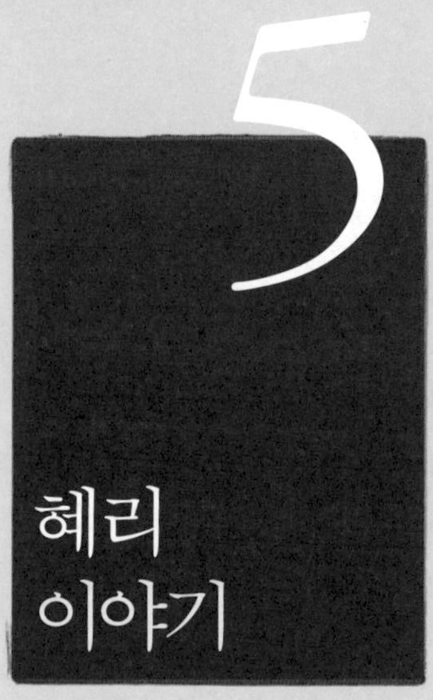

혜리가 혼자 학교엘 갔다
지난 2년 동안 처음 있는 일이다
노심초사 조바심을 했는데…
올 들어 녀석이 벌써 2학년이 되었다
혼자서 얼마든지 학교에 다닐 수 있는 나이다
녀석의 등교를 두고 그간 마련이 많았다
세월이 너무 어수선해서다

혜리가 혼자 등교를…

혜리가 혼자 학교엘 갔다. 지난 2년 동안 처음 있는 일이다. 노심초사 조바심을 했는데…. 올들어 녀석이 벌써 2학년이 되었다. 혼자서 얼마든지 학교에 다닐 수 있는 나이이다. 녀석의 친구들도 거의 그렇다. 그런데 난 녀석을 지난 2년 동안 등교를 시키고 있다. 오전에 데려다 주고, 오후에 데려 오고…. 유치원 1년, 초등학교 1년, 이렇게 2년째다.

녀석의 등교를 두고 그간 마련이 많았다. 유치원을 다닐 때는 초등학교 1학년이 되면 혼자 다니게 하겠다고 하고, 초등학교 1학년이 되어서는 2학년이 되면 그렇게 하겠다고 했다. 그러다가 2학년이 되어서도 3월 한 달을 내내 데리고 다니고 있다. 3월인데도 아직 날씨가 고르지 못해서다. 황사에다 심한 바람, 꽃샘추위, 때 아닌 눈까지 내리고 있다. 그러다 녀석이 오늘 비로소 혼자 학교엘 간 것이다. 여간 대견하고 신기하지 않다.

혼자 등교를 못하도록 한 것은 세월의 탓도 있다. 세상이 너무 어수선하고 무서워서다. 문화 문명이 발전하고 세월이 흐르면서 어린 아이들을 상대로 한 아동범죄가 급증하고 있다. 매스컴을 통해 허구헌날 들려오는 아동범죄가 전율을 불러오게 한다. 입에 담기도 어려운 아동범죄, 납치, 유괴, 성범죄까지…. 생각하기조차 끔직하다. 세상이 이러니 어디 아이들을 밖에 혼자 보낼 수 있겠는가.

여기에 내 노파심도 한 몫 하고 있다. 넘어지지 않을까, 다치지 않을까, 길을 잘 건너갈까, 가방이 무겁다고 울지 않을까…. 그러고 보니 이건 노망에 가까운 할아버지의 괜한 걱정일 듯 싶다. 그래서 가끔 집사람한테 욕을 먹는다. "얘들이 다 그렇게 자라는 거지 뭐 그렇게 난리냐!"는 것이다. 사실이 그렇기는 하다. 그래서 자칫 자립심을 그르치지 않을까 걱정도 된다.

녀석을 학교에 보내고도 돌아올 때까지 걱정이 태산이다. 학교엔 잘 갔는지, 지각은 하지 않았는지, 점심은 잘 먹었는지, 집에는 잘 돌아올건지…. 제 에미에게서 소식이 있을 때까지 이렇게 계속 안절부절이다. 집사람의 면박이 또 들려온다.

"무슨 남자가 그 모양이야! 듬직하지 못하구…. 어련히 잘 다녀올라구!"

그 사람의 잔소리가 들릴 리 없다. 끝내 답답해서 내가 제 에미에게 전화를 걸었다. 그러고 나서야 비로소 안심을 한다. 녀석이 별 일 없이 학교를 다녀오겠구나…!

내가 초등학교에 다니던 호랑이 담배 피던 때의 일이다. 여덟 살 어린 나이에 20리 밖 몇 개의 산을 넘어 학교엘 걸어다녔다. 비가 오나, 눈이 오나, 바람이 부나…. 일년 열두 달, 하루도 빠짐없이 그렇게…. 먹는 거 입는 거 모두가 몹시 부실하던 때다. 죽이라도 먹을 수 있으면 다행이던 때, 홑바지 저고리를 입고 엄동설한을 견디며 학교엘 다녔다.

검정 고무신이 닳아 떨어질까 봐 벗어 들고 논길 밭길 산길을 걷던 기억이 새롭다. 그래서 가끔 나무 끄트럭에 발이 찔려 피를 흘리기도 하고, 돌

부리에 채여 발톱이 빠지기도 하였다. 그럴 때면 발이 쑤시고 아파 눈물을 한 바가지씩 흘렸다. 참으로 먼 그 옛날의 이야기이다. 격세지감이라고 하지 않을 수 없다.

이런 걸 보면 오늘날의 아이들은 참으로 행복하지 않은가. 차로 등하교를 하고, 일주일에 몇 번씩 외식을 하고, 책이며 공책, 참고서, 연필이며 지우개 등 부족한 것이 없고, 엄마 아빠의 관심이 하늘을 찌르고…. 글쎄 이런 걸 행복이라고 한다면, 요즘 아이들 세상을 너무 편히 사는 것일까?

초등학교 1학년인데도 학원을 몇 개씩 다니고, 밤 12시까지 숙제를 해야 하고, 벌써부터 외국어 공부를 해야 하는…. 이런 것들이 또 다른 문제는 아닐지 모르겠다.

〈2009. 4. 2. (목)〉

혜리의 짜증

열 살짜리 초등학교 3학년 혜리가 가끔 신경질을 부린다. 시도 때도 없이, 그래서 가끔 어안이 벙벙하다. 이게 버릇이 없어서 그런가. 아니면 너무 허물이 없어서 그런가. 또 아니면 내 행동이 답답해서 그런가. 이유는 알 수 없으나, 이게 어제 저녁에도 그랬고, 오늘 아침 등교 때도 그랬다. 녀석이 종종 그러니 나도 덩달아 신경이 쓰인다.

어제 저녁 10시경이다. 내가 녀석에게 영어숙제를 해야 할 것인지를 물었다. 그랬더니 녀석이 무어라고 대답을 하는 데 알아들을 수 없었다. 내가 계속해서 물었다. 그랬더니 이게 신경질이다.

"할아버지~, 왜 이러시는 거예요? 할아버지는 그런 것도 몰라요!!"

녀석의 말에 나도 짜증이 났다. 그래서 한 마디 하였다.

"알았어! 이 계집애야! 그래, 너 혼자서 해! 난 몰라~."

그런데 녀석이 끝내 내 도움을 청했다. 알지를 못하니 물을 수밖에…. 그래서 숙제를 간신히 마칠 수 있었다.

그런데 오늘 아침의 일이다. 내가 녀석을 차로 학교에 데려다주고 가방을 내려주려고 녀석에게 물었다.

“혜리야! 할아버지가 가방 내려줄까?”

그랬더니 이게 또 신경질이다.

“안 돼요! 내가 내릴 거예요. 할아버지는 내리지 마세요.”

녀석의 목소리에는 짜증이 섞여 있었다. 녀석을 내려주고 집으로 돌아오면서 곰곰 생각해 보았다.

‘이게 왜 자꾸만 신경질을 부리지…! 혹시 내가 학교에 가는 게 창피해서 그런가…! 글쎄 그렇지는 않을 텐데….’

집에 돌아 와서 녀석의 행동을 가만히 되짚어 보았다. 도대체 왜 그러지…? 무슨 이유가 있는 건가? 이해가 되지 않았다. 순간 고등학교를 다니던 때의 내 일을 그려보았다. 그때 나도 오늘의 녀석과 비슷한 행동을 했다. 내가 고향을 떠나 서울에서 고등학교를 다니던 때다.

어느 날 시골에서 어머니가 올라오셨다. 왜 올라오셨는지는 기억에 없으나, 그때 어머니의 행색이 너무 초라해 보였다. 모습, 의복, 행동이 모두 그랬다. 흰 광목 치마저고리에 흰 고무신, 햇볕에 검게 그을린 거친 피부, 어눌한 행동…. 순간 주위 사람들의 시선이 내게 쏠리는 듯하였다. 사실은 아닌데…. 그 자리를 피하고 싶은 생각이 들었다.

어머니를 모시고 얼른 차에서 내려 집으로 오던 때의 일이 너무 생생하다. 지금 생각해 보면 참으로 어리석은 일이다. 시골행색의 어머니를 모시는 일이 얼마나 행복한 일인가!

녀석이 그때 내가 가지고 있던 그런 생각을 하고 있는 건 아닌가! 그래서 학교에서 돌아온 녀석에게 자세히 물어보았다.

“혜리야! 너 아침에 할아버지가 책가방 내려주려고 할 때, 왜 못 내려주게 했어? 그리고 왜 짜증을 부렸어? 네가 내릴 거라고….”

그랬더니 내 말이 떨어지기 무섭게 녀석이 하는 소리이다.

“내가 할 수 있으니까요! 내가 할 수 있는데 할아버지가 하려고 하잖아요. 내년에 4학년이 되면 가방이 더 무거워질 텐데…, 그래서 미리 연습을 하는 건데….”

백 번 옳다는 생각이 들었다. 내가 그 옛날 가지고 있던 생각과는 다르구나 싶었다. 나는 주위 시선을 의식한 행동이고, 녀석은 앞으로의 준비를 위해서 한 일이다. 꽤 기특한 생각을 했구나 싶었다.

내친 김에 녀석이 매사 왜 짜증을 부리는지를 물어 보았다.

“혜리야! 너, 그런데 요새 할아버지한테 자꾸 짜증을 부리잖아! 왜 그러는 거야! 무슨 일이 있어?”

그랬더니 녀석이 곧바로 하는 소리이다.

“글쎄…! 나도 모르겠어요…. 왜 그러는지!!”

저도 왜 그러는지 알고 싶다는 것이다. 참 알다가도 모를 일이다. 나도 꽤 여러 해 아이들을 가르쳐 왔는데…, 카운슬링도 해 보고…, 유아심리, 아동심리 그런 책도 많이 읽었는데…. 혹 녀석이 요즘 공부가 힘이 들어서 그런 건 아닌가? 공부할 양이 많고, 숙제도 많고, 종종 시험도 닥치고…, 매일 영어 공부도 해야 하고…. 원어민 한국인 이렇게 돌아가며 매일 한 시간씩, 그래서 따라가기 힘이 들어서 그러는 건가?

요즘 내가 아이들에 대해서 모르는 게 너무 많은 모양이다. 며느리가 선생님이니 퇴근을 하면 한 번 물어 보아야겠다.

〈2010. 4. 28 (수)〉

어린 혜리의 외출

어느 날 열 살짜리 혜리가 하는 소리이다.

"할아버지! 나 시험 끝나면 반 애들하고 교보문고에 갈 거예요."

"뭐…! 교보문고…! 너 혼자? 그게 어디 있는데…?"

"으응…, 삼성 플라자 옆에요."

녀석은 이제 겨우 열 살이다. 한 번도 혼자 외출을 해 본 적이 없다. 식구들하고 같이 나가긴 했지만…. 그런데 이게 갑자기 시내 한복판엘 혼자 나가겠다는 것이다. 그것도 버스를 타고, 이거 아연실색할 노릇이다.

속으로 애간장이 탔다. 삼성 플라자라니…, 버스를 타고 한참을 가야 하는데…. 이제 초등학교 3학년 녀석이, 그것도 계집애가. 길이라도 잃어버리면 어쩔려고…, 세상도 뒤숭숭한데, 누구에게 끌려가기라도 하면 …. 그래서 내가 소리를 버럭 질렀다.

"안 돼…! 큰 일 나! 너 길 잃어버리면 어떡해…! 할아버지가 데려다 줄 거야! 그리고 데리고 올 거야!"

그랬더니 이게 발을 동동 구르고 징징대며 하는 소리이다.

“안 돼…, 할아버지! 나 애들하고 같이 갈 거야! 같이 가기로 했어. 유진이 서연이 민지 나 이렇게 넷이서….”

녀석이 눈물을 질금거리며 다녀오겠다고 애걸복걸이다. 더 이상 말려서는 될 일이 아니라는 생각이 들었다.

“그래, 그럼 갔다 와! 그런데 너 엄마한텐 허락 받았어?”

“네…, 엄마한테 용돈까지 받았는데요.”

이게 신바람이 나서 하는 소리이다.

오후 1시, 녀석이 시험을 마치고 학교에서 돌아왔다. 그리고는 친구들과 교보문고로 떠날 채비를 하였다. 핸드폰으로 연락을 주고받더니, 아파트 단지 앞에서 2시까지 만나자는 거였다. 내가 안타까운 심정으로 옆에서 녀석의 행동을 지켜보았다. 녀석이 신바람이 나는 모양이다. 마음까지 들떠 있었다. 행동이 빠르고 콧노래까지 불렀다. 처음 나들이여서 그런가 싶었다. 이제 제법 큰 티를 보이려는 듯하였다.

지갑을 열어 보니 만원짜리와 천원짜리 몇 장이 들어 있었다. 이거 가지고는 적겠다 싶어 만 원을 더 넣어 주었다. 그리고 모여 있던 녀석들을 데리고 버스 정거장으로 갔다. 잠시 뒤 버스가 와서 녀석들을 태워 시내로 보냈다. 버스가 막 떠나 저만치 갈 때다. 갑자기 엉뚱한 생각이 머리를 어지럽혔다.

‘저것들을 혼자 보내서는 안 되지…, 무슨 탈이라도 나면…, 아니야 따라 가 봐야 해….’

그래서 지하에 세워 두었던 차를 몰고 부리나케 녀석들 뒤를 쫓았다. 다행히도 버스는 멀리 가지 못했다. 곧 뒤를 따라 잡을 수 있었다. 난 목적지 교보문고까지 줄곧 버스 꽁무니를 뒤 쫓았다. 버스가 서면 나도 서고, 버스가 가면 나도 갔다. 버스를 놓칠세라 전전긍긍하였다. 버스가 목적지 교보문고에 이르렀을 때, 나도 버스 뒤에 차를 세웠다. 그리고 녀석들이 내려오기를 기다렸다.

잠시 뒤 녀석들이 재잘거리며 버스에서 내리는데, 나를 보고는 깜짝 놀랐다. 감히 뒤를 쫓아 오리라 생각하지 못 했던 듯하다. 주차장에 차를 세우고 녀석들과 행동을 같이 하기로 하였다.

들어가 보니 문고 안은 생각보다 엄청 넓었다. 문고만 있는 것이 아니라 아이들이 필요로 하는 거의 모든 것들이 진열되어 있었다. 아이들이 호기심을 가질 만하였다. 장내는 무척 복잡하고, 고만고만한 것들이 떼를 지어 몰려 다녔다. 시험을 마친 녀석들이 몰려 나온 것이다. 이런 와중에도 난 자칫 녀석들을 놓칠세라 한눈을 팔지 못했다.

손녀 딸 혜리 녀석…, 할아버지가 뒤에 있어서인지 가지고 싶은 모든 것들을 집어 들었다. 그리고는 배가 고프다며 빵을 사 달라고 하였다. 녀석들이 쟁반에 수북이 담긴 도넛츠며 빵을 맛있게 먹었다.

쇼핑을 마친 녀석들이 또 근처 어린이 소극장엘 들러 4분 짜리 DVD영화를 보았다. 그것도 3가지씩이나, 영화감상비도 꽤나 비싸 한 편에 1인당 3천 원씩이다. 네 녀석들이 한 번 보는데 1만2천 원씩, 세 번이니까 금세 3만6천 원이 들었다. 코 흘리개들을 상대로 폭리를 취하고 있구나 싶었다. 녀석들의 꽁무니를 좇다 보니 어느새 오후 6시, 집을 나온 지 벌써 4시간이 되었다.

집으로 돌아오는 길, 내 차 안에서다. 녀석들이 깔깔거리며 오늘에 있었던 일을 정리하였다. 이웃 아파트에서 온 서연이 녀석이 하는 소리이다.

"혜리 할아버지! 혜리가 오늘 제일 떠들었어요. 버스에서 너무 시끄러워서 혼났어요."

처음 나들이에 녀석이 무척 흥분됐던 모양이다. 그러자 혜리가 하는 소리이다.

"할아버지! 얘들이 할아버지 흉봤어요. 내 손녀딸은 내가 지킨다, 그러면서 따라 왔다고 했어요!!"

내가 목소리를 높여 껄껄 웃었다. 왜 아니랴 싶었다.

〈2010. 7. 15. (목)〉

2010년 9월 22일, 혜리가 공항에서 메시지를 보냈다.

추석 날,
녀석이 필리핀 여행을 떠나면서,
할아버지와 통화가 절실했던 모양이다.
통화가 되지 않자 메시지를 남겼다.
할아버지!
저 조금 있다 밤 8시에 출국해요.
할아버지가 전화 안 받아서,
메시지로 남겨요.
갈께요.
그리고 아빠가 나 로밍된대요.
그럼 하부지, 빠빠롱…

혜리의 전화

추석날 늦은 오후다. 테니스를 치고 술을 한잔하고 집으로 돌아오다가 핸드폰을 열어 보니 열 살짜리 손녀 혜리에게서 전화가 와 있었다.

'아뿔싸! 술을 마시다 전화를 못 받았구나!!'

급히 다이얼을 눌러 보았다. '전화기가 꺼져 있어 음성사서함으로 옮긴다' 는 메시지가 흘러 나왔다. 이를 어쩌나…, 안타까운 마음에 정신이 없었다. 전화를 못 받다니…. 난 지금 운전중이다. 전화기를 다시 눌러 보았다. 같은 멘트가 계속 흘러 나왔다.

전화가 걸려온 시간을 살펴보니, 오후 7시 30분, 47분 두 차례였다. 내가 전화를 열어 본 것은 8시 21분, 그러니까 그때 내가 맥주를 마시느라 전화를 받지 못한 것이다. 전화기를 차에 두고 술을 마셨기 때문이다. 30분 사이에 빚어진 일이다.

녀석은 잠시 전 8시 비행기로 필리핀 여행을 떠났다. 그러니까 출국 전 할아버지에게 전화를 걸었는데, 내가 받지를 못한 것이다. 그것도 두 번씩이나, 얼마나 속이 상했을까. 할아버지에게 출국을 알리려고 전화를 걸었는데…. 이번 여행은 녀석이 제 식구들과 함께 갔다. 추석연휴를 맞아 4박 5일 일정으로, 제 에미, 애비, 동생 이렇게 넷이서다.

인천공항으로 떠나기 전, 난 녀석과 여러 차례 작별인사를 했다. 녀석이 할아버지를 두고 혼자 떠나는 것이 몹시 아쉬웠던 모양이다. 몇 번이고 얼싸안고 작별인사를 했다. 제 집 안방에서, 거실에서, 현관에서, 엘리베이터에서, 지하실 주차장에서, 그리고 제 애비 차에 오르면서까지…, 녀석은 차에 올라서도 차창을 열고 내가 보이지 않을 때까지 손을 흔들어 주었다. 그리고도 출국 전 또 전화를 한 것이다. 그것도 두 번씩이나….

여간 아쉬운 게 아니다. 얼마나 서운했을까. 촉박한 시간을 쪼개어 두 번씩이나 전화를 했는데…. 하필 그 시간에 왜 내가 술을 마셨는지…. 아쉽기만 하다.

집에 돌아오니 집사람이 하는 소리이다.

"아니! 왜 혜리 전화를 안 받어! 두 번씩이나 전화를 했다더구먼…. 나한테 전화를 했잖아. 할아버지가 전화를 안 받는다고…."

녀석이 집으로도 전화를 했구나! 답답하니까, 전화를 받지 않으니까…. 내가 물었다.

"언제 전화가 왔어?"

"언젠 언제야. 출국 전이지…, 그러니까 바로 8시가 되기 전이야…."

"그랬구나…!"

녀석은 할머니 할아버지와 며칠간 떨어지는 것이 몹시 서운했던 모양이다. 녀석이 제 집을 나서며 하는 소리이다.

"할아버지! 이 인형 꼭 가지고 계세요. 내가 돌아올 때까지…."

어린 아이 주먹만한 귀여운 하얀 곰 인형이다. 녀석은 이걸 한참 제 코에 대고 훈훈한 코 바람을 쐬었다. 그리고 제 얼굴에 몇 번이고 문질렀다. 그뿐만이 아니다. 제 티셔츠를 들춰 가슴에 안고 한참을 있다가 꺼내 내게 내밀었다. 몸의 체취를 곰에게 남기고 싶었던 모양이다. 내가 곱게 받아 두 손으로 감싸쥐었다. 그랬더니 녀석이 하는 소리이다.

"할아버지! 할머니한테도 드렸어요. 할아버지한테 드린 거 하고 똑같은 거예요."

그랬구나…! 난 이걸 가져다 책꽂이 한 편에 곱게 앉혀 놓았다.

녀석의 전화를 받지 못한 것이 못내 아쉬워 다시 전화를 열어보았다. 녀석의 전화번호를 다시 확인하기 위해서다. 이때다. 녀석이 보낸 문자 메시지가 화면에 떠 있었다. 시간을 보니 출국 직전이다. 내용은 이랬다.

"할아버지! 저 8시에 출국해요. 할아버지가 전화 안 받아서 메시지로 남겨요. 갈께요. 그리고 아빠가 나 로밍 된대요. 그런데 안 될 수도 있대요. 그럼 하부지 빠빠룽~."

녀석이 정말 통화가 절실했던 모양이다. 정말 인사를 하고 싶었던 모양이다. 전화를 내게 두 번, 할머니한테 한 번, 문자 메시지까지 남겼으니…. 그러고도 로밍까지 생각했으니…, 참으로 정이 가는 녀석이다. 답답하고 안타까워서였는지 모른다. 안타깝다. 그놈의 술을 하지 않았더라면 될 일을…. 머리가 지끈거리고 속이 상했다.

녀석은 문자 메시지만 보낸 게 아니다. 공항에서 제 사진까지 찍어 보냈다. 녀석의 문자 메시지를 뒤적이다가, '미확인 메시지를 확인하겠느냐?'는 글이 있어 열어 보니 녀석의 사진이 화면에 뜨는 거였다. 정말 고맙다는 생각이 들었다. 그 바쁜 시간에 어떻게 그 여러 가지 일을 했는지…. 통화가 얼마나 절실했으면 그랬을까…, 공연히 속이 상했다. 녀석이 보낸 사진의 제목이다.

'나 이뻐죠!!'

얼굴을 살짝 옆으로 눕히고 예쁜 손가락으로 V자를 그려 보이고 있다. 공항 출입국 문 앞에서다. 살짝 웃는 미소가 너무 예쁘다. 정신을 홀딱 빼길 지경이다. 출국하기 6분 전, 오후 7시 54분에 찍은 것이다.

지금 시간이 밤 12시 40분, 아마도 지금쯤 필리핀에 도착했을지 모른다. 녀석이 얼른 돌아왔으면 좋겠다.

〈2010. 9. 23. (목)〉

2005년 2월 26일, 동부여중 강당에서 퇴임소고연

지난날들을 돌이켜 보면 바보스러웠던 일이 참으로 많습니다.
형식과 명분, 허영과 욕심, 시기와 질투, 사랑과 증오…,
반추해 보니 모두가 한낱 부질없는 삶의 한 과정이었다는 생각이 듭니다.
평소 가졌던 교육적 소신을 마음껏 꺼내어 펴 보지 못함은
큰 아쉬움으로 남습니다.
저는 퇴임 후 이어질 새로운 삶을 잔잔한 희망,
새색시의 설렘으로 맞이해 볼까 합니다.
더불어 살아가는 인간적 삶도 더욱 아끼려 합니다.

남의 일인 줄만 알았더니 벌써 정년이란다
심신은 아직 멀쩡한데 그냥 시간이 다 됐단다
고려말 학자 우탁이 세월의 흐름을 시로 쓰고 있다
가시로 막대로 막으려 하였더니 지름길로 왔단다
이제 자유인의 마음으로 여생을 즐겨보려 한다
글을 쓰는 일
무작정 어디론가 떠나 보는 일…
그런데… 글쎄 잘 모르겠다

정년 인사

정년일자가 며칠 남지 않았다. 오늘이 2005년 2월 초, 정년까지는 기껏 이십여 일이 남아 있다. 이제 지인들과 학부모님들께 인사를 드려야겠다.

〈2005. 2. 15. (화)〉

퇴임인사 드립니다(친지들께)

남의 일인 줄만 알았더니 벌써 정년이랍니다.

심신은 아직 멀쩡한데 그냥 시간이 다 됐답니다.

고려 말 학자 우탁(禹倬)이 세월의 흐름을 인간의 힘으로 어찌 할 수 없음을 시(詩)로 쓰고 있습니다. 오고 가는 세월, 가시로 막대로 막으려 하였더니 백발이 제 먼저 알고 지름길로 왔답니다.

퇴직 후에는 이제 그간의 굴레를 벗어나 자유인의 마음으로 온갖 삶을 누려 볼까 합니다. 글을 쓰는 일, 그리운 사람을 찾아 보는 일, 바쁘다는 핑계로 그간 뒷전으로 미루어 두었던 일들을 찾아 하는 일, 그리고 무작정 어디론가 떠나 보는 일….

지난날들을 돌이켜 보면 바보스러웠던 일들이 참으로 많습니다. 형식과 명분, 허영과 욕심, 시기와 질투, 사랑과 증오…, 반추해 보니 모두가 한낱 부질없는 삶의 한 과정이었다는 생각이 듭니다. 평소 가졌던 교육적 소신을 마음껏 꺼내어 펴 보지 못함은 큰 아쉬움으로 남습니다.

같은 길을 먼저 걸으신 분들의 정년의 모습이 어떠했을까요? '제 2의 인생', '첫 출발' 로 또 다른 삶의 새 설계를 꾸미셨을까요? 저는 퇴임 후 이어질 새로운 삶을 잔잔한 희망, 새색시의 설렘으로 맞이해 볼까 합니다. 더불어 살아가는 인간적 삶도 더욱 아끼려 합니다.

교직생활을 마감하면서 느끼는 큰 보람은 '지난 30년 동안 정말로 훌륭한 분들과 늘 함께 생활을 해 왔다' 는 것입니다. 그런 모든 분들과의 인연을 더욱 돈독히 하고 싶습니다. 그렇게 되기를 간절히 빕니다. 늘 건강하시고, 하시는 모든 일이 뜻같이 이루어지시길 간절히 빕니다.

2005. 2. 15

河南市 東部女子中學校 尹英燮 올림

퇴임인사 드립니다(학부모님께)

퇴임인사를 드리려 합니다.

사회생활을 시작한 지 엊그제 같은데 벌써 35년이라는 긴 세월이 흘렀습니다. 교직을 시작한 지는 29년이 되었고요. 돌이켜보니 교직에 몸담아 온지 30년이 가깝도록 별로 한 일 없이 보낸 것같아 한심한 생각이 듭니다.

근자 이른 새벽, 잠에서 깨어서는 여러 가지 상념들이 머리를 어지럽힙니다. '벌써 이 나이가 되었나? 난 그간 뭘 했지? 아직 해야 할 일이 많이 있

는데…, 언제 이것들을 다 하지?'

그냥 이런 쓸데없는 생각들 말입니다. 이렇게 공연한 걱정을 하다 보면 어느새 마음이 어지러워져 얼른 자리를 박차고 일어나 하루 일을 준비하곤 합니다.

이 학교에 부임한지 2년 6개월이 지났습니다. 그동안 학부모님들의 도움이 매우 컸습니다. 학교운영, 수학여행, 체육대회, 국화제, 교육부 지정 연구학교 운영…. 아마도 부모님들의 도움이 없었더라면 이런 많은 일들을 잘 처리하지 못했을 것이라는 생각이 듭니다. 돌이켜 생각해 보면 그냥 고맙다는 생각뿐입니다.

개인적으로는 지난해 제 선친의 상사시 받은 도움이 너무 컸습니다. 찾아뵙고 감사의 인사를 올려야 하는데 그렇게 하지 못하고 있습니다. 살다 보니 인생 90, 별 거 아니라는 생각이 들고요, 남과 더불어 살아가는 것은 만고불변의 진리가 아닌가 합니다.

경험에 의하면 헤어지면 잘 만나지지 않는 것이 우리네 인생살이가 아닌가 합니다. 그렇게 되지 않을까 걱정이 됩니다. 더불어 함께 살아가는 인간적 삶을 누릴 수 있도록 도와주시기 바랍니다.

집안에 대소사, 즐겁고 기쁜 일이 있으면 자리를 함께 할 수 있도록 해주시기 바랍니다. 다시 한 번 그간의 도움에 감사 드리고, 늘 건강하시고, 하시는 모든 일이 뜻같이 이루어지시길 간절히 바랍니다. 즐거운 나날 되시길 기원합니다.

2005. 2. 15

河南市 東部女子中學校 尹英燮 올림

정년 소고연

정년이 다가오는데, 퇴임식을 해야 하나…? 주위에서는 해야 한다고들 하는데…, 글쎄 공로패 감사패나 주고받는 것이라면 난 정말 하고 싶지 않은데…. 대학교수들의 그것처럼 '고별강연' 이라면 또 모를까. 중고등학교에서 교직을 마친다고 '고별강연' 을 하지 말라는 법도 없다. 30년을 학생들과 함께 생활해 왔으니, 어찌 할 말이 없겠는가?

'고별강연' 이라고 하면 주위에서 혹시 주제 넘는다고 하지 않을까? '고별소고연(告別小考演)…' 그러면 어떨까? 그럼 좀 덜 주제 넘게 보이지 않을까? 고민 끝에 결국 정년퇴임식을 갖기로 하고, 주제는 '정년소고연' 으로 하기로 하였다. 장소는 학교강당, 참관자는 학교 선생님들과 그간 아주 가깝게 인연을 맺어오던 관내 선생님들과 함께 하기로 하였다.

시간은 오전 10시부터 오후 12시 30분까지 2시간 반. 선생님들은 이 시간동안 아주 진지한 자세로 들어 주었다. 지루하다는 표정 없이, 오히려 호기심에 가득 찬 그런 표정이었다. 난 퇴임식 주제를 '소고연' 으로 하게 된 이유와 교직 선택의 동기, 걸어온 길… 교육에서 개선되어야 할 것들을 잔잔하게, 그리고 호소력 있게 하나씩 짚어 나갔다.

1. 퇴임식에 대한 고민

먼저 이렇게 자리를 마련해 주신 동료 선생님들께 진심으로 감사를 드립니다. 더불어 이 자리를 빛내 주기 위해 참석해 주신 관내 동료 선생님들께도 깊은 감사의 말씀을 드립니다.

그간 정년퇴임식을 할 것인지를 두고 많은 고민을 해 왔습니다. 무엇보다 정년퇴임식의 주제를 무엇으로 할 것인가를 두고 깊은 고민에 잠겨 보았습니다. 앞서 말씀 드린 대로, 주위에서 행하고 있는 형식적 의례적인 퇴임식이라면 하지 않는 것이 좋겠다는 생각을 해 왔습니다. '고별강연…' 글쎄 그런 식이라면 또 모를까? 누군가 주제 넘다고 쑥덕거리지는 않을까? 대학교수들이나 하는 일이지…. 중 · 고등학교 선생님들이 하는 일은 아니지 않는가…? 이렇게 생각을 하다가 끝내 '고별소고연' 이라는 제목으로 퇴임식을 가져야 하겠다는 생각을 하게 되었습니다.

2. 교직 선택의 동기

제가 선생님이 된 동기는 어릴 적 초등학교 때, 선생님에 대한 무한한 동경심에서 시작되었습니다. 반세기 전 두메산골 학교 선생님들의 모습은 일에 찌든 농촌 사람들의 모습과는 비교할 수 없으리만큼 멋지고 훌륭해 보였습니다. 그런 선생님들의 모습이 나로 하여금 이 다음에 커서 선생님이 되어야 하겠다는 막연한 동경심을 가지게 하였습니다.

초등학교 2학년 때인가, 그때 담임이셨던 여자 선생님(노혜동)이 어린 개구쟁이들을 앞세우고 우리 동네 가정방문길에 나섰는데, 개울가에서 씻던 그 하얀 손의 모습이 아직도 잊혀지지 않고 눈에 아른거립니다. 중 · 고등학교를 거쳐 대학에 입학할 즈음, 당시 대학의 학과(學課)에 무지했던 나는 교육학과가 선생님이 되는 길인 줄 알고 입학한 것이 오늘에 이르게 되었습니다.

3. 대학졸업 후 한 때 외도

저는 대학졸업(1970년) 후 한때 교육언론에 종사한 적이 있습니다. 한국교총(韓國教總)에서 발행하는 「한국교육신문」에서였습니다. 교총에서 발행하는 '교육전문지'이기 때문에 교육학을 전공한 전문기자가 필요해서 제가 입사하게 되었던 것 같습니다. 그곳에서 저는 무려 7년이라는 긴 세월을 기자로 재직하였습니다. 대학졸업 후 교직의 길을 걷지 않고 교육언론이라는 교육 외적인 곳에서 외도를 한 셈입니다.

한국교총에서 교직으로 전직을 한 것은 36세의 비교적 늦은 나이 때였습니다. 늦깎이 교직을 시작하면서 나는 새 학기 첫 조회에서 가슴이 이상하리 만큼 뭉클해져 옴을 느꼈습니다. 비로소 올 곳에 와 있구나 하는 생각을 하였습니다.

아침조회 때 교실에서 아이들과 애국가를 함께 부르며 머리에서 발끝까지 전율이 흘러 내림을 주체할 수 없었습니다. 첫 등교 후 첫 수업을 하면서는 학생들의 사고와 행동, 눈망울이 정말 순수하고 아름답다는 것을 알아차릴 수 있었습니다. 첫 수업을 마치고 교실문을 나서면서는 눈물이 흘러 내릴 것 같았고, 교직이 그렇게나 중요한 일이라는 것을 어렴풋이 깨닫게 되었습니다.

4. 수업을 하면서 느껴 본 것들

이로부터 하루 이틀 교실 문을 들락거리면서 여러 가지 머리에 잡혀 오는 것들이 있었습니다. 수업을 하고 나올 때 뒤꼭지가 가렵지 말아야지…, 언제나 아이들과 생각을 공유해야지…, 행동을 같이 해야지…, 편견 없는 교직생활을 해야지…, 정체성을 가지도록 가르치고 이끌어야지… 하는 것들이었습니다.

생활지도를 위해서는 학생들과의 관계를 형제 자매 오누이, 부모 자식처럼 행동해야지, 그리고 아이들과 더욱 가까워지기 위해 나 자신 문화지체, 문화실조 속에 빠져들지 말아야지, 하는 생각을 가지게 되었습니다. 교직을 시작한 지 얼마 되지 않아서 느껴 본 것들입니다.

5. 교직에 대한 반성

정년소고연(停年小考演)을 하는 지금, 그와 같은 다짐들이 그간 얼마나 잘 지켜졌는지는 잘 가늠이 되지 않습니다. 지난 30년 가까운 교직생활에서 교실 문을 나서면서 뒤꼭지가 가렵지 않은 적이 별로 없었던 것 같고, 아이들의 수준에서 사고하고 행동하며 가르쳐 왔는지도 의심이 되기는 마찬가지입니다. 편견 없는 생활, 형제 자매 오누이 같은 생활을 해 왔는지도 확신이 서지 않습니다. 분명한 것은 잘 한 것보다는 못 한 일이 훨씬 더 많았던 것 같다는 것입니다.

나는 지난 교직생활을 하는 동안 하루 일과를 마치고 퇴근을 하면서 '오늘은 참으로 만족할 만한 학교생활을 했구나.' 그렇게 느껴본 적이 별로 없음을 늘 안타까워하였습니다. 이러한 회의적 사고는 나의 오래된 고질적 병이었는지도 모릅니다. 나는 교수—학습뿐 아니라 학생, 선생님들과의 관계, 그리고 업무처리에서까지도 '지금 내가 뭔가를 잘못 하고 있는 것이 아닌가' 하는 지독한 습관적 회의 속에 빠져 살아왔습니다. 그야말로 지독한 반성적, 회의주의적 사고가 아니었나 합니다.

6. 교직생활에서 보람된 일들

교직생활을 하면서 만족스러웠던 일들은 그리 많지 않은 것 같습니다. 구태여 기억을 더듬어 보자면 아이들과의 하루가 비교적 만족스러웠을 때, 자녀 문제로 부모님들로부터 고맙다는 인사와 함께 고추며 오이, 가지, 콩 등 직접 지은 농산물을 선물로 받았을 때, 그럴싸한 기업에 취직했다며 이따금씩 찾아오는 제자들과 식사를 함께 하며 즐거운 대화를 나누던 때, 말썽꾸러기 녀석들을 잘 지도해 보겠다며 방과후 차에 태우고 녀석들의 집을 직접 찾아다니며 부모님들과 녀석들의 문제를 고민하던 일들이 기억에 남습니다.

녀석들의 정체성을 심어주겠다며 지역사회의 유물, 유적, 사적지, 유적지, 문화재, 그리고 이 고장의 역사적 인물을 찾아 사실과 행적을 책으로 엮고, 이것을 토대로 문화탐방을 여러 해 계속 하던 일, 학교의 신문이며 교지, 교육청의 장학자료, 교육소식지(신문) 등을 도맡아 만들면서 글모음, 기사 쓰기, 편집, 인쇄를 통해 관내 모든 선생님들께 배부하고 교양이며 문예창작 의욕을 북돋우던 일들이 기억에 남습니다.

문화탐방을 할 때 학부모님 중에 한 분이 여행사를 운영하던 분이 계셨는데, 버스를 공짜로 쓰라고 해서 못 쓰겠다며 옥신각신하던 일, 문화탐방을 다녀온 뒤 준비해 놓은 저녁식사를 해야 한다 못 한다로 티격태격 말싸움을 벌이던 일들도 기억에 남습니다.

해서는 안 되는 일로 지금껏 가슴 속 깊이 묻어 두고 마음 아파하는 일도 있습니다. 생활지도를 한답시고 도울 녀석의 뺨을 잘못 때려 고막을 다치게 한 일, 역시 생활지도의 문제로 가정형편이 허락지 않는 녀석을 불가피하다며 다른 학교로 전학을 보내야 했던 일, 형의 손에 이끌려 교문을 나서는 녀석을 지켜보며 얼마나 마음 아파했던지…. 지금쯤 어디서 무얼 하고 있는지, 혹시 이 미욱하고 변변치 못한 선생을 원망이나 하고 있지는 않을는지….

불법에서 말하는 윤회(輪回)와 연(緣)이 있어 혹 다시 이승에 태어난다 해도 스승의 길을 걷고 싶은 것이 솔직한 지금의 내 심정입니다. 그래서 철나자 망령이라고, 교직생활을 하면서 이루지 못했던 여러 가지 일들을 해보고 싶은 것이 강한 제 소망입니다.

교직을 워낙에 늦게 시작한 나머지 관리자로서의 뜻을 펴 보지 못할 거라는 생각에 종종 깊은 시름에 빠져 보기도 하였습니다. 그러다가 57세의 늦은 나이에 전문직에 합격하여 연구사, 장학사 생활을 하면서 창의적, 독창적 교육지원사업을 할 수 없음을 늘 안타까워하였습니다. 교육발전을 위한 독창적 지원사업을 해야 하는데, 틀에 박힌 단순한 기능적 · 행정적 사고와 행동을 할 수밖에 없음이 늘 안타까웠습니다.

7. 개선돼야 할 몇 가지 사안

저는 평소 학교생활을 해 오면서 이런 것들은 좀 고쳐졌으면 하는 생각을 두고두고 해 왔습니다. 교직을 시작하면서부터 오늘 이렇게 마칠 때까지 말입니다. 예를 들어보려 합니다. 학교에서의 현직연수, 수업연구, 환경정리, 계기교육, 현장연구, 시 · 도 또는 교육인적자원부의 지정연구학교 운영, 학교교육과정 편성운영, 그리고 학교경영 등에 관한 것들입니다. 이런 것들은 어떻게 보면 대수롭지 않은 것 같은데, 사실은 교육의 기본이요 핵심입니다.

먼저 고쳐져야 할 것들을 살펴보고자 합니다. 이름 짓기식 현직연수, 예컨대 학사일정과 관련, 미리 제목을 정해 놓고 하는 형식적인 연수, 그것도 유인물로 대신하는 것들. 그리고 형식과 절차만을 중시하는 수업연구, 보여주기 위한 수업연구, 현실여건을 무시한 인위적 · 조작적 차원의 수업연구, 그래서 보여주는 것으로 끝나는, 일반화와는 거리가 먼…, 교육현장에서는 아직도 이러한 연구수업들이 계속되고 있지 않습니까. 연구수업은 참관한 교사 누구나가 즉시 적용 가능한 것이어야 합니다. 연구수업에서는 가능한데 보통 수업 때는 적용할 수 없는 것이어서는 안 됩니다. 누구나 적용할 수 있어서 학업성취를 높일 수 있어야 합니다.

학급 환경정리도 마찬가지입니다. 교실의 환경은 교육적으로 꾸며져야 하고, 교육과정과 자연스럽게 어울리고 연계되어야 합니다. 한 번 꾸며 놓고 비닐로 싸서 일년내내 벽에 걸어 두는 현재의 교육환경이 학생들의 교육에 얼마나 보탬이 되겠습니까? 그 주일에 미술과 공작이 들어 있다면 학생들이 그린 미술작품과 공작품이 게시판과 진열대에 전시, 정리되어 있어야 하고, 수학이 들어 있다면 공식과 풀이과정이 전시되어야 합니다.

육하원칙에 의한 사실만을 전달하는 계기교육, 오로지 승진부가점 획득만을 위한 현장연구, 지정연구학교라는 이름으로 연구의 방법과 과정 절차를 모두 통제하려는 현재와 같은 형태의 지정연구학교 운영, 현재의 교육과정에 접근하지 못하는 교수—학습지도, 교육의 모든 환경이 변하는데도 오로지 자신의 아집만으로 학교를 운영하려는 관리자들의 경영방식,

시시콜콜 학교의 모든 것을 통제하려는 고답적인 교육행정…, 관리자들은 백지상태에서 연구, 연수, 학교의 인적자원을 통한 자문을 얻어 학교를 운영하고, 관례적인 운영을 지양하며, 교육행정기관은 원칙만 제시하고 결과를 살펴 장학과 일반화를 구하는 방식의 운영이 필요하지 않을까 생각합니다. 우리나라에 '새 교육 물결' 이 들어온 지 벌써 반세기가 넘었습니다만, 교육의 여러 요소들이 아직 거의 변하지 않고 있습니다. 참으로 안타까운 일이 아닐 수 없습니다.

혹자는 나의 이러한 생각을 부정적 사고의 소산이라고 일축할는지 모릅니다. 그러나 현실과 관련 곰곰이 반추해 볼 일입니다. 과연 그러한가…? 이제 우리 교육도 많이 달라져야 합니다. 그래서 우리의 교육적 현실이, 실질적으로 변화 발전되어야 합니다. 모름지기 교육의 여러 분야가 업그레이드돼야 할 일입니다. 그렇게만 된다면 그 얼마나 좋겠습니까!

이해를 돕기 위해 지금까지의 주장을 좀 더 깊이 들여다보겠습니다. 먼저 수업연구에 관해서입니다. 연구수업의 근본취지는 교수방법의 개선입니다. 지금까지 행하던 교수방법보다 더 좋은 교수방법을 찾아 학업성취도를 높여 보자는 것입니다.

그런데 현행 연구수업은 그렇지 않습니다. 의례적인 행사, 남에게 보여주기 위한 행사, 참가자들에게 좋은 평가를 받기 위한 행사로 일관되고 있습니다. 지금까지 사용하지 않던 교수 학습자료를 동원한다든지, 평상시에는 거의 할 수 없는 교육공학을 도입한다든지 하는 것들입니다. 한 마디로 인위적 · 조작적 차원의 연구수업을 한다는 것입니다.

선생님들 중에는 연구수업을 위해 여러 날을 두고 준비를 하고, 학생들을 상대로 '리허설' 까지 합니다. 수업개선을 위한 연구수업이 아니라 보여주기 위한 연구수업을 한다는 것입니다. 절대로 될 일이 아닙니다. 나의 이러한 생각을 지독한 부정적 사고의 소산이라고 할는지도 모릅니다. 그러나 현재 행해지고 있는 학교의 연구수업이 이 범주를 벗어나지 못하고 있음은 주지의 사실입니다.

서강대학교에 김 모(교육학) 교수가 있습니다. 이분이 행동과학연구소의 연구원으로 근무할 때의 일입니다. 연구소의 기획연구사업의 하나로 '학생의 학습부진의 원인과 대책' 을 연구한 바 있습니다(1972년). 학습부진의 원인은 참으로 여러 가지가 있을 수 있습니다.

미국의 교육심리학자 '길 포드' 에 의하면 무려 120가지 이상이 된다고 합니다. 지능, 성취동기, 예습, 복습, 교사의 교수방법, 부모의 학력, 교육환경… 등 수없이 많습니다. 그런데 김 교수는 이 연구에서 학습부진의 원인을 '언어개념부족' 으로 밝히고, 언어개념부족의 원인은 부모의 낮은 학력수준에 있음을 밝히면서, 언어개념을 확실히 한 다음에 수업을 시도하였더니 학생들의 학업성취도가 크게 향상되었다는 연구보고서를 발표하였습니다.

김 교수가 밝힌 낮은 학력의 부모들이 밥상머리에서 하는 대화의 내용입니다.

"여보! 거시기가 거시기해서 거시기했대요…."

이 대화에서 거시기는 둘만이 아는 대화로 서로는 무슨 소리인지 이해가 되지만, 옆에 있는 아이들은 거의 알아들을 수 없고, 이런 대화가 계속되다 보니 아이들의 언어개념이 늘 수 없고, 이런 아이들이 학교에 들어가게 되니 선생님들의 설명을 알아들을 수 없어 자연히 학력이 떨어진다는 것입니다. 한 마디로 아이들이 선생님의 설명을 알아들을 수 없다는 것입니다. 아이들의 학업성취도가 떨어질 것임은 당연한 귀결입니다.

우리가 여기서 얻어야 할 몇 가지 '힌트'가 있습니다. 언어개념을 확실히 한 다음 수업에 임해야 한다는 것입니다. 선생님들은 이것을 수업에 적용해 볼 수 있습니다. 그리고 학생들의 학업성취도가 어떻게 변하는지 그 추이도 살펴볼 수 있습니다. 이러한 연구수업은 준비와 '리허설'이 필요 없고, 인위적 · 조작적 차원의 교수 방법을 급히 만들어, 수업에 집어넣을 필요도 없습니다. 특히 이러한 연구수업은 누구나 적용해 볼 수 있고, 일반화가 가능하며, 사전 준비도 필요 없습니다.

학교에서의 연구수업은 이렇게 실질적이고, 누구나 활용 가능하며, 보통의 학습에서 적용 가능한 것이어야 합니다. 보여주기 위한, 인위적 · 조작적 차원의 연구수업은 모방이 가능하지 않고, 일반화는 더욱 어렵습니다. 그야말로 연구수업으로 끝이 난다는 것입니다. 교수방법 개선과는 거리가 멀다고 할 수밖에 없습니다.

또 하나 환경정리에 관해서입니다.

환경정리는 학생들의 학습에 도움을 주어야 합니다. 환경정리의 근본 취지는 학업성취도 향상입니다. 따라서 교과진도에 따라 환경정리가 바뀌어야 합니다. 그런데 현재의 환경정리는 어떠합니까? 학기 초에 '판넬'에 환경을 정리해서 1년 내내 벽에 걸어두는 것이 고작입니다.

1년 내내 걸어 놓는 것이 교과진도와 관련이 있습니까? 학업성취도에 도움이 됩니까? 이것은 학습환경정리가 아니라 미화작업입니다. 교과별 진도에 따라 익혀야 할 핵심요소가 얼마나 많이 있습니까? 그때 그때 학생들이 만들어내는 결과물들이 얼마나 많이 있습니까? 사회변화에 따른 학생들이 알아두어야 할 일들이 얼마나 많이 있습니까? 이런 모든 것들이 환경정리의 대상이 되어야 합니다. 학기 초에 한 번 만들어 일년 내내 걸어 두는 것이 환경정리라고는 할 수 없을 것입니다.

한두 가지 더 살펴보겠습니다.

학교의 수업을 개선한다는 목표로 행해지고 있는 한국교총 주최 '전국현장교육연구' 에 관해서입니다. 이미 살펴본 바 교육연구(현장연구)의 근본 취지 · 목적은 수업개선 및 학업성취도 향상에 있습니다. 그런데 현재 진행되고 있는 교총 주최 '현장교육연구' 가 학교의 수업개선, 학력향상에 얼마나 기여하고 있다고 생각하시는지요?

현행 현장연구의 진행과정은 시 · 군대회, 시 · 도대회, 전국단위의 중앙대회로 이루어지고 있습니다. 여기에 참여하고 있는 교사들의 수도 매년 수백 명에 이르고 있습니다. 이들이 연구에 쏟는 심적 · 물적 노력은 감히 적다고 하지 않을 수 없습니다. 연구는 현 직책과 맞물려 함께 진행되는 것이어서 교직수행에 많은 지장을 초래합니다. 시 · 군대회, 시 · 도대회, 중앙대회를 거치는 동안 연구를 진행하고 있는 교사들이 겪는 시간적, 정신적, 물적 피해는 적다고 하지 않을 수 없습니다.

문제는 이러한 과정을 거쳐 중앙대회에서 수상한 그 많은 연구의 결과물들이 하나같이 현장에서는 적용을 하고 있지 않다는 것입니다. 연구로 끝나고 사장된다는 것입니다. 이미 여러 차례 언급한 바 수업연구, 현장연구의 근본취지는 수업개선과 학업성취 향상에 있습니다. 그러나 학교의 연구수업이나, 국가단위의 현장연구까지도, 연구로 끝이 나고 일반화가 되지 않는 것이라면 이 제도는 그 존속여부에 대한 재고가 있어야 할 게 아닌가 합니다.

더욱이 큰 문제는 전국단위의 현장연구가, 부가점수를 얻어 승진에만

이용되고 있다는 것입니다. 염불보다는 잿밥에 더 마음을 두고 있다는 말이 됩니다. 현장연구가 승진을 위한 하나의 도구요 수단으로만 이용되고 있다면 이는 교육발전을 위한 참으로 불행한 일이 아닐 수 없습니다. 승진서열을 위한 평가척도로 삼기 위한 것이라면 다른 방법을 찾아보는 것이 보다 효율적이고 합리적인 방법이 아닐까 합니다.

학교의 모든 일을 관리 감독하는 교육행정의 간섭도 문제입니다. 학사일정에서부터 학교교육과정 운영, 학예활동, 생활지도, 교육평가, 연구수업 등 모든 것을 시시콜콜 간섭하는 현재의 장학체계는 어떤 형태로든 개선이 요구된다고 하겠습니다. 모든 것을 학교에 맡기고, 결과를 살펴 장학과 일반화를 추구하는 방식의 교육행정이 필요하지 않을까 합니다.

시 · 군, 시 · 도, 교육부의 지정연구학교 운영도 연구의 제목과 연구의 방향만 제시하고, 기타 모든 것은 학교에 맡기는 운영체계가 필요하리라는 생각입니다. 현재와 같이 방법, 과정, 연구문제, 가설까지를 제시하고 통제하려는 지정연구학교 운영은 지양되어야 할 것입니다. 연구학교 운영의 근본취지는 연구결과에 따라 그 제도를 도입할 것인지, 아닌지, 도입을 하려고 한다면 어떠한 제한점들이 있는지… 등을 살피기 위한 것입니다. 사실이 이러하다면 연구의 과정 절차 방향은 전적으로 연구학교에 맡겨야 하는 게 아닌가 합니다. 시시콜콜 간섭, 통제를 할 바에야 굳이 그 연구를 학교에 맡길 필요가 없지 않을까 생각됩니다.

학교를 관리 운영하는 관리자들이 변하고 있지 않다는 것도 문제입니다. 학교발전, 교육발전을 이루려면 이를 맡고 있는 교사, 관리자들이 우선 변해야 합니다. 전임자들이 하던 방식을 전수 답습하고 있다면 학교 교육은 그 발전이 참으로 요원하다 아니 할 수 없습니다. 교수–학습 방법개선에 관한 부단한 노력, 효율적인 교육평가, 합리적 효율적 실질적인 연구수업 운영, 학업성취에 도움을 주는 학급환경개선, 합리적인 생활지도, 인성교육 등에 깊은 관심을 가져야 할 것이 아닌가 합니다. 학교 관리자들의 부단한 자기혁신, 자기성찰, 자기연수가 필요하다는 말입니다. 편견과 아집, 시대에 뒤떨어진 사고방식으로는 시대가 요구하는 인재를 길러낼 수 없음을 깊이 인식해야 할 것입니다.

학교별 '교육과정' 을 편성 운영하는 것도 깊은 성찰이 있어야 할 것입니다. 현행 우리나라의 교육과정은 3가지로 구분, 생각해 볼 수 있습니다. 국가수준의 교육과정, 시 · 도 단위수준의 교육과정, 시 · 군 단위 수준의 교육과정입니다. 대도시와 농어촌지역의 교육과정이 틀릴 수 있고, 서울과 제주도, 대도시와 도서벽지의 교육과정을 달리 편성 운영할 필요성이 있습니다. 지역별 학교교육이 지역의 수준에 맞게 편성 운영되어야 한다는 말입니다.

그런데 현재의 학교교육과정편성 운영은 그렇지가 않습니다. 급별, 학교별로 모든 학교가 '학교교육과정' 을 편성, 운영하고 있습니다. 같은 지역내 그 많은 학교들이 학교별로 여건과 환경이 얼마나 다르기에 '학교별 교육과정' 을 달리 편성하여 운영한단 말입니까? 길 건너 이웃하고 있는 학교들이 저마다 다른 교육과정을 편성 운영하는 것이 과연 올바른 일인지요. 같은 급별에 같은 교육내용을 공부하면서 말입니다. 미국이나 러시아, 중국 등과 같이 땅이 넓은 나라에서는 지역별 특성에 따라서 달리 편성 운영하는 것이 옳을 수 있습니다.

그러나 우리와 같이 좁은 나라, 그것도 동일한 지역의 동일한 급별 학교에서 저마다 다른 교육과정을 편성, 운영한다는 것이 올바른 일인지요? 몇 백 페이지에 이르는 학교교육과정을 해마다 편성 운영한다는 것이 어찌 보면 시간적, 인적, 물적 낭비가 아닌가 하는 생각이 듭니다. 한 번 만들어서는 1년 내내 거의 들춰보지도 않으면서 말입니다. 전국 규모로 따져보면 아마도 어마어마한 시간적, 물적, 인적, 재정적 낭비가 아닌가 합니다. 하루 속히 개선돼야 할 것입니다.

옛말에 '소는 소 힘을 쓰고, 새는 새 힘을 쓴다' 는 말이 있습니다. 새가 소 힘을 쓸 수는 없습니다. 소라야 소 힘을 씁니다. '교사가 새' 라면 교감, 교장 등 학교관리자는 '소' 라고 할 수 있습니다. 여러분의 생각, 철학을 교육에 투입하려면 관리자가 되어야 합니다. 교사로서 교육혁신을 기하려는 것보다는 관리자가 되어서 혁신을 시도하는 것이 훨씬 쉽고 효율적입니다. 그렇게 하려면 여러분들 모두는 관리자가 되어야 합니다. 교육혁신, 발전, 개선을 가져오기 위해서입니다.

사람이 변해야 교육이 변합니다. 사람이 변하지 않고는 교육이 변하지 않습니다. 아무리 떠들어 봐야 공염불에 지나지 않습니다. 연구사, 장학사, 연구관, 장학관이 되어 학교발전, 교육발전을 꾀할 수 있습니다. 여러분이 이 다음에 관리자가 되었을 때 오늘의 제 말을 잘 기억해 주시기 바랍니다. 그래서 우리 모두가 염원하는 교육발전을 이루었으면 합니다.

여러분들의 건승과 행운을 빕니다. 오랜 시간 생각을 함께 해 주셔서 고맙습니다.

〈2005. 2. 26. (토), 10:00, 동부여중 강당〉

교사의 근무환경

○…다음은 1990년 11월에 '교사의 근무환경' 을 주제로 「문교월보」에 실렸던 글을 옮긴 것이다.

10여(1976년) 년 전 교단에 처음 섰을 때의 일이다. 교직 생활이 쉽고 편하리라는 생각은 하지 않았지만 막상 시작하고 보니 어려운 점이 참 많았다. 우선 부담스러운 것이 주당 수업시수였다. 법정 수업시수 24시간에, 오전 오후 보충수업, 학급협의회, 특별활동, 이렇게 주당 평균 36~38시간을 해야 했다. 여기에 조 · 종례, 청소, 하교지도까지 하고 나면 퇴근 때에는 입에서 단내가 났다.

학급당 학생수도 문제였다. 평균 70명 선이어서 수업통제가 어렵고, 시험 뒤에는 성적처리, 통지표 작성, 가정에 우편배달 등 업무가 부담을 가중시켰다. 그래서 학생 개개인에 대한 생활지도, 학습체크는 엄두도 내지 못하는 상황이었다.

각종 시험도 꽤 많았다. 교내에서 치르는 월말고사, 중간고사, 시 · 도에서 주관하는 학력고사, 학업성취도 검사 등 시험의 연속이었다. 복사기가 보급되지 않은 때여서 시험지는 교사가 등사 원지에 직접 필경을 해야 했다. 고사를 치르고 나면 채점과 통계처리로 눈코 뜰 새가 없다. 잠시 짬을 내 쉬려 해도 휴게실이 있을 리 없고, 전화는 50여 명 직원에 달랑 1대가 있을 뿐이어서, 어쩌다 전화를 걸거나 받으려면 교감선생님의 책상까지 오가야 하는 번거로움이 있었다. 교무실은 좁아서 북새통이었고, 교사들의 사무용 책걸상은 낡아서 쓰기가 어려울 정도였다. 선생님들의 체력단련을 위한 최소한의 시설도 없었고, 교사의 점심도시락은 분탄을 물에 개어 피우는 연통난로 위 찜통에서 데웠다.

장학지도는 왜 그리 많은지…, 수시로 실시되는 시 · 군, 도 장학지도…, 일정이 예고되면 학교는 사뭇 분주해진다. 화장실 천정까지 청소를 해야 하고, 교재교구를 준비해야 하고, 밀도 높은 수업을 위한 준비를 해야 한다. 불시장학이 있는 날이면 상황은 훨씬 더해서, 학생들에게 속보이는 짓을 하기도 한다. 수업지도, 생활지도, 학력관리, 학교운영 전반에 관한 장학진의 질타는 꽤나 정신을 멍하게 했다.

학교장에 따라서는 학교운영이 많이 달라지기도 했다. 학교운영은 학교장의 고유권한이라고 하여, 교육과정 운영, 보충 · 자율학습 운영, 평가관리, 직원 출퇴근 시간 등 의사결정을 마음대로 실시하기도 했다.

과거의 교육환경에 대해서 이렇게 털어놓을 수 있는 것은, 위에서 살펴본 많은 것들이 이젠 나름대로 개선이 되었고, 일부는 계속 개선이 이루어지고 있기 때문이다. 주당 평균 수업시수는 18시간으로 줄었고, 따라서 1일 평균 수업시수는 3시간을 넘지 않고 있다.

예닐곱 가지 각종 고사도 중간 · 기말고사로 대폭 줄었고, 학력진단 고사도 없어졌으며, 도 학력고사는 종래 처리 보고에서, 지금은 자체 분석 교내 장학자료로 활용하도록 하여 그 부담이 크게 줄었다.

뿐만 아니라 학교마다 신형 복사기가 도입되어 교사들의 부담이 크게 줄었다. 과거에는 시험을 보려면 먼저 교사들이 등사 원지에 시험문제를 철필로 필경을 하고, 이걸 등사기에 올려놓고 학생 수만큼 등사를 해야 했다. 그런데 복사기를 들여 놓은 뒤에는 교사들이 출제한 시험문제를 복사기에 넣고 단추만 누르면 시험지가 만들어지고 있다. 등사원지에 철필로 긁어 시험지를 만들어 내던 때보다 얼마나 쉽고 편안한가.

교사들의 후생복지도 크게 개선되었다. 휴게실이 마련되어 피로를 풀며 담소할 수 있게 되었고, 이런 휴식공간은 직원들의 융화에도 한 몫을 하게 되었다. 넓은 교무실에 단 1대 밖에 없던 전화기는 4대로 증설되었고, 삐걱거리던 책걸상은 회전의자에 크고 넓은 목재책상으로 교체되었으며, 난로 위 도시락 찜통은 온장고로 바뀐 지 오래다.

학교에는 최신 방송시설과 VTR을 활용한 집단수업이 가능하여 교수부담을 크게 줄여주었으며, 학습효과도 높이는 결과를 가져왔다. 퍼스널 컴퓨터도 대부분 보급되어 성적처리 및 전표, 통지표 정리 등을 하고 있으니 몇 년 전과는 격세지감이라 할 수 있다. 신임 교사들에게 시험지를 필경했던 때를 이야기하면 대부분 고개를 갸우뚱한다.

빈번했던 장학지도 역시 크게 개선되어 횟수도 줄고, 종래의 꾸짖기식 지도에서 이제는 장점 격려의 방향으로 운영되고 있으며, 매년 실시되는 '교육감과의 대화시간' 은 현장의 여러 가지 문제를 당해 교육의 최고 책임자가 직접 파악하고 해결하려 한다는 점에서, 민주장학행정의 산 표본으로 환영을 받고 있다.

학교장의 독단에 의했던 학교운영의 폐습도 점차 쇄신되고 있다. 교내 인사는 교사대표로 구성된 '인사위원회' 에서 결정하여 전 교사에게 공개되고, 주요 학교운영도 기획운영위원회와 전 교사의 협의를 거치는 의사

결정체제로 운영되고 있다. 예외는 있겠지만 18학급 이상의 대부분 학교에는 양호교사가 배치되어 있어 교사가 학생을 들쳐 업고 병원을 찾는 일은 없어지게 되었고, 학생들 모두가 학생안전공제회에 가입되어 안전사고에 대한 불안감도 없어지게 되었다. 교사의 근무환경에 대한 어제와 오늘의 현실이다. 얼른 보기에는 변한 것이 별로 없는 것 같은데, 곰곰 따지고 보면 변한 것이 많다는 것을 실감하게 된다.

문제는 많은 교사들이 이러한 변화를 의식하지 못하고 있다는 데에 있다. 개선할 수 있는 사안을 스스로 개선하지 않는 데서 오는 교사들의 불평도 있을 수 있다. 이렇게 보면 학교 근무환경의 문제는 이제 외부 요인보다 내부 요인이 검토되고 개선의 길을 찾아야 할 때가 되지 않았나 여겨진다. 근무부담을 줄이라는 것은 행정당국의 당부인데, 이것이 학교에서 어떻게 처리되고 실행되고 있는지, 혹시 당국의 요구에 스스로 부응하지 못하고 있는 것은 아닌지, 한 번쯤 반성해 보아야 할 것이다.

우리 모두는 날카로운 문제의식과 냉철한 판단으로 모두의 중지를 모아 더더욱 발전된 교직환경을 만들어 나가야 하겠다.

〈1990. 11.「문교월보」〉

교직을 떠나면서

○…다음은 퇴직하던 그 해 그 달(2005. 2.) 『경기교육』에
실린 글이다. 필자의 생각이 그대로 담겨 있다.

교직을 시작한 지 엊그제 같은데 벌써 정년이란다. 남의 일인 줄만 알았는데 어느새 정년이라니 잘 믿어지지 않는다. 고려말 학자 우탁(禹倬)이 세월의 흐름을 시(詩)로 남기고 있다. 흐르는 세월을 가시로, 막대로 막으려 하였더니 세월이 제 먼저 알고 지름길로 왔다고 한다. 생을 살아가는 누구나의 인생을 두고 이름인 듯한데, 이런 것들이 근래 들어 더욱 남의 일 같지 않게만 느껴진다. 돌이켜 보면 교직에 몸담아온 지 30년이 가깝도록 별로 한 일 없이 보낸 것같아 한심하다는 생각이 든다.

나의 교직생활은 초등학교 때 선생님들에 대한 무한한 동경심에서 시작되었다. 반세기 전 두메산골 학교 선생님들의 모습은 일에 찌든 농촌 사람들의 모습과는 비교할 수 없으리 만큼 멋지고 훌륭해 보였다. 이런 선생님들의 모습이 나로 하여금 이 다음에 커서 선생님이 되리라는 막연한 동경심을 가지게 하였다.

초등학교 2학년 때인 것으로 기억한다. 그때 담임이었던 노혜동(여) 선생님이 어린 개구쟁이들을 앞세우고 가정방문 길에 올랐는데 산골짜기를

흘러내리는 맑은 물에서 하얀 손을 씻으시던 그 모습이 아직도 기억에 생생하다. 중 · 고등학교를 거쳐 대학에 입학할 즈음, 당시 대학의 학과(學科)에 무지했던 나는 교육학과가 선생님이 되는 길인 것으로 알고 입학한 것이 오늘에 이르고 있다.

대학 졸업 후 잠시(7년간) 외도를 했다가 30대 후반 늦깎이 교직을 시작하면서, 나는 새학기 첫 조회에서 가슴이 이상하리만큼 뭉클해 옴을 느꼈다. 드디어 올 곳에 와 있구나 하는 생각이 들었다. 학생들과 애국가를 함께 부르면서 전율이 머리에서 발 끝까지 흘러내림을 주체할 수 없었다. 첫 등교 첫 수업을 하면서는 아이들의 사고와 행동, 눈망울이 정말로 순수하고 아름답다는 것을 확인할 수 있었다. 수업을 마치고 교실 문을 나설 때는 눈물이 흘러내릴 것 같았고, 교직이 얼마나 막중한 일인가 하는 것도 어렴풋이 알게 되었다.

이로부터 하루 이틀 교실 문을 들락거리면서 몇 가지 머리에 잡혀 오는 것이 있었다. 수업을 마치고 나올 때 뒤꼭지가 가렵지 말아야지, 모든 면에서 학생들과 생각을 공유해야지, 늘 사고와 행동을 같이 해야지, 편견 없는 관계를 맺어야지, 정체성을 가지도록 가르치고 배워야지 하는 것들이었다. 생활지도를 위해서는 학생들과의 관계를 형제 자매, 오누이, 부모 자식처럼 관계를 맺어야지, 그리고 아이들과 더욱 가까워지려면 문화지체, 문화실조에 빠지지 말아야지 하는 생각들을 하게 되었다.

교직을 마치려는 지금, 이와 같은 다짐들이 그간 얼마나 잘 지켜졌는지는 잘 가늠이 되지 않는다. 그간 교실 문을 나서면서 뒤꼭지가 가렵지 않은 적이 별로 없었고, 아이들의 수준에서 사고하고 행동하며 가르쳐 왔는지도 의심되기는 마찬가지이다. 편견 없는 생활, 형제 자매 오누이 같은 생활을 해 왔는지도 확신이 서지 않는다. 잘 한 일보다는 못한 일이 훨씬 더 많은 것 같게만 여겨진다.

나는 지난 교직생활을 하는 동안 하루 일과를 마치고 퇴근을 하면서 "오늘은 참으로 만족할 만한 학교생활을 했다" 그렇게 생각된 적이 별로 없음을 늘 안타까워했다. 이러한 회의적 사고는 나의 고질적 버릇이었던 듯하다. 나는 교수-학습뿐 아니라, 학생 · 선생님들과의 관계, 그리고 업무처리에까지 '내가 지금 무언가 잘못을 하고 있는 것은 아닌지…' 하는 습관적인 회의 속에서 살아왔다. 때로는 다른 선생님들도 이와 같은 번뇌, 회의 속에서 지내고 있는 것은 아닌지 하는 생각을 가져 보았다. 지독한 회의주의적 사고가 아닐 수 없다.

교직생활을 하면서 만족스러웠던 일들은 많지 않은 것 같다. 구태여 기억을 더듬어 보자면 학생들과의 하루가 비교적 만족스러웠을 때, 자녀 문제로 부모님들로부터 고맙다는 인사와 함께 고추며 가지, 콩 등 직접 지은 농산물을 선물로 받았을 때, 그럴싸한 기업에 취업했다며 이따금 찾아오는 녀석들과 식사를 함께 하며 즐겁게 대화하던 일, 방과 후 말썽꾸러기 녀석들을 잘 지도해 보겠다며 차에 싣고는 녀석들의 집을 직접 찾아 부모님들과 함께 고민하던 일들이 기억에 남는다.

녀석들의 정체성을 심어 주겠다며 지역사회의 유물, 유적, 사적지, 유적지, 문화재, 내 고장의 역사적 인물을 찾아 책으로 엮고, 이것을 토대로 문화탐방을 여러 해 계속 하던 일, 학교의 신문이며 교지, 교육청의 『장학자료』, 『교육소식』지 등을 도맡아 만들면서 글 모음, 기사 쓰기, 편집, 인쇄를 통해 관내 모든 선생님들에게 배부하고 교양이며 문예창작의 의욕을 북돋우던 일 등이 기억에 남는다.

문화탐방을 할 때 여행사를 경영하던 학부모님이 계셨는데, 버스를 공짜로 쓰라고 해서 못 하겠다며 옥신각신하던 일, 다녀온 뒤 준비해 놓은 저녁식사를 해야 한다, 못한다로 입씨름을 벌이던 일들도 기억에 남는다.

해서는 안 되는 일로 지금까지 가슴에 묻어 두고 마음 아파하는 일들도 있다. 생활지도를 한답시고 도울 녀석의 뺨을 잘못 때려 고막을 다치게 한 일, 역시 생활지도의 문제로 가정형편이 허락하지 않는 녀석을 불가피하다며 다른 학교로 전학 보내야 했던 일, 형의 손에 이끌려 교문을 나서는 녀석을 지켜보며 얼마나 마음 아파했는지…. 지금쯤 어디서 무얼 하고 있는지, 혹시 이 변변치 못한 스승을 원망이나 하고 있지는 않은지…?

불법(佛法)에서 말하는 윤회(輪回)와 연(緣)이 있어 혹 다시 이 세상에 태어난다 해도 스승의 길을 걷고 싶은 것이 솔직한 나의 심정이다. 그래서 철나자 망령으로 교직생활을 하면서 이루지 못했던 몇 가지 일을 해 보고 싶은 것이 강한 내 소망이다. 평소 나는 학교생활을 해 오면서 이런 것들은 좀 고쳐졌으면 하는 생각을 두고두고 해왔다.

예컨대 학교에서의 현직연수, 수업연구, 환경정리, 계기교육, 현장연구, 시 · 도, 교육인적자원부의 지정연구학교 운영, 교육과정운영, 그리고 교육행정 등에 관한 것들이다. 이런 것들은 어떻게 보면 대수롭지 않은 일 같은데 실은 교육의 핵심이다.

이름 짓기식 현직연수, 학사일정과 관련 미리 제목을 정해놓고 하는 형식적인 연수, 그것도 유인물로 대신하는 것들. 그리고 형식과 절차만을 중시하는 수업연구, 보여주기 위한 수업연구, 현실여건을 무시한 인위적 · 조작적 차원의 수업연구, 그래서 보여주는 것으로 끝나는, 일반화와는 거리가 먼…, 교육현장에는 아직도 이러한 수업연구들이 계속되고 있지 않은가? 환경정리도 마찬가지이다. 학급의 환경은 교육적으로 꾸며져야 하고 학교교과과정과 어울려야 한다. 한 번 꾸며 놓고 비닐로 싸서 일년내내 걸어 두는 현재의 교육환경이 교과과정과 과연 얼마나 연관이 있겠는가?

육하원칙에 의한 사실만을 전달하는 계기교육, 오로지 승진부가점 획득만을 위한 현장연구, 지정연구학교라는 이름으로 연구의 방법과 과정 절차를 모두 통제하는 현재와 같은 형식의 지정연구학교 운영, 현재의 '교육과정'에 접근하지 못하는 교수-학습지도, 교육의 모든 환경이 바뀌었는데도 오로지 자신의 아집으로만 운영하려는 학교관리자의 경영방식, 시시콜콜 학교의 모든 일을 통제하려는 고답적인 교육행정…, 관리자들은 백지상태에서 연구, 연수, 학교의 인적자원을 통한 자문을 얻어 학교를 운영하고, 관례적인 운영을 지양하며, 교육행정기관은 원칙만 제시하고 결과를 살펴 장학과 일반화를 구하는 방식의 운영이 필요하지 않을까 싶다. 우리나라에 '새 교육 물결'이 흘러 들어온 지 반세기가 넘었는데도 이러한 것들은 아직도 고답적이며 변하지 않고 있다.

혹자는 나의 이러한 생각을 부정적 사고의 소산이라고 일축할는지도 모른다. 그러나 곰곰이 생각해 볼 일이다. 과연 그러한가…. 이젠 우리 교육도 달라져야 한다. 그래서 우리의 교육이 현실적, 실질적으로 변화 발전되어야 한다. 그렇게만 된다면 그 얼마나 좋을까? 모름지기 모든 것들이 업그레이드돼야 할 일이다.

〈2005. 2. 경기교육〉

윤영섭 수필집

살며, 생각하며

지은이 / 윤영섭
펴낸이 / 김재엽
펴낸곳 / 한누리미디어
디자인 / 지선숙

121-840, 서울시 마포구 서교동 395-13 서원빌딩 2층
전화 / (02)379-4514, 379-4519
Fax / (02)379-4516
E-mail/hannury2003@hanmail.net

신고번호 / 제300-2006-61호
등록일 / 1993. 11. 4

초판발행일 / 2011년 4월 5일

값 13,000원

※잘못된 책은 바꿔드립니다.
※저자와의 협약으로 인지는 생략합니다.

ISBN 978-89-7969-386-7 03810